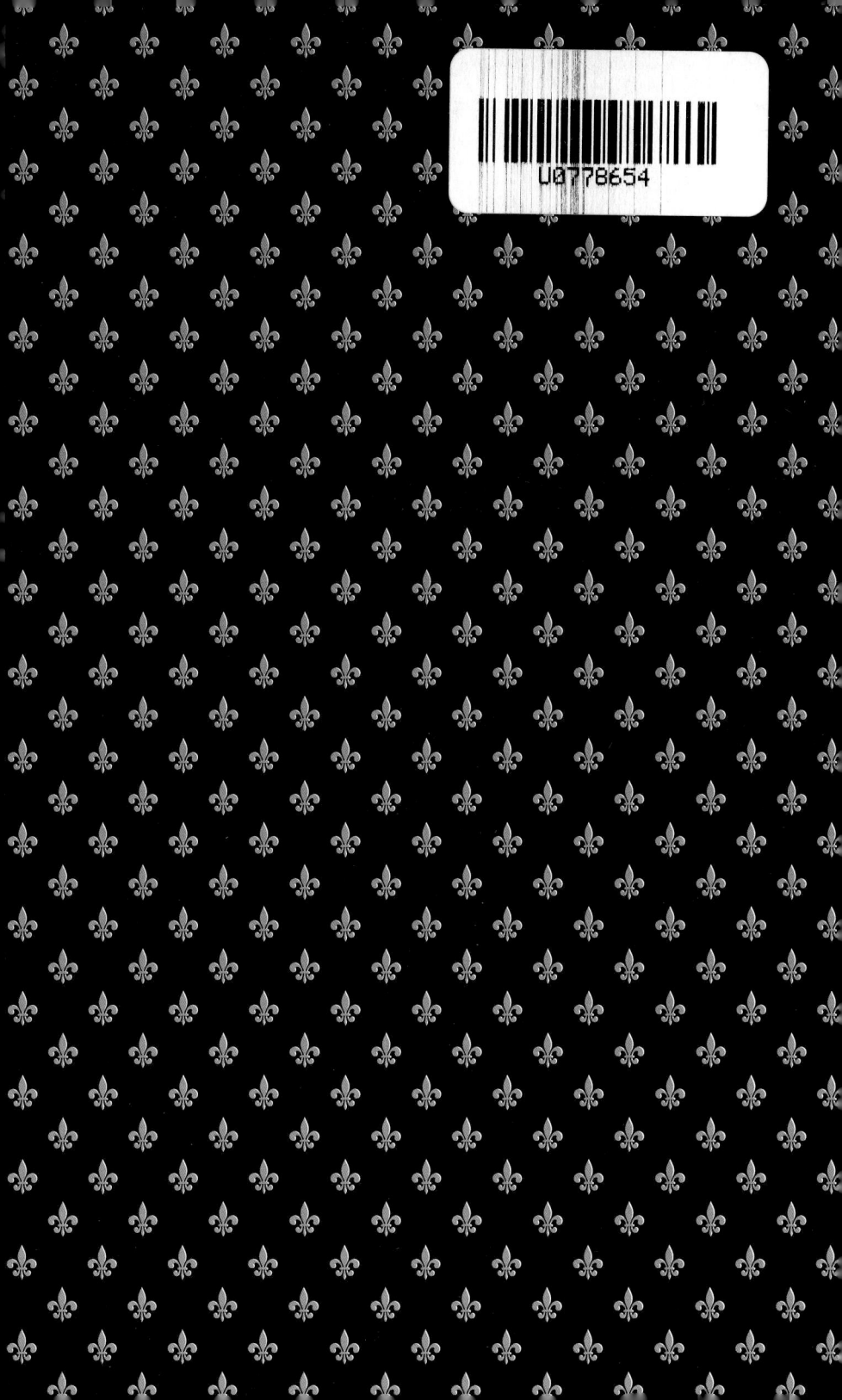

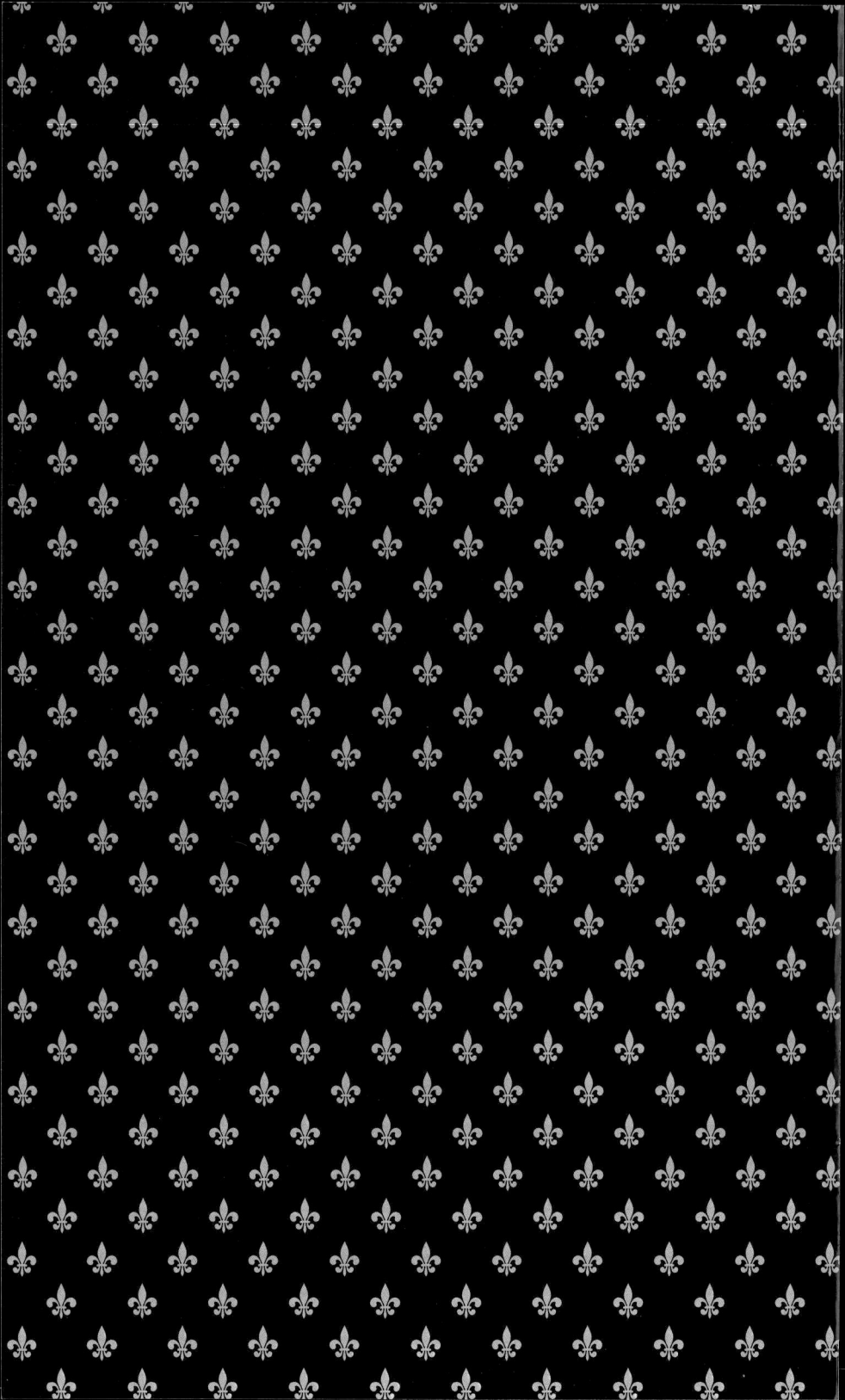

枫丹白露宫
千年法国史

［法］让·弗朗索瓦·埃贝尔
Jean-François Hebert

［法］蒂埃里·萨尔芒／著
Thierry Sarmant

程水英／译

上海社会科学院出版社

1. 弗朗索瓦一世长廊

建于1528—1530年间，主要装饰于1535—1539年间完成，曾于1846—1847年进行了修复。墙壁上覆满一人高的护墙板，均由胡桃木制成，出自意大利希贝克·德卡尔皮之手，上面刻有加冕国王姓氏的首字母"F"和喷火蝾螈徽章。护墙板上是画家罗索的仿大理石人物浮雕和壁画。

2. 蝾 螈

传说中能像凤凰一样在火中重生的生物。它象征着法国君主制度的永恒，也意味着国王的永生，这也是弗朗索瓦一世的个人标志。

1. 白马庭院

又称为"荣誉庭院",该地曾是马蒂兰修道院,后改建于1541—1542年。路易十三时期,法国建筑师杜·塞尔索修建了马蹄形楼梯,使其成为枫丹白露宫的标志性建筑之一。16世纪60年代,曾有一尊罗马皇帝马克·奥勒留骑马的雕像放置在该庭院中,故此得名。17世纪中期以来,该处成为城堡的主要入口,并沿用至今。

2. 拿破仑在枫丹白露宫白马庭院向皇家卫士告别

1814年,拿破仑被流放到厄尔巴岛之前,就是在这个马蹄形楼梯上和他的士兵们告别。因此这个院子又被称为"离别之院"(Cour des Adieux)。

3. 拿破仑三世在枫丹白露宫接见暹罗特使

1861年,拿破仑三世在枫丹白露宫接见暹罗特使。该画由法国画家杰罗姆于1863—1864年绘制而成,画面表现了暹罗大使站起身来将暹罗国王拉玛四世的信呈给拿破仑三世的一瞬间。

1. 2. 3. 中国馆及其藏品

始建于 1863—1864 年,是由前厅、沙龙画廊、大沙龙和博物馆等一系列房间组成的套间。其内部装饰富丽堂皇又有异域风情——金底涂漆护墙板、中式风格的陈列架,枝形吊灯和枝状烛台的灵感来自一个香炉炉盖和几座掐丝珐琅花瓶。博物馆中陈列了来自东方的藏品,特别是法军在第二次鸦片战争中从圆明园掠夺的各种珍宝——瓷器、玉器、珠宝、织品等。(图 1、2 由赵伟清提供,图 3 由刘喆提供)

4. 御座厅

1805 年,在拿破仑一世的要求下,原国王卧室改造为御座厅。该御座厅是法国现存唯一按历史原貌保存的御座厅。披风一样的帷幔,外红内蓝,帷幔的顶端王冠上嵌着鸵鸟羽毛和一个头盔,帷幔上大胆地采用交叉纹章点缀,两边是支撑的框架。皇帝御座的扶手椅采用木头和镀金青铜,由雅各布·德马特根据建筑师佩西耶和方丹的设计图纸制成。

5. 教皇套间

1804 年由在附属建筑主楼系列套间中的两间合并而成,包含了卧室、漱洗室、沙龙、前厅等一系列房间。由于教皇庇护七世在 1804 年参加拿破仑加冕礼,以及 1812 年 6 月至 1814 年 1 月期间被监禁时,入住此处,故得名。

1. 枫丹白露宫鸟瞰图

2. 太子门

　　又称为"圣洗门""洗礼门"。建于1607年，因纪念在此受洗的亨利四世之子、未来的路易十三世而得名。此门后为椭圆庭院，即枫丹白露最早的城堡所在的位置。

献给让·皮埃尔·萨莫约馆长①，

枫丹白露宫的灵魂人物，

悉心守护25年

---

① 让·皮埃尔·萨莫约（Jean Pierre Samoyault），1970—1994年担任枫丹白露宫的首席馆长。

序篇　与世隔绝的辉煌

在法国人想象的地理中，枫丹白露宫颇像《美女和野兽》故事中的魔法城堡。它在历史的时空中占据着特殊地位。

这座被拿破仑称为"真正帝王之宅，世纪尊贵之所"的城堡并非郊区的住宅。与樊尚城堡、圣日耳曼昂莱城堡、凡尔赛宫、马利城堡、默东城堡、贝勒维城堡以及马尔梅松城堡不同，枫丹白露堡与巴黎毫无关系。在王国皇宫被定在塞纳河畔之前，枫丹白露堡就是奉迎卡佩王朝的奢侈之地。它亦不属于卢瓦尔河谷那一长列著名的城堡——布卢瓦、昂布瓦斯、香波堡、舍农索，中世纪晚期和文艺复兴时期，法国君主经常光顾。

枫丹白露是另一处所在，在法兰西岛、勃艮第和卢瓦尔河谷之间：在加蒂奈和比耶尔森林，并由比耶尔森林最终得名而且独领风骚。虽然在17世纪，人们可以一路不停歇地从凡尔赛到巴黎，以及从巴黎到凡尔赛；而去枫丹白露长期以来一直就被视为"远途"。

这座城堡瑰丽辉煌，相对与世隔绝，有着极为不凡的命运。整整八个世纪，这里一直是皇家或帝王行宫。它作为"王室寝宫"的历史早于卢浮宫，而在凡尔赛宫之后仍然延续。每个朝代,几乎每个王国都在此地留下了痕迹。中世纪时已然存在,形成了椭圆形庭院的布局和城堡主塔的轮廓。文艺复兴时期开始兴盛,从弗朗索瓦一世时期笨拙地尝试修建,直到瓦卢瓦王朝末期建筑学家协助建造。到古典时代,花园的布局得以确定,最终形成了城堡的完整风貌。宫内的装饰和家具为我们再现了第一帝国和第二帝国的盛况。

从路易十三统治时期开始,枫丹白露宫被认为是一所"历史之宅"。这是法国的历史和建筑专著最早记载过的城堡:那是1642年,黎塞留主教①去世的那年。那个时代的人整理了这位波旁王朝的第二位国王和他的枢机主教对于城堡的建造、装饰和周遭环境的完整描述;他们也记载了发生在枫丹白露宫的无数事件。

但是,枫丹白露的故事并没有在1642年停止。之后超过两个世纪的时间里,城堡成为伟大的剧场,上演着权力的戏剧,有时也是喜剧。首先上演的是朝代史,枫丹白露宫见证了历史朝代的诞生、洗礼、婚礼,以及或多或少的自然灭亡。其次是庙堂史,这里举办过各种活动,包括庆典和节日、舞会和芭蕾、围猎和射猎、音乐和戏剧。最后是政治史,在这里曾相继举行过公开或秘密的谈判,召开过议会和秘密会议,遭受耻辱后又重获恩泽,充满争论与和解。根据1850年写的一本旅

---

① 黎塞留主教(Amand Jean du Plessis de Richelieu,1585—1642年),法王路易十三的宰相及天主教的枢机。

行指南所说,在枫丹白露,"每面墙都有秘密,每个房间都有自己的政治大戏,它的爱情、玩乐和庆祝活动纪事;在这个美妙宫殿的每个角落,人们都能同时感受到血液和鲜花,眼泪混杂着笑容,伴随着骄奢淫逸和放荡的场景,弗朗索瓦一世、亨利二世、亨利三世、路易十四、狄安娜·德·普瓦捷①、埃唐普公爵夫人②、吉什公爵、拉瓦利埃③、曼特农夫人④以及加布里埃尔·德斯特雷⑤,成为这里的主要角色,他们的一些风流韵事带来了不祥的灾祸。"

有人会说,这些不过是坊间的传闻轶事。但是,有多少这样的轶事值得重新审视,重新阅读,以帮助我们重塑对制度、文化、思想的新观念啊!这是一个机会,从一处独特的地方来衡量权力如何产生,又如何在权力中生存,无论是隐藏的,还是展现出来的。

---

① 法国国王亨利二世的情妇。
② 法国国王弗朗索瓦一世的宠妃。
③ 法国国王路易十四的第一位情妇。
④ 法国国王路易十四的第二王后。
⑤ 法国国王亨利四世的宠妃。

目　录

序篇　与世隔绝的辉煌　　　　　　　　　　*001*

第一章　圣路易的城堡　　　　　　　　　　*001*
1068 年　森林与岩石犹如王冠　　　　　　*003*
1259 年　圣路易与修道院　　　　　　　　*008*
1314 年　圣殿骑士的诅咒　　　　　　　　*013*

第二章　法国的文艺复兴　　　　　　　　　*021*
1528 年　蝾螈为标志的时代　　　　　　　*023*
1530 年　一个"新罗马"　　　　　　　　　*029*
1539 年　查理五世的到访　　　　　　　　*037*
1540 年　金银匠与宠妃　　　　　　　　　*045*

第三章　最后一批瓦卢瓦人的辉煌与苦难　　*057*
1547 年　狄安娜之箭与赫拉克勒斯之柱　　*059*
1560 年　枫丹白露议会　　　　　　　　　*066*
1564 年　凯瑟琳太后的嘉年华　　　　　　*070*

第四章　最初的波旁王朝　079
1599—1610 年　缔造者亨利　081
1600 年　"胡格诺派教皇"　090
1606 年　加蒂奈的孩子　097
1633 年　主教的胜利　104
1642 年　官方旅游业的开始　111

第五章　太阳王在枫丹白露宫　115
1645 年　"枫丹白露游"的诞生　117
1657 年　鹿廊的瑞典女王　125
1661 年　天之子　133
1664 年　对教皇特使的听审　138
1685 年　废除《南特敕令》　144
1696 年　勃艮第公爵夫人　148

第六章　路易十五的狩猎　155
1724 年　路易十五行猎肖像　157
1725 年　国王该成婚了　162
1738—1774 年　加里布埃尔父子的"宏伟计划"　171
1752 年　卢梭与拉莫之争　175
1765 年　王太子之死　183

目 录

第七章　从生存的痛苦到理性崇拜	**191**
1770 年　玛丽王后在枫丹白露宫	193
1786 年　王朝的最后一次旅行	201
1789—1799 年　不再完整的枫丹白露宫？	208
第八章　一个朝代的建立	**215**
1803 年　"为获胜而受训"	217
1804 年　教皇，皇帝的神甫	222
1804 年　时代之形色	227
1810 年　从约瑟芬到玛丽·路易丝	232
1813 年　枫丹白露政教协定	237
1814 年　离别庭院	245
第九章　调解法国人	**253**
1831 年　路易·菲利普的工地	255
1834 年　"王座的魅惑"	259
1837 年　奥尔良公爵与梅克伦堡公主	263
1846 年　刺杀法国国王	271
1848 年　福楼拜与《情感教育》	276
第十章　皇家节日	**283**
1857 年　"分批"游览枫丹白露宫	285

1857 年　拿破仑三世的剧院	**294**
1861 年　暹罗使团	**297**
1864 年　欧仁妮皇后和中国馆	**303**
第十一章　从宫殿到博物馆	**311**
1927 年　国家宫殿	**313**
1940 年　德国占领时期	**320**
1962 年　戴高乐的修复	**324**
1984 年　从越盟到"枫丹威吓"	**331**
1986 年　拿破仑一世博物馆	**335**
终篇　时间的宫殿	**340**
大事年表	**345**
参考文献	**365**
译名对照表	**385**
致　谢	**405**

第一章

圣路易的城堡

1068 年
森林与岩石犹如王冠

此地是加蒂奈,意即四处无物,人们无法仿照雅里①的《乌布王》②来描述它。光是"加蒂奈"这个名字就让人想起贫瘠和荒凉的土地;它来自拉丁文"vastus",意为"空旷、沙漠"。比耶尔森林的土壤是如此劣质,几乎寸草不生,只见一片沙地。池塘、沼泽和小溪的水,向着塞纳河缓缓地流动。

比耶尔森林极度干旱,但在一个山谷中,有一处喷泉名叫布里奥泉,泉水流出一条小溪,极小的一条水道,叫作"埃文溪"或"尚吉溪"。这个山谷,起初是一大片的砂岩山丘,向东北延伸渐渐变窄,直到塞纳河。小溪从一路流经的地方获得水源,因此,山谷的草地和田野与周围山丘上的沙地和岩石形成鲜明的对比。中世纪时,人们在山谷的南部发现埃文溪边的小村,然后是尚吉溪边的村庄;在尚吉溪的下游,布戈涅路垂直地把山谷分开。王宫就设在这个山谷最宽的部分,即北坡

---

① 阿尔弗雷德·雅里(Alfred Jarry,1873—1907 年),法国超现实主义的鼻祖,开创了荒诞派戏剧。
② 又名《愚比王》,1896 年 12 月 10 日在巴黎上演。

上，靠近小溪的供给源。

  1068年，加蒂奈地区并入王室领地。至少从那时起，比耶尔森林归属王室。直到大革命①时期，每年的5月1日，森林的使用权人必须聚集在一个叫王台的地方，那里有一张巨大的石桌，违者罚款。他们站在溪水和森林之主的面前，表达敬意并交上赋税。

  在古代，森林是财富的来源和权力的象征。它提供城镇和乡村的燃料和木材；它是主要的狩猎区，特别是捕获大猎物，那是贵族专属的特权。中世纪以来，法国的国王，是他的王国里地位最高的贵族，也是国家最大的土地和林业所有者，而狩猎是他的主要娱乐。皇家捕到的猎物成为王室餐桌上的肉食，君主们都乐此不疲，狩猎是完美的身体运动，它可以培养人的实力，为抵抗战争准备。

  在枫丹白露森林主要猎捕两种动物：野猪和鹿。猎野猪从古罗马时代开始盛行，而从13世纪起被猎鹿取代，鹿成为皇家狩猎的首选。猎野猪更艰难、更危险、更耗财，因为野猪会毫不犹豫地冲向猎人和他们的狗。这项打猎最初是在马上进行的，最后变成步行，长矛在手，野猪频繁成为被猎杀的对象。然而在枫丹白露的这项活动持续了很久，就在路易十四的青少年时期，仍有事实证明他猎过野猪。相反，"猎鹿"对君主们

---

① 即1789年的法国大革命。

第一章　圣路易的城堡

有着至高无上的魔力。猎鹿只能发生在广袤的森林,这是国王和王子们的特权;打猎完全在马背上进行。最后,不像野猪是佐餐的美食,鹿则象征着基督的纯洁和热诚。

森林也是一个世界,充满野兽和怪物的传说,也是盗匪和巫师的庇护所。枫丹白露的历史保留了穿越几个世纪的诸多回忆,诸如无耻的谋杀或情杀罪行。凭借其沙子和岩石构成的独特景观,枫丹白露森林产生并强化了有关森林世界的神话。它是"大狩猎者"——文艺复兴初期被谋杀的一个绅士的鬼魂——出没的领地,有些猎人甚至几位法国国王都曾在此狩猎。1599 年,亨利四世在莫雷路上打猎,听到一个神秘的狩猎者说话。一些朝臣派出侦察兵,遇到一个巨大的黑影,对他们说:

"你们在等我吗?","你们听见我说的吗?",或者是"你们要改过"。

如若枫丹白露森林自古以来就存在,那么几个世纪以来它的面貌已发生了变化。在中世纪晚期,这片森林已经长到今天的规模,约 1.7 万公顷,但根植在加蒂奈地区贫瘠的土壤中,加上过度利用,它远没有我们所说的繁盛。弗朗索瓦一世对其施加限制,减少毁坏,并限制放牧,但到了 16 世纪下半叶,建筑师雅克·安德鲁埃评论说:"这里的土地被沙化了,导致该森林的树木长得没有普通树木那么高大秀丽,无法很好地利用"。

一个世纪之后，1664年，调查专员巴里永·德阿蒙库尔指出，枫丹白露森林只有1/3的面积树木繁茂。另外2/3是沼泽和杂乱的岩石，该地区的农民还在用古老的方式放牧畜群。他们至少拥有1.2万头牛和6 000只猪！但是这片森林被认为具备美学优势：研究"枫丹白露宫"的第一个历史学家描写这个地方"由形似冠盖的森林和岩石包围着"。科尔伯特大力种植树木，使得森林覆盖茂密，其成效当今仍然存在。路易十四在统治的末期，修整了布戈涅路的走向，让它穿过最壮观的森林，都是上百年的橡树林。这片巴斯布雷奥的壮丽森林与阿普勒蒙的旷野对比，就如同在森林的其他地方，与那些广阔的岩石或沙地对比一样鲜明。

拿破仑时代开始重新种植许多树：每年约100公顷的松树林。路易·菲利普也跟着种植松树。在1830年和1840年，分别种了5 400公顷的松树和800公顷的阔叶树。枫丹白露因其树木的美观和厚度而出名，据福楼拜描述，这里的树木"高度不成比例，有族长和皇帝的气质，顶端互相碰触，长长的树干形成一个凯旋门的样子；有些树从底部斜着长上去，看起来像柱子要倒下"。

树脂的生产引起了艺术家的批评，他们宁愿粗糙的橡树与裸露的岩石相伴。人们也谴责路易·菲利普因为财政的原因而加大砍伐力度。他们的宣传运动促使拿破仑三世在1861年下令，对1 000公顷的树木进行"艺术保护"，对大规模的砍伐进行干预，使森林不再变得危险。1873年，画家让·弗朗索瓦·米勒成立一个委员会对森林进行艺术保护，维克多·雨果也加入其中："必须拯救枫丹白露森林。对这样一个自然的产物，砍伐者就是破坏者。一棵树是一个建筑，一片森林就是一座城市，而在所有的森林中，枫丹白露森林是一个纪念碑。它已经矗立几个世纪了，人们不应该破坏。"

1879年的严冬，气温下降至零下30度，毁掉许多针叶树。在岩石上茁壮成长的松树消失了，而补种的大部分是阔叶木，尤其是榉木。1892年，作为艺术保护的树木储量增加到1 616公顷。

如今的我们，比维克多·雨果时代的人懂得多些，知道森林并非自然的产物，而更多是人的作品，是另一种装饰的艺术作品：它是这个城堡的装饰，与之对话。

1259 年
圣路易与修道院

  高高的方形主塔，没有城垛：这是枫丹白露的第一座城堡，它的轮廓今天仍然依稀可见，印刻着文艺复兴时期的建筑风貌。城堡主塔具有罗马建筑的特点，底层的墙厚度达 3 米，大厅宽 7.65 米、长 7.70 米。二楼的墙厚 2.50 米，是国王的卧室，正方形的房间每边长 8.70 米。三楼墙厚一米，东西两边都点着灯，像底下几层一样。就这样，嵌在石头中的城堡主塔成为王权象征性扩大和领土扩张的标志。

  枫丹白露在历史上初露头角始于 1137 年，那是"年幼者"路易七世①登基的第一年，这也是皇家档案第一次记载这处行宫。城堡有可能是在路易六世，即路易七世的父亲在位期间（1108—1137 年）建成，而在路易七世的祖父腓力一世统治期间（1060—1108 年），加蒂奈并入勃艮第公国，成为王室领地。从卡佩王朝开始，这个地区就经常有国王光顾：其中有"虔诚

---

① "le Jeune"是路易七世的绰号，称为"年幼者"或"年轻人"。几乎所有的法国国王都有绰号。如路易六世为"胖子路易"，法文为"Louis Ⅵ le Gros"。下文的罗贝尔二世为"虔诚者"。

第一章 圣路易的城堡

者"罗贝尔①——于格·卡佩②的儿子,在比耶尔森林建了一个修道院。

命名城堡的喷泉③位于围墙的外面,围墙是土质的,由栅栏围起,如同加洛林王朝时期大部分的防御建筑。传说有一条名为"Bliaud"的皇家猎犬,在一次狩猎中误入比耶尔森林,并发现了这处著名的喷泉,因此泉水以它的名字命名,一直流传至今。

1160年的一篇文献提到一座宫殿,即枫丹白露宫,用来描述一处重要的行宫。九年后,即1169年,路易七世在城堡里建起一个小教堂敬献圣母和圣萨蒂南。坎特伯雷大主教托马斯·贝克特,因与英王亨利二世不和而在桑斯④度过一段流亡生活,其间枫丹白露宫也曾蒙受他的恩惠。路易七世在这个小教堂设立终身神父:根据教堂初建记事录描述,"当国王或王后及其子女在枫丹白露逗留期间,神父每天能得到四个面包、四品脱酒、两枚银币的餐费以及一长柄蜡烛。"⑤君主的日祷会

---

① 卡佩王朝的第二位国王(公元996—1031年在位)。
② 又译"休·卡佩",法兰西国王,创建卡佩王朝。
③ 枫丹白露的法文名为"Fontainebleau",中文是音译,法文词中"Fontaine"即为泉水之意,"bleau"依此处所说,为"Bliaud"或"Belleau"转化而来。
④ 桑斯是法国勃艮第大区约讷省的一座城市,桑斯的主教座堂是天主教桑斯总教区的主教座堂,是法国最早的哥特式建筑之一,始建于1140年,完成于16世纪初。
⑤ 此句原文中setier为古时的液体容量单位,1 setier合8品脱,此处原文为半setier。"一长柄"原文为toise,法国旧长度单位,相当于1.949米。

也在教堂里进行,而不是在埃文村的教区教堂。路易七世在 1180 年去世,葬在离枫丹白露不远的巴尔博西多会修道院,在塞纳河附近,埃里西和方丹乐港之间。

我们不能想象,路易六世和路易七世之后的卡佩王朝继续眷顾枫丹白露,一如后世众星托月。起初接待过王国的贵族和外国列强的使节,后来渐渐地也接纳王室的随从和一些获封法兰西骑士的军官。因此在 1169 年签署枫丹白露文书的一些人中,有位大领主不得不提,即宫廷总管大臣布卢瓦伯爵蒂博。其他的签署者有司酒官盖伊·德桑利斯、瓦兹河畔的博蒙伯爵、内廷总管马修、王室车马总管、博韦和克莱蒙的拉乌尔以及苏瓦松的主教、掌玺大臣休·德尚弗勒里。

12 世纪末和 13 世纪,卡佩王室定期来枫丹白露居住。路易七世的继任者,其子腓力·奥古斯都,留下了一些行为记录。尤其是在 1192 年,国王从十字军东征回来,在此度过圣诞节。他核准了教堂的设立,并为照顾皇家领地的神父增加了俸禄。并在林中建起弗朗沙尔隐修院,小教堂成为留存其中的一部分。

到了腓力·奥古斯都①的孙子路易九世统治的时期,枫丹白露重新获得了重视。这位虔诚而又爱冥想的圣徒君王②喜欢退居到"枫丹白露的沙漠"中,在那里祈祷和打猎。他完成了

---

① 即腓力二世。
② 路易九世绰号"圣者",也被称为"圣路易"。

第一章 圣路易的城堡

几项工程：1248年记录国王寝宫明细的蜡板记事录中提到在主塔和教堂的屋顶铺盖瓦片。圆形的塔在那个时候已经建成，从椭圆形的围墙中间穿插，一直保留到弗朗索瓦一世时期，依旧保持着先前的样貌。客房都挂着大窗帘，我们什么都看不到。

在1239年，由于大病返回枫丹白露的圣路易，担心自己不久于人世，把儿子路易叫到身边交待最后的指令，根据茹安维尔老爷所说，圣路易对儿子说道，"我的好儿子，我请你爱你国的人民；因为如果你施行暴政并受到指责，我真的宁愿一个苏格兰人或其他远在国外的外邦人来统治我们幸福而忠诚的人民。"主塔中，二楼的大房间是国王的房间，后来命名为"圣路易之寝宫"。

此时身患痢疾的国王发誓身体恢复后要继续发动十字军东征。远征军的组织持续了四年，但直到1248年圣路易才踏上征程，历经挫折和困苦后，他于1254年回到了法国，但没能到达十字军的终极目标——圣城耶路撒冷。受到这些不幸的遭遇，路易王对一个60年以前建立的宗教修会产生了兴趣，这个修会名为"圣三一囚徒救赎会"（以下简称"圣三会"）。它的创始人让·德马塔赋予修会的使命是释放、赎回或交换在地中海被俘的基督徒。修会的第一个修道院建在塞弗鲁瓦，属于莫城教区。在腓力·奥古斯都时代，另一个修道院建于巴黎，靠近圣马蒂兰教堂：得名于"圣三会"的教士"马蒂兰"，修会的会首尼古拉斯神父，他曾陪同圣路易远征埃及。

枫丹白露宫

1259年7月,圣路易把枫丹白露宫小教堂的宗教事务委托给圣三会管理。他还在附近另建一个修道院,可以接纳7名修道士。初建文书要求圣三会在路易九世死后纪念以下几个人的生辰:国王的父亲路易八世,国王的母亲布朗歇·德卡斯蒂利亚,国王的兄长、死在十字军东征期间的罗伯特·德阿图瓦,国王的妻子玛格丽特王后以及国王本人。传说圣路易爱穿那些修道士们披的斗篷出席祭礼。在17世纪,修道院保留着属于自己的斗篷,形式与圣三会的无异,以及一个缀满玫瑰花和其他鲜花的头罩。

从法国圣三会使用的印章上,我们看到一头鹿在源头饮水:喻指渴望上帝的灵魂——从《诗篇》第42首中获取的意象①——也同样出现在枫丹白露的丛林中和Belleau喷泉旁。城堡的命运从一开始就与森林和国王的狩猎活动不可分离。

---

① 《诗篇》第42首开篇为"神啊,我的心切慕你,如鹿切慕溪水。"

1314年
圣殿骑士的诅咒

1314年3月18日：西岱岛①的一处岬角上竖起一个柴堆，雅克·德·莫莱，圣殿骑士团的大法师，在被审判多年后终于葬身火海："法师看到了准备好的火堆，立即脱去所有衣裳，赤身裸体……他丝毫也没有颤抖，不管他们怎么拉拽他。他们把他绑在柱子上，而他面带微笑，欢欣地任由他们摆布。他们绑住他的手，但他对他们说："上帝知道谁是错的，谁犯了罪，不幸很快就会落在那些错判了我们的人身上。上帝会为我们的死亡报复。事实上，上帝知道所有那些反对我们使我们受苦的人。"

据杰弗里·帕里斯的编年史对于这次审判的记载，传说雅克·德·莫莱被教皇和国王神庭审讯了一年的时间。一年后，克莱门特五世和腓力四世在短期内相继死亡，为这个传说增添了论据，莫里斯·德鲁从中演绎出被诅咒的国王的著名传奇。

---

① 城岛，又音译"西堤岛"，是位于巴黎市中心塞纳河中的两座岛屿之一（另一座为圣路易岛），也是巴黎城区的发源地，著名的巴黎圣母院和圣礼拜堂都位于该岛。

事实上,第一个出生在枫丹白露的法国国王也是第一个在那里去世的:腓力四世,圣路易的孙子,1268年出生在比耶尔森林的城堡,1314年在那去世。这位高大金发、相貌俊俏的枫丹白露第一位国王仍然为后人所熟知,称他为"美男子腓力"。他显得既安静又有点神秘。他的敌人贝尔纳·赛塞这样描述他:"这个腓力,他不是凡人,也不是野兽;他是一尊雕像,仅此而已。这是我们的法国国王:他是世上最英俊的人,他却只看着别人。"

作为建造者的国王,腓力最出名的功绩是他对巴黎西岱宫的改进:现如今是司法大厦的建筑中仍然保留了几个令人印象深刻的房间。我们至少知道他对于枫丹白露的皇家住所、王后寝宫、小教堂和主塔都进行了重要的修缮工作。园林的存在证明一直以来都有固定的人修剪花木。这个小镇的地位举足轻重:王室的官员在那里收买土地,加以建设。

腓力四世去世的细节都记录在苏格兰人威廉的编年史中,他是圣丹尼修道院的神父,也是国王最后时刻的见证人。11月4日,国王胃痛难忍,完全没了胃口,开始呕吐,口干舌燥;也许这是患上了伤寒。病情恶化,腓力留下遗言,祈求救赎。他唱着圣歌《我把我的灵交托在主手中》[1]和赞美诗《全能的救世主耶稣》[2],忘却自己的痛苦。他们递给他一个十字架,他

---

[1] 原文为拉丁语 In manus tuas Domine, commendo spiritum meum。
[2] 原文为拉丁语 Jesu redemptor omnium。

不停地贴在他的嘴唇上,说:"这是我准备好要为之死去的信念,奉献出我的心,我的身和我的血。带着这个信念,我有信心等待死亡。"

周围的人都哭了,国王安慰家人说:"对我的死,你们一定不要害怕或哭泣。我希望你们流下的泪水不要阻止上帝对我的恩赐。"还说:"你们不应哭泣,因为我即将去往主那里。"腓力要人拿水给他喝:"弄湿我的嘴唇,让我的舌头多赞美一会我的创造者。"

国王随后对他的大儿子,绰号为"争吵者"或"易怒者"的路易说:"路易,我在你所爱和爱你的人面前跟你说话。我比谁都爱你,但你是值得爱的人,你的人生就是这样。我要跟你说的是一个父亲可以给儿子下的命令,违背的话就要遭受惩罚。如果不以这样的方式继续,你可能会招致上帝和我的诅咒。"腓力四世要求他的儿子敬爱上帝,保护教堂,守护信仰,"做信仰的真心保卫者和防御者"。他劝诫儿子要接纳"有着美好生活的人,会让你更优秀和英明",而不要接近那些"放浪形骸巧舌如簧的人,他们会背叛和丑化你的朝政"。他还建议儿子保持习惯和风俗的尊严,"但是,为着你自己和你的朝政,你要让每个人都知道你是国王的儿子,不仅如此,你还是法国国王。"

腓力接着说:"路易,好好想想这个问题,'成为法国国王意味着什么'?"他告诉儿子要自己掌控权力,并仰仗两位叔叔——路易·德埃夫勒和查理·德·瓦卢瓦的辅佐,"这样就不会受到伤害。"路易王子哭着回答说,他会尊重父亲的建议,确保"更努力地侍奉上帝,让人民幸福。"国王于是赦免了儿子过去的罪孽,给了儿子一个十字架,吻了他,给他祝福。然后,他看着两个小儿子,查理和腓力,要求他们为他祈祷,两人都哭着离开了。当在场的其他人都走了,国王留下长子一人聆听自己对神父的告解。他教儿子在触摸瘰疬病患者①时要做的手势和要说的话,并再次叮嘱:"我的好儿子,要想到从此你就是法国国王;你享有皇室的尊贵;你的所作所为应让你值得拥有这一荣誉。"大约400年后,路易十四临终前也说了美男子腓力的这番话。

交代完让他痛苦的政务,国王唯一所想的就是救赎。神父仍在身边,腓力伸出双臂交叉,对神父说:"雷诺兄弟,世上最珍贵的在此,法国国王在此!当然,那些属于这个世界的繁华和荣耀不过是美丽的虚无。"神父继续拿水滋润国王的嘴,而国王就着圣水继续忏悔。

1314年11月29日,周五,他叫来两位大臣——沙隆主教皮埃尔·德·拉蒂利和圣丹尼修道院的院长吉勒·德蓬图瓦兹,让他们祈求上帝救赎他的灵魂。然而,根据撰写的编年史记载:"腓力,露出庄严的眼神,看着那些站在他周围的人,

---

① 中世纪传说,假若有人患了瘰疬(甲状腺肿大、大脖子病),只要国王触摸一下就会立即痊愈。

第一章 圣路易的城堡

他的脸上显得无比喜悦与快乐,不停地跟每一个亲友谈话"。整个上午都在祈祷中度过。国王请求那些被他冒犯过的人原谅,一脸严肃地说:"如果没有强盗,杀人犯或其他罪犯,正义无需维护,所以追随信仰和正义之路并非其本意"。人们开始为其临终祈祷。中午时分,腓力对听他告解的神父说:"雷诺兄弟,我还能清楚地认得你,还有在这里的所有人。为我向上帝祈祷;我把你们托付给上帝。"在大家颂念圣灵的弥撒经文时,国王气绝。有人注意到,他死在他出生时的城堡,苏格兰人威廉写道,"这个地方,是他凡人生命和永恒生命的开始"。腓力的尸体被立即进行防腐处理并用船运往巴黎。他被葬在圣丹尼大教堂,路易八世的身旁,而他的心脏被带到他所建立的圣路易-德普瓦西教堂安放。

除了圣殿骑士的诅咒,民间还流传着许多关于国王死亡的传说。巴黎的史学家杰弗里·帕里斯,把美男子腓力的死因归于一次狩猎事故。有人说是一头被逼急了的野猪冲向国王的坐骑,有人说是一只巨鹿使马受到惊吓。马突然腾起,国王被甩了下来,一只脚还勾着马镫。获救后,国王被送到了城堡,并在那里去世。野猪一向被视为邪恶的动物,由野猪引起的死亡,被认为是可耻的。"他死于猎取猪皮的不幸事件,造假者",但丁在他的《神曲》中发出感慨。一本犹太编年史说国王的马从悬崖落入了大海。这突如其来的死亡一方面是对腓力四世的神圣惩罚,因为他的行为违背了教皇卜尼法斯八世,后者在1303年被国王的特使殴打致死;另一方面也是对他下令逮捕圣殿骑士(以真实的或莫须有的罪名)造成他们不公命运的惩罚。

然而,现代的历史学家认为腓力四世的死亡是几个月前遭受的挫折和不快促发的:忠诚于他的教皇克莱门特五世死了、与弗拉芒人的休战并不光彩、他的两个儿媳——"争吵者路易"的妻子玛格丽特和马尔什的查理之妻勃艮第的布兰奇与别人通奸、一些贵族和城市居民反对他设立新的税收和操纵货币。

美男子腓力的儿子路易十世在位仅两年。路易没有听从腓力四世的建议,相反,他刚开始时还反对前朝的统治方式。已故国王的近侍和心腹,恩格兰·德马里尼,被控渎职和行使巫术,于1315年被绞死。大臣皮埃尔·德·拉蒂利被控毒死国王,但他们设法开脱了。另一名美男子腓力的随从,拉乌尔·德普雷勒法官也被控给国王下毒,但询问他时,他拒绝承认。1315年6月21日,三个涉嫌下毒的女人,被推上了柴堆烧死。

腓力四世于枫丹白露临终时在场的三个儿子——路易、腓力和查理——先后登上了法国的王位,但相继死去,而且没有留下男性子嗣。后来王位传给他们的堂兄弟瓦卢瓦,瓦卢瓦兄弟不怎么光顾枫丹白露宫,没有卡佩王朝的这几个君主来得勤快。大概是由于这个城堡的偏僻位置,它成为1348年在法国爆发黑死病时王室的庇护之所。查理六世在登基后的前几年,一直住在枫丹白露宫,并且在寝宫中放置他的王后巴伐利亚的伊莎博带来的嫁妆,伊莎博在那打造了一座"美丽而著名的行宫"。

伊萨博死后,王室放弃法国的北部来到卢瓦尔河谷地区:在这里,"布尔日的国王"查理七世,带领王国走向缓慢的复苏,由此结束百年战争。又过了一个多世纪,枫丹白露宫才返回历史舞台。

第二章

法国的文艺复兴

1528 年
蝾螈为标志的时代①

仿佛魔杖一挥，我们便来到 1530 年。古老的中世纪城堡已消失殆尽，取而代之的是一座文艺复兴时期的宫殿。枫丹白露宫，不再是处于巴黎和布卢瓦之间狩猎时的歇脚地。1520 年，曼托瓦侯爵②的使臣向主人汇报说弗朗索瓦一世可能在距其四英里的一个弹丸之地——枫丹白露——逗留八天。女眷也都来了，国王则每日猎捕雄鹿，到了晚上才与她们会和。

重修城堡是特殊形势下的产物：国王在帕维亚③惨败并被俘虏至西班牙，随后他屈辱地回到法国④。回来后，弗朗索瓦一世要犒赏那些他不在时曾支持母亲路易丝·德·萨瓦的人。巴黎城也包含在内。国王很快就着手来做这件事，在一封写给市政厅的信

---

① 即法王弗朗索瓦一世（1494—1547 年）的时代，他于 1515—1547 年在位，以蝾螈作为自己身份的象征，钟爱喷火的蝾螈标志和徽章。
② 即当时曼托瓦公国的统治者弗德里科二世，这是一个曾经存在于意大利伦巴底的公国，隶属于神圣罗马帝国。
③ 法文 "Pavie"，意大利语 "Pavia"，属于今意大利伦巴第大区。
④ 弗朗索瓦一世在 1525 年的帕维亚之战（la bataille de Pavie）中遭到惨败并被俘。他被带到马德里，被迫向神圣罗马帝国皇帝查理五世作出屈辱的让步后（签订《马德里条约》）被释放。

中，他要求"今后打造'他的'大部分宅邸，并更多地在'他的'美丽城市、巴黎城区和郊区生活，而不是在王国的另一处逗留"。弗朗索瓦居住在"周边"——法兰西岛（就像在国都一样）——从此，他在卢瓦尔河谷的起居，就如同在瓦卢瓦的行宫中一般。

从1527年夏天开始，也就是国王回到巴黎的3个月之后，他提出城堡的扩建计划。吉勒·勒布勒东被委任为工程监工，即国王建筑工事的施工总管。弗朗索瓦一世合并重建了旧时的马蒂兰修道院，还通过位于二层的东西两侧翼将其连接到中世纪城堡以设立国王长廊。围绕城堡主塔的建筑重新用切削的砂岩和砾石涂层加固，切割过的石块突显出角度与框架。仅仅壁柱和三角楣的装饰就展现出文艺复兴时期的艺术。这场建筑运动中最为大胆的一部分莫过于带有多重凉廊的大金门，它位于西南边古老的小堡门楼：枫丹白露宫并不面向巴黎，而是更朝向奥尔良和卢瓦尔河谷。

国王曾经只是想用不多的花费对一个用于狩猎的城堡加以改造，这样某些住所可以接待他的母亲、三个女儿、他本人以及宫廷的高级官员。不料，弗朗索瓦一世的家族形势在16世纪30年代初期有所变化。自1524年丧偶后，国王又于1530年娶了奥地利的埃莉诺①，也就是神圣罗马帝国皇帝查理五世

---

① 卡斯蒂利亚国王费利佩一世的长女（1499—1558年），初为葡萄牙国王曼努埃尔一世王后（1518—1521年），后为法兰西国王弗朗索瓦一世王后（1530—1547年）。

（Charles Quint）的姐姐——这是一场迫于《康布雷和约》[1]的政治婚姻。随后的一年，路易丝·德·萨瓦去世。此后，弗朗索瓦彻底掌权。与皇帝姐姐的联姻也势必为其添增更多威严。

正是在这一背景下，国王决定不再将枫丹白露宫仅仅视为一座狩猎行宫，也将其作为主要常驻地之一。他试图结合其地理优势展开一次更大规模的改建。时值拱形门顶和叠加拱廊正兴，我们可以在布卢瓦或是马德里，甚至布洛涅森林里的其他皇家城堡里看到它们。圣萨蒂南小教堂，曾经的中世纪古堡内猎区，是基于皇家小教堂所特有的两级方案而建。一连排的翼楼和楼阁从马蒂兰修道院由北向南一路延伸至鲤鱼池边。最南端一座被称为"火炉阁"的大楼阁开启了五扇面朝池塘和森林的大窗。1543 年，普里马蒂乔[2]在分隔国王长廊与鲤鱼池的庭院中间凿出一座名为"海格立斯"[3]的巨型喷泉：喷泉庭院之名由此而来，此后一直就立于这片空地之上。

圣三教堂，即马蒂兰修道院的前身，同样被改建。1546 年开始动工，即之后的舞会大厅，其宽大的凉廊一边面向椭圆庭院，一边面向花园。其中"城堡后院"或者"大庭院"的施工为期最长，那里曾是马蒂兰修道院，现在称作"白马庭院"：

---

[1] 1529 年弗朗索瓦一世与查理五世所签条约。
[2] 意大利画家、雕塑家、建筑师，法国王室御用的宫殿装饰艺术家，法国人称他为 Primatice。
[3] 即希腊神话中的大力士赫拉克勒斯，罗马名为海格立斯。

其三处砖石瓦砾材质的翼楼可能源自意大利建筑师塞里奥的设计，并于1541—1542年兴建。同样来自意大利的画家们则完成了国王长廊、大长廊或尤利西斯长廊的布景绘制。

城堡周边的三座花园也被重新规划：北边的国王花园（后来的王后花园和狄安娜花园）封闭性地与大花圃简单化一；西南边的松木园里种植着海松，采用砖石建筑，其中最为著名的就是松树岩洞（1544—1545年）；东南边的大花园（之后的国王花园），那里的运河和边沟充当了池塘的溢水系统。

弗朗索瓦一世时期的枫丹白露宫中，具有代表性的杰作无疑是"国王长廊"，它将中世纪的古老城堡与从前马蒂兰修道院的建筑群相连。尽管从地理位置上无法形成流通空间，但它成为君王的私人走廊。弗朗索瓦一世保管着钥匙，他只会为来自东方的参拜者、教皇或者英国使臣打开那个房间。墙壁上覆满一人之高的护墙板，均由奢华的胡桃木制成，它出自意大利的希贝克·德卡尔皮之手，上面刻有加冕国王姓氏的首字母"F"和他的喷火蝾螈徽章，传说这种蝾螈能像凤凰一样在火中重生：它象征着法国君主制度的永恒，也意味着国王的永生。在这之上我们可以欣赏到画家罗索的仿大理石和壁画。其描绘的画面深受神话启发，经常隐秘地包含着双重含义：我们可以从字面意思上进行推测，其中影射了这个国王的一生——他的诞生，被俘至马德里，两个儿子的出世，投身于艺术和文学运动以及他的宗教统一政策。天花板上的木雕毫无疑问也是德卡

第二章　法国的文艺复兴

尔皮的作品。

在画廊，弗朗索瓦一世建了一个洗浴室，相当于一个私人温泉浴场，共有七个房间：理发室、蒸汽室、温水室、浴室、休息室等。画廊中汇集了他收藏的非凡意大利绘画作品，嵌在灰泥框中。参观者可以欣赏到达芬奇的《蒙娜丽莎》《施洗者圣约翰》《美丽的费隆妮叶夫人》；拉斐尔的《圣家族》《花园中的圣母》《圣米歇尔勇斗恶龙》。

画廊的上层，三楼的位置，是国王的藏书室，当时人称"书库"。弗朗索瓦一世把收集来的手稿专门存放在这，特别是从意大利和东方带来的画稿和希腊文手稿。尽管最初对于存放时效有法定要求，那里的印刷品屈指可数。1544 年，布卢瓦宫的藏书并入枫丹白露宫，总数接近 2 700 册。这些王室的书籍用小牛皮装订起来，挂着深棕色流苏，装饰有阿拉伯式曲线图案，镶着花纹和皇家徽章。

来到弗朗索瓦一世宫廷的意大利艺术家和外交使臣们都非常推崇这位热心支持艺术的君主，但总不免流露出对法国"野蛮人"和他们低劣品味的蔑视。例如曼托瓦公国的大使，毫不含糊地针对枫丹白露宫和国王长廊做出了尖锐的判断，他在1539 年写信给主人时说道："我看到了枫丹白露，在那里几乎看不到什么比曼托瓦更美……。然后有一个画廊，很长，但过于狭窄，并且挂着非常难看的画作。"

在弗朗索瓦统治的末期，另一个规模比国王画廊还大的画廊开始施工：这就是大画廊，或称"尤利西斯画廊"。它位于白马庭院南翼的二楼，面对池塘，长 150 米，使之成为欧洲最大的画廊。在这里，无论是壁板或天花板，还是墙壁和拱顶，都和拉斐尔在梵蒂冈画室中的模型如出一辙。根据普里马蒂乔绘制的图纸，工程于 1541 年开始，一直持续到该世纪末。场景取材于瓦卢瓦王朝非常珍视的作品《伊利亚特》和《奥德赛》，因为根据神话，法兰克人是特洛伊人的后裔。

在弗朗索瓦一世生命的最后阶段，城堡轮廓已然成形，他要求的总体规划也基本延续至今。在这个被近似圆形庭院环绕而自我封闭的中世纪城堡，国王建起了一系列朝向喷泉、花园和森林的翼楼和楼阁。整体看来分散不规则，组成零星分布：虽说不是建筑师的作品，却也是业余行家的杰作。

1530年
一个"新罗马"

"一个新罗马",这也是瓦萨里①在他的《艺苑名人传:画家、雕塑家和建筑家》一书中对瓦卢瓦王朝的枫丹白露宫的设计构想。在1530—1570年期间,确实有众多的意大利艺术家穿过阿尔卑斯山脉来到这座皇室城堡的工地,留下他们的足迹。

第一个到来的是弗洛伦萨的画家罗索。他在安德烈·德尔·萨托②门下出师后,定居于罗马,在那里他发现了米开朗基罗的艺术。但是在1527年查理五世的大军攻掠这座永恒之城——罗马之时,这位大画家被捕并被剥夺了所有财产。穷困潦倒的罗索在受邀赴法之际正浪迹于意大利。他于1530年10月抵法,随后弗朗索瓦一世委任他负责枫丹白露宫的装饰工程,尤其是画廊的装饰上。罗索在这座城堡工作了10年左右,在此期间,他也完成了一些花瓶、盐盅以及马铠甲上的画。他

---

① 文艺复兴时期意大利画家和建筑师,以传记《艺苑名人传》留名后世。
② 意大利佛罗伦萨画家,文艺复兴成熟期及风格主义早期画家。

将当时意大利人称为"maniera"（即"风格主义"[①]）的思潮带入了法国，或者寻求风格为他们带来的影响，这一潮流带领人们发现了一些令人惊奇的艺术成分和对比鲜明的色彩。

罗索死于 1540 年：瓦萨里称罗索有可能是因为一次诬告事件而自杀的。

1532 年，也就是在弗洛伦萨人罗索去世两年之后，另一个意大利画家来到了枫丹白露：博洛尼亚[②]人普里马蒂乔。他是当时著名画家朱尔·罗曼[③]的学生，此前，他和他的老师在曼托瓦的得特宫[④]工作，这个宫殿是贡扎格家族公爵们的奢华寝宫。应弗朗索瓦一世对曼托瓦公爵提出的需要一个画家和一个装饰匠的要求，普里马蒂乔被派到法国作为朱尔·罗曼的接替者在枫丹白露工作。弗朗索瓦一世长廊的装饰工作出自罗索之手，而普里马蒂乔则是担任国王和王后寝宫的装饰工作。同罗索一样独具特色，普里马蒂乔拥有自己的艺术风格，且更为清新曼妙和优雅。但是他的作品大多已失传了，只有为数不多的遗迹被保存了下来，比如说弗朗索瓦一世王后奥地利的埃莉诺

[①] 风格主义，也被译为曼那主义、样式主义或矫饰主义，意即"风格"。它反对理性对绘画的指导作用，强调艺术家内心体验与个人表现，注意艺术创作的形式感，倾斜线条和曲线的运用比较明显。
[②] 意大利北部一城市，又译"波伦亚"。
[③] 即朱利奥·罗马诺（Giulio Romano），法文为"Jules Romain"，约 1492—1546 年，意大利文艺复兴晚期画家、建筑师。
[④] 意大利语为"Palazzo del Te"，这是位于意大利曼托瓦的一座宫殿建筑。得特宫修建于 1524—1534 年，由拉斐尔的门徒朱尔·罗曼诺设计。

寝宫里的壁炉（建于1534—1537年）和埃唐普公爵夫人卧房中的壁炉（约建于1541—1544年）。最后，从1543年开始，他得以着手进行他的重大工程——尤利西斯长廊。

罗索和普里马蒂乔互为竞争者，但是在工作中相互较劲的同时，他们的装饰作品也有相似之处。两者都围绕着粉墙壁画这一主题进行创作，这也使得这一艺术形式在该时期取得了不俗的发展。粉墙壁画以高浮雕的形式展现，并开创了大型人物画、花果环画、赤裸天使画、传说动物画、丛林仙女画和寓意画的先河。同时，也正是这些画赋予枫丹白露与众不同的艺术特性。受意大利装饰艺术启发并受到罗马和曼托瓦一些元素的影响，以雕刻和挂毯形式盛传于世的枫丹白露装饰画在意大利以及欧洲其他各国范围内也算是自成一派。

普里马蒂乔是一个全面的艺术家，他除了是画家以外，还兼有装饰家、雕刻家和建筑家等多重身份。1540年时他被派往罗马。在此期间，他为国王搜罗各种艺术作品，仿造最著名的古代雕塑，用青铜复制品装饰枫丹白露宫。年底他回到枫丹白露宫，顶替因罗索去世而空缺的职位。那些复制的雕塑作品有《观景殿的阿波罗》《维纳斯》《拉奥孔和他的儿子们》《大力神康茂德》[1]、《熟睡的阿里亚娜》（为埃及艳

---

[1] 康茂德（Commode），又译为"柯摩达""科莫德斯""高摩达""柯姆德斯"，公元2世纪末的罗马帝国皇帝（161—192年），于公元180—192年在位。是一位暴君，宣称自己是大力神海格力斯的儿子。

后克里奥佩特拉而作)、《台伯河》，还有两个狮身人面兽和两个半人半羊兽。卡皮托勒广场马克·奥勒留①青铜骑马雕塑仿制品中的马匹则是由石膏塑成的。弗朗索瓦一世曾多次派普里马蒂乔去意大利购买工艺品。至于园林方面，普里马蒂乔受米开朗基罗和朱尔·罗曼作品启发后，于1543—1544年设计了松树岩洞。

在艺术史学家们眼中，罗索去世后，普里马蒂乔依旧是"枫丹白露派"无可争议的大师级人物。1544年，他成为特鲁瓦的圣马丁修道院院长（当时人称"圣·马丁先生"）时，已然声名显赫。在他的影响下，博洛尼亚人在法国艺术界的影响逐步盖过了弗洛伦萨人。直至亨利二世登基并提升菲利贝尔·德洛姆②担任建筑总督，普里马蒂乔在这一领域的影响才减弱了一些。但是当亨利二世驾崩后，他从德洛姆那里夺得建筑总督一职直至1570年去世。普里马蒂乔的离世给博洛尼亚人的创作以严重一击。由其指挥施工的大部分装饰画都被毁坏或者被一些笨拙的修复画掩盖。普里马蒂乔的大部分画作已经失传，他的天分在很大程度上仍然要归功于绘画和版画。他在枫丹白露宫的作品有一部分在卢浮宫的画厅展出，另一部分仍旧保留在原地。

---

① 拥有"恺撒"称号的他是罗马帝国五贤帝时代最后一个皇帝，于公元161—180年在位，有"哲人王"的美誉。
② 文艺复兴时期法国建造师（1515—1570年）。

第二章　法国的文艺复兴

同时期还有两位意大利艺术家来到法国效力于弗朗索瓦一世，他们分别是建筑家塞巴斯蒂亚诺·塞利奥以及雕塑家和金银匠本韦努托·切利尼。同普里马蒂乔一样，塞巴斯蒂亚诺·塞利奥也是博洛尼亚人，而本韦努托·切利尼则和罗索一样来自弗洛伦萨，我们将会在以后的章节里细讲。早在1537年，塞利奥就在威尼斯出版了一部论著阐述五条建筑法则，其中的一条法则作为范例由驻威尼斯的法国大使乔治·德阿马尼亚克介绍给法国皇帝。弗朗索瓦一世在看到他的作品后，决定邀请他来法国"负责皇家建筑"，并许以高薪。1540年，这位建筑家出版了另一部讲述古代建筑的论著《第三本书》，并以此献给弗朗索瓦一世。第二年，他就来到枫丹白露宫，并被批准成为"国王的御用画师和建筑师"。但是当他到来后，塞利奥非常不愿意跟吉勒·勒布勒东共事，面对着这个人，他只能看到一个"从未踏出法国国门甚至从未离开过本省的泥瓦匠"。塞利奥为这座城堡特别是后来成为舞厅的凉廊绘制了蓝图，但是塞利奥的方案之后似乎又被设计了一番，作为勒布勒东的修正版本，因此我们看到砌在白马庭院的砖石上有相似的翅膀图样也就不足为奇了。

不为国王工作的时候，塞利奥不得已接受一些私人客户的活。在枫丹白露镇，他为费拉拉①红衣主教伊波利托·埃斯

---

① 意大利东北部的一座城市，也是费拉拉省的首府。

特建造了官邸，名为"大费拉拉"，其对称的建筑给了一个多世纪以来众多的法国宅邸许多灵感。他为安东尼·德·克莱蒙在托内尔①附近建造了昂西勒弗朗城堡，这是法国传统和伟大罗马风格的第一个综合体。但总的来说，塞利奥在法国的影响主要是通过出版的建筑书籍，从1542年开始翻译成法语。菲利贝尔·德洛姆承认，塞利奥通过他的书籍和绘画，首次让法国人了解到古代建筑的知识和好些绝妙的发明。远离在皇家城堡进行的伟大工作，塞利奥满腹心酸，在他一部描写生活的作品中抱怨："那时候在这荒僻的枫丹白露，野兽比人还多。"他在1553年之后的某日死在那里。

罗索和普里马蒂乔是团队领导，他们给出整体设计图，由许多共事者完成。普里马蒂乔的同乡凡图齐，绘制了尤利西斯画廊的蔓藤花纹。出生于摩德纳②的尼科洛·德尔·阿巴特于1552年到达枫丹白露，为普里马蒂乔干活，普里马蒂乔评价："如果我在巴黎能找到跟他一样会做这工作的人，我不会雇用他，但是巴黎没有人能做。"他们的合作持续了约20年。普里马蒂乔给出设计图，尼科洛绘成壁画或油画。尼科洛也拥有自己的灵感：他在画架上作画，人们能感受到弗拉芒风景画家的影响。

另一位普里马蒂乔的门徒鲁杰罗·德·鲁杰里于1557年

---

① 位于法国北部勃艮第地区的一个小镇。
② 意大利北部一城市。

抵达枫丹白露,承接了装饰在火炉阁二楼的油画《赫拉克勒斯之生》。"圣·马丁先生"(即普里马蒂乔)去世时,赠给德鲁杰里一些画和作画的工具。他嘱托德鲁杰里把枫丹白露学派传承下去,后来亨利四世和路易十三的画家们也都属于这一派。

这些来自意大利的大师们影响了法国艺术家,如(老)让·古尚、安托万·卡龙、(小)让·古尚以及著名的皇室肖像画家弗朗索瓦·克卢埃。有些人必须在枫丹白露的工地干活,其他人则被印刷品或图解书所吸引,这些书籍详细描述并传播枫丹白露的模型,而这些模型又在欧洲各地由巴黎雕刻家们重新诠释。枫丹白露的这些艺术家通常以女性裸体为主题,多多少少借神话的名义,无论是几乎全裸站立的(《猎神狄安娜》),还是坐着露到腰部(《狄安娜·德·普瓦捷出浴》《梳妆的女子》)。在达芬奇和拉斐尔为代表的古典文艺复兴时期之后,法国进入了文艺复兴的第三个时期,即矫饰主义时期,体现在不注重规则而更爱发明与幻想。

枫丹白露的画家们确实配得上"学院派"的名字,因为他们"教人学"。在17—18世纪,一批业余爱好者和艺术家前来欣赏弗朗索瓦一世画廊、舞会大厅和尤利西斯画廊,并寻求灵感。阿尼巴尔·卡拉西赞扬了普里马蒂乔的"发明"。鲁本斯从尤利西斯画廊临摹了几张画。据马里埃特所说,尼古拉斯·普桑表示他认为没有什么比完成尤利西斯画廊的一系列伟大主题更能塑造一个画家和激发他的天才。尤利西斯故事的场景在1633年被特奥多尔·凡·蒂尔登雕刻出来。1793年，建筑师查理·佩西耶①从意大利回来，在枫丹白露停留，还复制了舞会大厅的画作。

---

① 法国室内装饰家，1764—1838年。

1539 年
查理五世的到访

弗朗索瓦一世对查理五世①的忿恨是双重的：后者更强大，更虔诚，更睿智，更常在战场上获胜。但这位法国君主对艺术的资助让他自己心里恢复了一些平衡。只是法国王室的辉煌成就如何能让这位神圣罗马皇帝印象深刻呢？1539 年底，机会来了，当时根特②的居民拒绝交纳新的税收，起义反抗查理五世的权威。查理意欲惩罚他们，恢复低地国家的秩序，要求法国允许其军队从法国经过，因为西班牙和佛兰德之间的海上航线不安全。

自前一年缔结《尼斯条约》以来，法国国王和查理皇帝已正式和解，两国恢复和平。弗朗索瓦一世同意了这一请求，并以书面形式向查理五世提出保证说："我向您保证，我的好兄弟，这封以我的名义书写并签字的信，代表我们兄弟间的信任

---

① 查理五世（1500—1558 年）是哈布斯堡王朝广泛的皇室联姻的最终产物，他是西班牙国王（1516—1555 年在位）、神圣罗马帝国皇帝（1519—1555 年）、西西里国王（1516—1555 年）、那不勒斯国王（1516—1555 年）、低地国家至高无上的君主。
② 根特市（荷语 gent，法语 Gand），比利时自治市，东佛兰德省省会。

与情谊。在您经过我的王国时，这是我们的荣耀，我将确保尽全力为您做好所有的接待服务。而且如果您愿意，我可以到您面前去，到您国家去接您，并带着我的孩子陪送您，让他们顺从您，您将具有我在这个王国内拥有的同等权力，您可以随意处置一切事务。"为了保证更安全，他让王太子亨利、王太子的弟弟奥尔良公爵查理和陆军统帅蒙莫朗西也签署了类似的信件。这样，如果弗朗索瓦一世在护送皇帝途中去世，他的继任者也不会施加任何约束。

查理五世希望此行尽可能地隐秘……法国国王却给了皇帝盛大的接待。1539年11月11日，查理皇帝离开马德里，陪同的有西班牙、佛兰德以及弗郎什－孔岱①的大领主们。11月27日，他们到达边界小城富恩特拉比亚②，受到规格很高的接待委员会迎接：法国国王的幼子奥尔良公爵查理带着15位贵族侍从在此等待；第二天在巴约讷③，轮到王太子迎接查理皇帝，由陆军统帅蒙莫朗西、红衣主教沙蒂永以及许多其他领主们陪同。随着皇帝的车辇逐渐向北，奢华的排场接连不断，从巴约讷、波尔多、普瓦捷，一直到12月12日抵达洛什，弗朗索瓦一世前来迎接他曾经的对手而今的朋友。他于11月20日抵达

---

① 法国东部一大区。
② 西班牙语 "Fuenterrabia"，巴斯克语名为 "宏达瑞比亚"（Hondarribia），西班牙巴斯克自治区与法国交界处一小城。
③ 在法国西南部。

枫丹白露宫，至24日离开，期间布置了接待查理皇帝的细节。由于身体不适，弗朗索瓦有时乘雪橇，有时坐马车。他乘坐游船从奥尔良到昂布瓦斯城堡①，并从那去往洛什。查理五世还见到了姐姐埃莉诺以及整个法国王室成员。

陆军统帅蒙莫朗西负责一切接待事宜。他从弗朗索瓦一世年轻时就得到重用，最后被封为法国的大统帅和大总管。顶着大总管这个头衔，他负责管理宫廷事务，也发挥了很大的外交作用。作为热诚的天主教徒，蒙莫朗西反对与德国的新教首领结盟。他认为应通过谈判将米兰公国归还法国。自1537年担任陆军统帅后，他一直力促法国国王与查理皇帝议和，而查理五世也不吝善待他。

在规划路程时，大家已经预见到在枫丹白露宫会有长期停留。事实上，当时的一篇文章说："国王非常希望向查理皇帝展示自己在枫丹白露宫建造的精美宅院……国王将皇帝带到那里再来巴黎，尽管路线不对，但是因为他太希望向查理皇帝展示他的行宫，他非常乐意待在那里享受美景。"在此之前，城堡只接待过一位君主：苏格兰国王詹姆士五世，他在1536年与弗朗索瓦一世的女儿玛德琳结婚的时候来到法国。

查理五世骑马行进，但弗朗索瓦仍坐着马车。因此行程很慢。在昂布瓦斯、尚博尔和奥尔良之后，他们停了一两天，于

---

① 卢瓦尔河谷地区一座皇家城堡。

12月22日到达皮蒂维耶①，23日到达米利②，最后在24日到达枫丹白露森林。

在森林的边缘，王太子亨利带领50名宪兵和50名轻骑兵前来迎接皇帝。整个队伍的着装分成白黑两色，因为王太子的情妇狄安娜·德·普瓦捷仍然在悼念她的丈夫，死去的诺曼底司法总督。一番赞誉之词过后，王太子向查理五世宣告由他来护送皇帝，抵挡那些困扰森林的邪恶骑士。当队伍离城堡还有一英里时，奥尔良公爵带领的骑兵部队出现了，他们身穿镀银的深红色天鹅绒服，帽上插着浅红色的羽毛。红衣骑兵开始向黑衣骑兵发起模拟对战。像宫廷小说描述的那样，他们在马下和马上打斗，向队伍中的美丽女士们展开通道。皇帝还看到舞者扮成树木之神、农牧之神和森林之神，在经过的路上跳着乡村芭蕾。城堡的入口是一条皇家小道和一座金色大门；小道的入口装饰了一个凯旋门：弗朗索瓦一世和他的贵客身穿古雅的华服，周围一片安宁祥和之气，"以向查理皇帝展示法国国王接待他的真情厚意"。鼓乐齐鸣，欢迎两位君主的到来，他们穿过嵌满绿色黄杨枝（赋予春天的幻想）方格和菱形图案的金门进入宫中。

由于查理五世的到来，主塔的庭院里竖起一个镀金的柱子，上面刻着美惠三女神像和皇帝的徽章。在柱子的顶部，

---

① 法国中北部城市。
② 法国西北部芒什省的一个市镇。

第二章　法国的文艺复兴

燃着一个火炬,已经烧了两三天;从柱子中间流出的是一缕缕水和葡萄酒;在庭院的四周,悬挂着国王的盾形徽章、花环和画布。

为了迎接查理,城堡内已经做好一切安排,特别是新的火炉阁,那里的卧房最舒适,朝向南边,可以看到池塘和森林。那里的炉子可能模拟了在德国使用的加热系统,查理五世习惯用这种系统。最后,弗朗索瓦一世似乎把自己位于主塔旧楼里的寝宫让给了查理皇帝,自己去住陆军统帅蒙莫朗西在底楼金门的卧房。

为了表示对皇帝的尊崇,几幅被称为《西庇阿的胜利》[①]的挂毯被挂了出来;餐具都是金银制的。特别为宫廷的女士们定制了绣上金银丝线的深红色长袍。罗索和普里马蒂乔设计了在城堡和森林中要穿戴的服饰。

第一晚,国王为皇帝举行盛大的宴会。第二天是圣诞节,举行了一个庄严的弥撒仪式,弗朗索瓦一世要触摸瘰疬病人[②]。使用在加冕当天获得的膏油,法国国王能通过触摸治愈这些结核病人。他停在每个病人面前,用手摸摸他们的额头,然后从一只耳朵摸到另一只耳朵,说出传统的咒语:"君王触摸你,

---

[①] 西庇阿（Scipiion）,又译"斯奇皮欧""齐比奥"（公元前236—公元前183年）,古罗马统帅,征服非洲。
[②] 瘰疬病,是一种由结核菌引起的皮肤病,多发生在患者脖子上,不易治愈、容易复发。11世纪到18世纪期间,广泛流行于法英两国的看法认为通过国王触摸,能够让瘰疬病人康复。

上帝治愈你。"许多病人来参加这个仪式；这次西班牙人占了多数，而且治愈的人数众多。

接下来的几天主要是狩猎，马下和马上的比武。然而弗朗索瓦一世总是无法直立在马背上，都是王太子和陆军统帅带着打猎。当众人离行宫很远之时，森林中或邻近的村庄都会向皇帝提供丰盛的午餐。在城堡，陆军统帅蒙莫朗西为法国和西班牙的大臣们随时安排好餐桌。那里的菜肴如此鲜美，以至于查理五世自己也来用餐。弗朗索瓦一世问皇帝还想不想要什么，皇帝回答说："没什么了。如果不是亲眼看到，我永远不会相信。"

然而，一些传记作家深信，法国朝臣们巧妙地向皇帝暗示过国王曾被囚禁在西班牙一事。有一天，奥尔良公爵跳上查理五世的马背，说道："陛下，你是我的囚犯。"在一场宴会中，弗朗索瓦一世指着自己钟爱的情妇埃唐普公爵夫人对查理五世说："陛下您请看这个美丽的女人。哎！她建议我把您留下来。"皇帝回答，"如果这个是好建议，我们不妨遵循"。用餐结束，查理洗手时，把一枚贵重的戒指掉在了地上。公爵夫人捡了起来，皇帝彬彬有礼地请她留存。

查理五世于1539年12月24—30日在枫丹白露宫停留。他于30日离开，前往利斯修道院。在最后一次猎鹿和野猪之后，夜幕降临之时，一行人从塞纳河启程，一艘皇家游船在那等候两位君主。1540年1月1日，查理隆重地进入巴黎。弗朗索瓦一世想要场面"尽可能地壮观"。皇帝在绘着帝国之鹰的

第二章　法国的文艺复兴

金顶簇拥下进入首都,先去圣母院做祷告,后在西岱宫用午餐,夜里就寝于卢浮宫。第二天,这座城市向他呈现了一座两米高的银色赫拉克勒斯雕像。1月6日,查理五世写信给托莱多①的主教说:"我们享受到这样的礼遇和款待,我们无法想象还有更好的。而且这个国王和他的所有人都很友善和幽默。但愿这次旅程有助于上帝的事业和基督教的利益。"国王陪同皇帝一直到圣昆丁。分别之时,两位君主及其家人和随行人员交换了丰盛的礼物。

在法国方面,大家注意到了皇帝的朴素和节俭。查理和他的随从们还穿着丧服,以悼念几个月前去世的皇后,葡萄牙的伊莎贝拉,而疲病缠身的皇帝几乎没什么胃口。相反,在西班牙方面,他们发现由法国组织的无休无止的欢宴令人厌烦,他们对宗教祭礼的简化和瓦卢瓦宫廷的淫乱感到愤怒。查理五世的随从们都不怎么喜欢埃唐普公爵夫人的准官方角色。皇帝忠实于已故的妻子,没有再婚。

如果两位君主在皇帝出访期间没有谈及联姻事务,他们各自的顾问大臣必须处理那些正在考虑的婚配事宜。他们意欲让奥尔良公爵(弗朗索瓦一世的第三个儿子)迎娶西班牙公主,而查理五世娶法国国王的女儿玛格丽特·德·瓦卢瓦来巩固和平。这种双重联姻并非没有私心:如果玛丽公主与奥尔良公爵

---

① 西班牙语"Toledo",西班牙古城。始于罗马时期,在腓力二世前为卡斯蒂利亚王国(后西班牙王国)首都。

结亲，她的陪嫁将包括弗郎什－孔岱和低地国家，而奥尔良公爵将成为西班牙王国的储君。这些商谈并没有成功，当时人们对于永久和平的希望也遭到了残酷的欺骗。10月11日，查理五世委派儿子菲利普（后来的腓力二世）就任米兰大公。陆军统帅蒙莫朗西在此次事件中丧失了大部分的信誉。埃唐普公爵夫人称他为"大无赖"，因为他诱骗国王说米兰人会将公国归还。

不过，查理皇帝在枫丹白露的逗留还有后续。在1544年9月，王后埃莉诺、奥尔良公爵和埃唐普公爵夫人前往布鲁塞尔，纪念弗朗索瓦一世和查理五世之间的又一次和解。皇帝迎接并设宴款待了弗朗索瓦的王后与情妇，并赠送她们戒指和宝石，总价值为5万金埃居①。

查理皇帝在枫丹白露宫的逗留，保存下来一件非凡的纪念品：一组六幅挂毯，复制了国王画廊的一部分壁画，现在由维也纳的艺术史博物馆收藏。这是在查理五世到访时，根据他的委托，在枫丹白露宫一个专门布置的画室制作完成的，大概在1544年他访问布鲁塞尔期间敬奉给他。

---

① 埃居（écus），13世纪由法王菲利普六世铸造，最初为金币，路易十三于1641年改为用银铸币。

1540 年
金银匠与宠妃

去到枫丹白露宫参观的游客一定会注意到，弗朗索瓦一世的装饰家们喜欢把女性裸体的画像放在画廊壁上或灰泥画框中。在展示文艺复兴时期享乐体验演变的同时，这些装饰使得一个非常有争议的人物永远留在了城堡历史和法国历史的记忆中：埃唐普公爵夫人。

结束在西班牙的囚禁回来后，国王遇到一个比他小12岁，即年方18岁的年轻女子安娜·德·皮瑟勒·德艾丽，她是路易·德萨瓦的侍从女官之女，默东①的红衣主教安东尼·桑甘的侄女。弗朗索瓦一世刚与以前的情妇沙托布里昂夫人分手，很快就让德艾丽小姐成了自己的情妇。1532年，国王给安妮找了个恭顺的丈夫——布列塔尼的庞蒂耶夫尔伯爵约翰·德·布罗斯。作为自愿戴绿帽的补偿，后者受封为埃唐普伯爵，后又在1537年封为公爵；安妮·德·皮瑟勒仍被称为埃唐普公爵夫人。在统治的最后10年里，

---

① 在法国上塞纳省。

弗朗索瓦一世一直都在通过送钱或送地的方式增加埃唐普夫人的财富。作为宫廷中一小撮人的领头者，她与勒农古红衣主教和海军上将沙博·德·布里翁结盟，并安排她的亲戚和朋友担任教堂和军队的要职。她组织了布朗托姆所说的美丽女士"小乐队"，因为"没有女人的宫廷，如同没有鲜花的花园"。

宫廷中现在分成两派。一派是弗朗索瓦一世的姐姐纳瓦尔王后玛格丽特、国王的第二个儿子奥尔良公爵、海军上将沙博·德·布里翁、阿内博尔元帅和埃唐普夫人。另一派是王后埃莉诺、王太子亨利、陆军统帅蒙莫朗西以及大部分的红衣主教。1541年5月，公爵夫人成功地使蒙莫朗西失势，她这一派获胜。费拉拉的使臣说："顾问院中无论谁如果想管事，不管事情大小，如果事先不确定埃唐普夫人首肯，没人敢告诉国王。"此外，埃唐普夫人的这一派跟王太子亨利的情妇狄安娜·德·普瓦捷也是对头，后者是原诺曼底司法总督的遗孀，被埃唐普夫人认为是"老而无牙的女人"。公爵夫人指责司法总督夫人用魔法来诱惑王太子。司法总督夫人让人造谣说公爵夫人和很多人有染。两位情妇的争吵也影响到了弗朗索瓦一世和他的儿子，导致国王和王太子之间的关系非常紧张，太子则把埃唐普夫人视为一个"邪恶的妓女"。据说，罗索在枫丹白露的画廊里画了一个月神狄安娜，让人联想到司法总督夫人，公爵夫人满心嫉妒，要求国王同意把这幅画撤掉，并换上普里马蒂乔的一幅作品《宙斯临幸达那厄》①。

1541年底,国王命令普里马蒂乔为埃唐普公爵夫人在枫丹白露的卧房进行特别的装饰。其中的绘画装饰展示了亚历山大大帝一生的事迹,展现这位君王的仪态与迹象。国王和公爵夫人的爱处处都有体现:很明显,普里马蒂乔用心地将作品用嵌套②的方式呈现出来,首先门外画的是《画家阿佩勒给坎帕斯普作画》,坎帕斯普是亚历山大的宠妃,而阿佩勒就在亚历山大本人面前画她的裸体;西面墙上是《亚历山大与罗克珊妮的婚礼》③、《在亚历山大面前的蒂莫克雷》、《塔尔斯特里斯睡上亚历山大的床》、《亚历山大的宴会》和《波斯波利斯的化装舞会》④。《亚历山大驯服布西发拉斯》⑤也没显得不协调。但这些画作描绘了强大的女性人物,形体比真人大,裸体也神采飞扬,所表达出来的寓意一目了然。

普里马蒂乔从罗马返回后,弗朗索瓦一世还是委托他仿制古代雕像。在1543年年底,这个造型运动的一些青铜作品已经完成,国王让他的情妇欣赏一尊古代的维纳斯像,其美

---

① 达那厄被其父亲监禁在一青铜密室中,宙斯看到后乘她睡觉的时候化做一阵金雨与其交合,后来达那厄生了珀耳修斯。
② 一作品嵌入同一性质的作品,如故事中有故事、画中有画、戏中有戏等。
③ 也称罗克珊娜(Roxana),是大夏(巴克特利亚)贵族之女,亚历山大大帝的第一个妻子。
④ 波斯阿黑门尼德王朝的第二个都城。位于伊朗扎格罗斯山区的一盆地中。希腊人称这座都城为"波斯波利斯",意思是"波斯之都"。
⑤ 布西发拉斯(Bucéphale),亚历山大大帝的爱马。

丽似乎能让他想到公爵夫人。教廷大使丹迪诺哀叹说，"国王比以往任何时候都更耽于享乐，同时也深为埃唐普夫人困扰，这女人总是反对别人说的话，还总对国王说他是地球上的一个神"。

同一时期，公爵夫人对另一位装饰枫丹白露宫的意大利艺术家极为反感，他就是来自佛罗伦萨的本韦努托·切利尼。切利尼出生于1500年，因为给教皇保罗三世所做的金银作品而闻名。他于1537年第一次来到法国，负责制作国王肖像的勋章，但没有多久就回国去了。后来由于失去教皇的宠幸，切利尼被投入监狱，但弗朗索瓦一世听人称赞过他的才华，所以反复交涉使他得以释放。这位艺术家也得到了一位新保护人说情，即费拉拉的红衣主教伊波利托·埃斯特。这位高贵的人物是埃斯特公爵和卢克雷齐亚·波吉亚①的儿子。他11岁成为米兰大主教——当时不存在召命②的问题——与一般教士相比，他更愿意资助文艺，也是一个更快乐的人。伊波利托定居在法国，并获得弗朗索瓦一世赐给他的主教府和修道院。他在1539年担任红衣主教，并成为法国国王、教皇和意大利主教之间的调停人。他去意大利庆祝自己荣升为红衣主教，返回法国时把

---

① 意大利语"Lucrezia Borgia"（1480—1519年），她是意大利文艺复兴时期一名贵族女性，是罗马教宗亚历山大六世的私生女。
② 召命，也译为召叫或是圣召。这个概念起源于基督教，是某个人为了某种理想或兴趣而献身的工作或职业。为了从事这个工作，需要有特定的资格，或是受到特殊的训练。

第二章 法国的文艺复兴

切利尼也带上了。

本韦努托到来之时,王宫设在枫丹白露。主教费拉拉和金银匠切利尼去到那里,费拉拉把切利尼引荐给弗朗索瓦一世。艺术家为国王制作了他在意大利做过的银水壶和银水盆。国王惊呼道:"我绝对相信,我们在古代也从未看过这么美丽的物件。我清楚地记得看过整个意大利最好的大师创作的最佳作品。但是我从来没有遇到过如此震撼人心的。"在与费拉拉主教用法语说过一番话后,弗朗索瓦一世用意大利语对切利尼说:"本韦努托,开心玩几天,让你的心尽情享乐,只需想着珍馐美食,我们会考虑给你所有的便利,让你可以创造一些杰作。"

在等待指令的同时,切利尼跟随着弗朗索瓦一世的车马扈从一同巡游。1540年8月,费拉拉的红衣主教被吸纳到国王的顾问院,切利尼也不能再远离君主了。这位金银匠说道,"我们跟随国王四处巡走,有时候走到只有两栋房子的地方。然后像波西米亚人①那样竖起帐篷,一点都不舒服。"红衣主教同情自己的这位受托人,对国王说:"陛下,本韦努托渴望投入工作。让这样一位艺术家浪费时间几乎是一种罪恶。"

于是弗朗索瓦一世命令切利尼制作12个真人大小的银烛

---

① 即吉普赛人。

台，用来放在宫廷的餐桌上：这12个烛台的人物是奥林匹斯山上的六位男神和六位女神，按照国王的身高来做，将近两米①。切利尼把工作室设在巴黎的内勒宫②，在这里为国王完成了许多其他作品。最著名的杰作是乌木和黄金做成的华贵金盐盒，盒上雕着西布莉和海神③。切利尼要在工台上完成已经打造好和镀上金的国王水壶和水盆，然后再由费拉拉主教赠送给弗朗索瓦一世。

在他的工作室中，切利尼首先制作出朱庇特④，这是要求做的第一个银制烛台，还有一个银制花瓶，一个比真人大的身穿护甲的恺撒半身雕像，以及类似大小的可爱孩子半身雕像"留给我自己，让我享受爱的快乐"。他把这个半身雕像起名为"枫丹白露"，"这是为国王选的地名以求其欢心"。

1542年，弗朗索瓦一世带着他的朝臣和埃唐普公爵夫人一起参观了本韦努托的工作室，这位金银匠刚刚制作了一个小银瓶。公爵夫人向国王建议由切利尼制作一件艺术品装饰枫丹白露宫。"这是个好主意，"弗朗索瓦一世回答："我现在做出决定：你来做件美丽的东西。"经过半个多月的思索，切利尼向弗朗索瓦一世提议为金色大门按照神话做一些装饰，"尽可能

---

① 弗朗索瓦一世身高1.98米。
② 在巴黎塞纳河南岸。
③ 西布莉（Cybèle），又译"库柏勒"，是古代小亚细亚人崇拜的自然女神。海神（Neptune），罗马神话中的尼普顿，即海神。
④ 即希腊神话中的宙斯。

不改变现有的柱型":在门楣的中心,他将雕塑一个《枫丹白露的宁芙》①:女神躺在鹿头之下,尖顶上是两个手举火炬的胜利女神,围着门的侧柱上,两个半人半羊的林神握着石棒。在他后来写的《生平传记》中,切利尼用比较谦逊的语气描述他的金门装饰作品:"我们要改造这个体现法国人差品味的低矮大门,它的开口几乎是正方形的,顶部是一个三心拱②。国王希望在小天窗上雕刻一个人物代表枫丹白露女神。我把雕塑放在一个完美的半圆之上,赋予它完美的比例,以纠正开口的位置。在小天窗上,一个躺着的女人将她的左臂放在象征国王的雄鹿的脖子上。在一侧,我创作了半浮雕的小鹿、野猪和其他动物的微缩浮雕。在另一侧是不同种类的猎犬和猎狗。所有这些动物都让人联想到诞生源泉的壮丽森林。我把整个作品都放进一个长方形的框架;在拱肩的位置,两个浅浮雕的胜利女神举着类似古代人使用的那种火炬。在那上面,我还刻了一个蝾螈,那是国王的个人标志,并使用了大量的装饰品搭配这个艾奥尼亚式结构的作品。看到这个作品,国王满心欢喜。"

这位艺术家还向弗朗索瓦一世呈交了一个巨大的喷泉工程,该喷泉被一座 15 米至 20 米高的战神马尔斯雕像所覆盖。"中间的巨大雕像,"本韦努托对国王说,"象征陛下是战神,因为您是这个世界上唯一伟大的英雄,您的勇气公正而神圣地

---

① 宁芙(Nymphe),希腊神话中的仙女和精灵。
② 即拱形由三段相内切的圆弧构成。

彰显您的荣耀。"国王欣喜万分，立即同意。

但是，不善奉迎的切利尼却没有将这些作品交给最早提出请他来装饰枫丹白露的埃唐普公爵夫人过目。夫人气恼地说："如果本韦努托向我展示了他的精美作品，到时他会给我一个记住他的理由。"为了弥补自己的过错，切利尼来献给夫人一个花瓶：但他一直在候见厅等待，没有得到接见。公爵夫人已成为这个金银匠的敌人。她现在倾向于反对他，并寻求一切机会在国王面前伤害他。最好的论据是说他对已经布置的作品任务实施缓慢："陛下，他怎么可能完成12个银制雕像？他一个都还没有完成！如果你对一个新的事务如此看重，那么你将被迫放弃那些你原先那么重视的事情。100位优秀的匠人也无法完成这个人要做的这些。"因此，战神喷泉的任务就没有交给切利尼去做，却委托给普里马蒂乔。

一段时间后，本韦努托去了枫丹白露，向国王展示制作的皇家硬币。他找到普里马蒂乔，怒斥后者抢了他的差事。"哦，本韦努托，"博洛尼亚人回答说，"每个人都可以按照自己的想法做。如果国王说，我愿意，你怎么辩驳呢？你在浪费时间，差事已经给我了，这是我的。"然后，切利尼建议两人竞争，并将作品交于弗朗索瓦一世评判。普里马蒂乔拒绝了。本韦努托以死威胁……这使得埃唐普公爵夫人真的考虑要另找一个受托人。第二天，普里马蒂乔来到巴黎，拜访了切利尼，并且答应不再插手这个巨大喷泉的差事。

第二章 法国的文艺复兴

与此同时，金银匠继续雕刻门楣中心的《枫丹白露的宁芙》。他以他的法国情人凯瑟琳为模型，后来他让凯瑟琳和自己的合作者保罗·米切里结婚了。女神雕塑的姿态随着这三个男女的争吵与和解而变化。当躺着的宁芙完成后，切利尼与凯瑟琳分手，并以一个15岁的法国女孩让娜做为胜利女神的模型，让娜也成为了他的情人：1544年6月7日，外号"糙女"的让娜生下一个女孩，本韦努托给她起名叫康斯坦扎。这是他的第一个孩子。

同一时间，切利尼完成了盐盒的任务，并继续制作朱庇特银烛台，弗朗索瓦一世来到工作室查看。国王很开心，祝贺他，并承诺给他许多奖赏。但是，公爵夫人不乐意，越发憎恨本韦努托。她内心暗忖："我统治这世界，可这样一个矮子都不尊重我。"

最后，朱庇特雕像完成了。切利尼把它放置在一个金色的基架上，再把基架放在装了四个硬木球的木制底座上，这样的设置使得孩子也能够前后左右转动雕像。1545年1月，金银匠把烛台带到枫丹白露，征询国王放在哪里。埃唐普公爵夫人来接见他，夫人建议放在国王的画廊里，那里已经放了普里马蒂乔在意大利根据古代青铜器仿制的一些作品。听到这个安排，本韦努托说："这是叫我从两排钉子上走过去啊！愿上帝帮助我。"他尽可能以逢迎的方式安装好朱庇特，等待国王的到来。或者是偶然或者是出于恶意，公爵夫人把弗朗索瓦一世留在身边，一直到夜幕降临时才让国王看到雕像。黑暗反而成了切利尼的胜券：朱庇特擎着霹雷立在火焰之中。当国王一行人进入画廊，切利尼指示阿斯卡尼奥轻轻转动雕像，整个烛台立刻就显示出活力，比普里马蒂乔的青铜器耀眼许多。弗朗索瓦一世惊呼："没人见过如此美丽的东西。即使我作为鉴赏家这么喜欢艺术，我也永远想不到这个奇迹的百分之一。"正当群臣应和之时，埃唐普夫人回答说："你没长眼睛啊！你看不到那些美丽的古代青铜雕像吗？那些才是雕塑的完美所在，而不是这些不值一提的现代玩意儿！"她还指出，艺术家在雕像上披了一块罩布，可能是想隐藏它的缺陷。本韦努托解释说："这块罩布很薄，盖在朱庇特身上，是为了增添他的威严。"公爵夫人不信，切利尼激动地走向前，掀开了罩布，"露出了天神充满男性气概的躯体"。国王的情妇理所应当地把这个手势当做是挑衅。金银匠以自己的方式汇报作品，但他这种不屑的回应导致气氛紧张，费拉拉公爵的使臣阿尔瓦罗蒂在他写的外交信件中也证实了这一点。国王眼见险情升温，就对艺术家说："本韦努托你闭嘴；如果你保持安静，你会收到的奖赏比你想要的一千倍还要多，"然后他就带着随从离开了。

一段时间后，弗朗索瓦一世又来到切利尼的工作室，来看金门装饰的组装情况。在埃唐普夫人的唆使下，他指责金银匠没有做好12个烛台。本韦努托为自己辩解说是因为缺乏资金，而且差事又这么多。国王对他的朝臣说："我确信，如果天堂

第二章 法国的文艺复兴

有门,也永远不会比这更美丽。"看到切利尼正在制作的巨大战神像,国王又恢复了信心。他对切利尼说:"再会,我的朋友。"而金银匠评价说:"国王这话真让人惊愕!"

但是,这样的纷争在持续,而本韦努托一直缺钱,无法实现他向往的伟大工程。国王的健康每况愈下,而埃唐普公爵夫人的影响日渐增强。切利尼以帮助家人为借口,设法返回意大利,并于1545年8月抵达佛罗伦萨。他在自己的家乡定居,为托斯卡纳大公科西莫·德·美第奇效劳,并为大公设计了最后一件作品,市政厅广场的帕修斯①雕像。他在1558—1567年写了他的《生平传记》,于1571年去世。

当切利尼返回意大利时,埃唐普公爵夫人似乎倾向于改革,并鼓励她的爱人与英国和德国新教的首领结盟。但是,患有性病的弗朗索瓦一世日益衰弱。大家看到"几乎整个宫廷都放弃了这个夕阳,为了迎接冉冉升起的朝阳",王太子亨利如此说道。国王于1547年3月31日驾崩。弥留之际,他把埃唐普公爵夫人和"小乐队"的女士们托付给了儿子。

这番嘱托是徒劳的。王太子即后来的亨利二世任用蒙莫朗西管理政府。亨利二世把《枫丹白露的宁芙》更名为《狄安娜》,赠给狄安娜·德·普瓦捷,并放到她的阿内城堡中。埃唐普公爵夫人被驱逐出宫廷,她的亲友被剥夺了各自的职位。

---

① 帕修斯是希腊神话中宙斯与达那厄的儿子,杀死了凶恶的蛇发女妖美杜莎。

她不得不回到她自己的领地，并交出已故的国王赠送给她的珠宝。但她比亨利二世、埃唐普公爵以及她的对手狄安娜·德·普瓦捷都活得久，后来还转为新教徒，活到很老，在1580年的9月初去世。

切利尼的《生平传记》在18世纪出版，给最初的读者带来强烈印象。1822年，这本书被翻译成法语，激发了许多创作者，他们认识到金银匠所体现出的华贵的艺术家品格。1838年，埃克托尔·贝廖兹创作了一部名为《本韦努托·切利尼》的歌剧。切利尼与埃唐普公爵夫人的争吵作为主要内容，写在了大仲马的小说《阿斯卡尼奥或国王的金银匠》（1843年）中：大仲马在书中描写公爵夫人爱上了切利尼的学徒阿斯卡尼奥。小说灵感来自于保罗·默里斯名为《本韦努托·切利尼》的戏剧（1852年），还有圣桑的歌剧《阿斯卡尼奥》（1890年）。因此，金银匠和宠妃之间的不和一直是写书人和舞台编剧所追逐的主题。

第三章

最后一批瓦卢瓦人的
辉煌与苦难

1547年
狄安娜之箭与赫拉克勒斯之柱

弗朗索瓦一世驾崩之时，枫丹白露俨然还是一个巨大的工地。在登上王位之前，亨利二世和家人经常在森林里打猎。当上国王之后，他把他的标记印刻在城堡上。他的儿子、未来的弗朗索瓦二世，1544年出生在城堡；他的女儿伊丽莎白也于1546年在那出生。亨利二世登基后，凯瑟琳·德·美第奇在1551年生下了未来的亨利三世，后来又生了三个女儿：1547年的克洛德、1556年的双胞胎让娜和维克图瓦。像弗朗索瓦一世一样，亨利二世的随从，也分别住在城堡里、小镇上和小镇周围。国王的宠臣圣安德烈元帅，在枫丹白露买下前朝王室牧师红衣主教图尔农的府邸和花园。在1548年，他又在赛诺内购得瓦勒里的中世纪城堡，并请皮埃尔·莱斯科改建为具有文艺复兴时期风格的住所。

正是在这个时候，一个新来的人接管了皇家建筑：菲利贝尔·德洛姆。德洛姆于1510年左右出生于里昂一个大建筑商的家庭。他与他的保护者，将来的红衣主教让·杜·贝莱一起住在罗马。他与意大利和法国的人文主义者交往甚密，如拉伯雷①，并研究了"永恒之城"②的古迹。当他回到法国时，他在巴黎附近为红衣主教杜·贝莱修建了圣莫尔城堡。正如若阿基姆·杜·贝莱在他的《保卫和弘扬法语》一文中所说，希望保持法语与拉丁语和意大利语同等的地位，所以德洛姆倡导一种国家建筑，能与古代媲美，声称要把"优秀的建筑模式"引入法国。从1547年起，他就在为狄安娜·德普瓦捷工作，并彻底改造了她的阿内城堡。

第二年，亨利二世委托德洛姆完成枫丹白露宴会厅的改造。后者重新装饰了最初做的八角形沉箱天花板。在木材上的雕刻装饰由希贝克·德卡尔皮完成，普里马蒂乔进行绘画装饰，由尼科洛·德尔·阿巴特辅助。在大厅的后面，德洛姆安装了一个巨大的壁炉，在1556年完工。

如果说国王画廊是弗朗索瓦一世的蝾螈标志的王国，那么舞会大厅里满是他儿子亨利二世的标志，交织在一起的羊角，伴随着拉丁语的铭文"直到填满整个宇宙"③：正如月亮增大，直到填满整个圆圈一样，国王也将成长，直至征服世界。枫丹白露宫的装饰，如同其他皇家住宅的装饰，展现出这位君王对狄安娜·德·普瓦捷的宠爱：在宴会厅的壁炉上，狄安娜出现

---

① 弗朗索瓦·拉伯雷（Francois Rabelais，1493—1553年）是文艺复兴时期法国著名的人文主义学者、作家、教育思想家，著有《巨人传》。
② 即罗马。
③ Donec totum impleat orbem.

第三章　最后一批瓦卢瓦人的辉煌与苦难

两次，一边是白天的女神，在一条龙拉的战车上；另一边是夜里的女神，由冥府的神犬刻耳柏洛斯陪同。在另一幅画上，亨利二世的"H"与王后凯瑟琳·德·美第奇的"C"交织在一起，也可以看作是国王和宠妃狄安娜——两个交织的"D"，形成新月上的"H"。尤利西斯画廊也是如此，狄安娜的姓名首字母图案就在弗朗索瓦一世和亨利二世的首字母图案旁边。

菲利贝尔·德洛姆同时结束了圣三教堂和圣萨蒂南教堂，开始在喷泉庭院和白马庭院之间建造"太后翼楼"，并在白马庭院修建了巨大的马蹄形铁楼梯，后来（1634年），这个楼梯根据不同的设计重新修复过，但仍然是枫丹白露宫的标志性建筑。在内部，建筑师把亨利二世的卧室设计在火炉阁里。到了17世纪，只拆除并修缮和重装了奥地利的安妮套间中装饰了七个行星的天花板。

建筑师最初想把白马庭院设为军人庭院，即城堡的荣誉庭院。从那里开始，重新整理主要的石材外墙，建造一个荣誉楼梯，将国王的套间从主塔庭院移到现在新的荣誉庭院和喷泉庭院之间。1560年，罗马国会大厦的马克·奥勒留骑马塑像的石膏铸型被安装在这个庭院里，因此得名"白马庭院"。

菲利贝尔·德洛姆的设想和成功为他招致了敌人。贝尔纳·帕利西①称其为"泥瓦匠之神"；龙萨②嘲笑德洛姆积蓄教

---

① 法国文艺复兴时期著名雕刻家。
② 法国著名的爱情诗人。

会俸禄，给他起个外号叫"有权手执权杖的泥瓦匠"。在亨利二世去世时，这位狄安娜·德·普瓦捷的建筑师失去了皇家建筑总监的职务。直到1564年凯瑟琳·德·美第奇失势后，他才回来，在杜伊勒利宫的工地工作。

德洛姆利用被解职的时间写下了他的理论。1561年，他发表《低成本建造的新发明》，1567年，又发表《建筑学第一卷》。第二卷是对国家建筑的辩护：作者对"法国人的自然性更多是由外国的而非本国的工匠和手艺来呈现"感到遗憾；他还支持一种务实的建筑方法："在我看来，建筑师最好忽略柱子装饰，建筑测量和外墙设计（这些是所有建筑专业的人学得最多的），而更多地学习那些符合居住者利益，方便实用的自然规则。"德洛姆赞成朴素的外观装饰，并且抨击那些负责这部分的人"没有任何理由，比例或分寸，大多数时候都是在冒险，也不说为什么"。有必要知道如何除旧布新，"使一两座开始建造错误或不完美（无论是旧住宅还是其他）的房子变得好看和完美，使新的房子容纳所有的老建筑物的构件和组成部分"。他把这些观念也基本都运用在枫丹白露宫的方案中。

由于德洛姆的失宠，普里马蒂乔从凯瑟琳·德·美第奇那里获得皇室监工的位置。亨利二世去世两天后，即1559年7月12日，普里马蒂乔开始管理枫丹白露的施工现场。在他的管理下，位于城堡北部的国王花园，成为王后花园，变成凯瑟琳·德·美第奇的私人空间。花园里放上20年前普里马蒂乔

第三章 最后一批瓦卢瓦人的辉煌与苦难

塑造的青铜器,以及古希腊时期最美丽的大理石雕像之一,于1556年由教皇保罗四世献给亨利二世的《狩猎女神狄安娜》或《以弗所的狄安娜》。

这位博洛尼亚人对于白马庭院外形的最终塑造放在城堡的主墙上,而庭院的中央主楼在1565年左右完成。但是,普里马蒂乔的建筑天赋更进一步发展,体现在"喷泉庭院"的建造上。位于弗朗索瓦一世画廊和火炉阁之间的太后翼楼,重新嵌上圣勒①的石雕,并在1558年完成了与德洛姆所提供的设计完全不同的绘画。尽管菲利贝尔·德洛姆设计了一个高达两层楼的大型大理石装饰,但普里马蒂乔并未采用,而为翼楼底层的壁柱侧翼雕刻了凸纹,楼上则是托斯卡纳式壁柱。1566年年底,就在这个翼楼和火炉阁的二楼,凯瑟琳·德·美第奇装饰了她的寝宫。

1568年,普里马蒂乔在东面,太后翼楼的前面,建起了一个新的翼楼,后来以"美炉翼楼"命名。这个翼楼是引向皇室寝宫的一个巨大入口,布置方便官方游行的观礼。还为查理九世的寝宫增加了一个卫戍厅和一个用于举行招待会的"大厅"。在内战时期,当政者想要加强宫廷生活的礼仪和戏剧性,仿佛要肯定君主制的神圣性和对王权的拥护。

在此之前,枫丹白露宫的建筑物属于采用了意大利装饰风

---

① 法国在印度洋的海外大区留尼汪岛上的一座城市。

格的传统法国建筑。美炉翼楼使两种建筑传统的综合达到了一种独特的平衡。用圣勒石雕堆砌的正面墙采用的是罗马布拉曼特①创立的柱型底座。刻有凸纹墙面的底层构成二楼托斯卡纳壁柱的底座。两座相对立的外部楼梯来源于米开朗基罗为市政厅所创制的造型。这是建筑师的竞争：普里马蒂乔可能想要通过更令人印象深刻的楼梯回击菲利贝尔·德洛姆的马蹄铁楼。意大利传统与法国特色融为一体，例如由两个边楼形成的凹段，使得高高的窗户和巨大天窗之上的大屋顶搭配起来有生气。在楼顶的角落，普里马蒂乔安装了两列人物形象装饰，象征着虔诚与正义，都是出自弗雷曼·鲁塞尔之手。在普里马蒂乔的指导下，翼楼的中心装饰着铸造的青铜雕像：两座埃及狮身人面像、一座维纳斯、一座阿波罗、一座墨丘利和一座赫拉克勒斯。这栋建筑的屋顶和细木活直到1571年才装配好。普里马蒂乔在1570年去世，没能看到这件展现高贵和克制风格的杰作最终完成。

在守卫室里，查理九世也安置了他的象征物：两根柱子，上面用拉丁文刻着"因为慈爱和公义"。这个铭文源自《诗篇》第85首中的一段诗文："慈爱和诚实彼此相遇；公义和平安彼此相亲。"慈爱与公义是在宗教战争造成的骚乱中维持国家的

---

① 布拉曼特（Donato Bramante，约1444—1514年），是文艺复兴时期意大利最杰出的建筑家。

第三章 最后一批瓦卢瓦人的辉煌与苦难

两大支柱。这段铭文是由米歇尔·德·洛皮塔尔[①]提供的,模仿了查理五世的做法——他的两根赫拉克勒斯的柱子上刻了"不断超越"的铭文。面对德国皇帝和西班牙国王,查理九世像弗朗索瓦一世和亨利二世一样,肯定了法国国王的无上尊严,"是自己王国的国王"。

---

① 文艺复兴时期法国掌玺大臣。

1560 年
枫丹白露议会

1560年3月17日：在乔治·巴雷·德·拉勒诺迪的领导下，一批谋反的胡格诺派教徒向昂布瓦斯前进，意欲将年轻的弗朗索瓦二世国王从他的吉斯家族舅舅们的掌控下解救出来，狂热的天主教徒和教派的自然领袖采取强硬的路线反对新教。这些谋反者得到纳瓦尔国王安东尼·德·波旁和他的兄弟孔代亲王路易授意，并不缺乏支持，但叛徒使得阴谋失败。被捕的犯人被吊死在昂布瓦斯城堡的栏杆上，或被溺死在卢瓦尔河中。被切成5块的拉勒诺迪的尸体被挂在城门口。

"昂布瓦斯的骚动"开启了潜伏30年之久而且前所未有的宗教危机。还在弗朗索瓦一世和亨利二世统治的时期，被严重镇压的新教就已经在这个国家秘密蔓延。但是，随着1559年7月10日亨利二世的长子弗朗索瓦二世登基，一切都变了。一个强大而无可争议的大国之后出现了一个软弱无力的国家。这个15年前在枫丹白露出生的国王于法律上是成年了，但是他的年轻和羸弱导致他放弃实际的权力，交给妻子玛丽·斯图亚特的舅舅们，即吉斯公爵及其弟洛林红衣主教，他们是属于洛

第三章 最后一批瓦卢瓦人的辉煌与苦难

林家族中旁系分支的亲王。

在发现阴谋后，吉斯试图赢取舆论。在召开许多人提出的三级会议之前，他们接受了宫廷首相洛皮塔尔要求举行贵族议会的提议。1560 年 8 月 20 日，贵族议会在枫丹白露宫召开，王室诸人也已从昂布瓦斯转移到了此处。与三级会议选举出的代表不同，贵族议会的成员由国王任命，而这个议会在理论上更灵活。但是，它不能排除这个王国的主要人物。满怀狐疑的纳瓦尔国王和孔代亲王借口旅途太远没去枫丹白露宫。因此王室统领蒙莫朗西和他的三个侄子——红衣主教查狄伦、海军司令科利尼以及安德洛爵士重新成为对抗吉斯家族最主要的势力，他们带领一支八百名骑兵的队伍到达枫丹白露宫，以防有诈。

8 月 21 日下午一点，议会的第一次会议在火炉阁的太后寝宫召开。国王、王后、太后、王子、王室大臣、圣米歇尔骑士团、枢密院成员、国务秘书和财务总管都出席了。弗朗索瓦二世只说了一会儿，就建议群臣自由发言，并主要由宫廷首相和他的舅舅们陈情。凯瑟琳·德·美第奇责成那些贵族劝告她的儿子"保留他的权杖，让他的臣民放心，让不幸的人满足。"随后，新任宫廷首相米歇尔·德·洛皮塔尔陈述了内务情况，并认为国王的身体会受到危险疾病的侵袭；控制是治疗这种疾病的良方。吉斯公爵提出了军队的问题，而他的红衣主教弟弟则谈了财务状况，当然不太好，总支出超过净收入 250 万英镑。

两天后辩论重新开始。委员会成员不得不依次"发表意见"。就在这时,出现了戏剧性的一幕:在瓦朗斯主教让·德·蒙吕克即将开始发言的那一刻,海军司令科利尼跪在国王面前,呈上对诺曼底进行改革而起草的请求书;科利尼说,5万人签署了这些文件。他们为自己的忠诚辩护,否认参与昂布瓦斯事件,并要求自由从事宗教活动。这是四年前参加宗教改革的海军司令第一次公开表态。这也是王国的大人物第一次在宫廷抗议,声称自己是改革党的领袖。这在一年前亨利二世在位的时候是不可想象的,而如今在弗朗索瓦二世受其舅舅们把控的软弱统治下成为了可能。

此刻,弗朗索瓦二世把海军司令的话当做普通的感谢之词,并请瓦朗斯主教发言。事件出现新的转折:后者要求召开一个主教会议,负责改革法国教会并结束对异端的迫害。维也纳大主教查理·德·马里亚克在蒙吕克之后发了言,他表达了同样的想法,要求召开三级会议。红衣主教图尔农的观点相反,他说三级会议"把国王置于监护之下"。辩论使得吉斯公爵们阵脚大乱。

8月24日,科利尼再次发言并要求改革教会和三级会议。他还指出卫兵太多,将国王与人民隔开。吉斯回答说,这是由于昂布瓦斯的袭击使这种预防措施变得不可或缺。洛林红衣主教严厉斥责诺曼底的新教徒损害了国王的权威;他在特兰托宗

第三章 最后一批瓦卢瓦人的辉煌与苦难

教会议①即将结束的时刻否定了全国性主教会议的想法,认为毫无用处。而对于其他的争论,两兄弟②不得不跟随进程,接受三级会议的想法。红衣主教甚至承认应停止镇压新教徒,不应再阻止手无寸铁的新教徒聚会。贵族议会的其他成员希望保持表面一致,发表了类似的意见。

8月26日,弗朗索瓦二世签署了三级会议的召集令:决定将于12月10日在奥尔良举行会议。枫丹白露议会结束了吉斯家族的统治,新教派从此正式诞生。它还显露出第三派形成的最初迹象,即温和的天主教派,后来被称为"政治派"。

11月,反对胡格诺派的吉斯家族捉住了孔代亲王,并把他提交给一个特别委员会,判他死刑。但弗朗索瓦二世于12月5日在奥尔良去世。在没有直接继承人的情况下,王位由他的弟弟查理继承,可是查理仍未成年,因此由他的母亲凯瑟琳·德·美第奇摄政。后者担心受到吉斯家族的影响过度,派人释放了孔代,并委任他负责国家事务。13日,三级会议召开,洛皮塔尔宣读了他的著名演说:"对于所有这些歪门邪道,不管是乱党、暴动者、路德教派、胡格诺教派,还是教皇主义者,我们都用基督徒的美丽名字来代替。"未来相当长的一段时间里,枫丹白露议会的精神一直影响着法国。

---

① 特兰托宗教会议是1545—1563年间天主教在意大利特兰托举行的宗教会议,目的是反对宗教改革,维护天主教地位。

1564 年
凯瑟琳太后的嘉年华

> 我是爱神,伟大的天神,
> 我是撼动宇宙的人。
> 我是统治世界的人,
> 最先从人间萌芽而生,
> 发出光,冲破混沌,
> 于其中将天地扎根。

当时的著名诗人龙萨写的这首歌,揭示了凯瑟琳·德·美第奇及其顾问大臣们的政治观念和文学观念,将基督教和新柏拉图主义思想混合在一起。在凯瑟琳的梦想中,形而上之爱是维护世界的力量,能战胜战争与内乱,并把臣民聚拢在君主身边。

然而,无论太后怎样努力,内战终于爆发了:通常以1562年3月1日吉斯公爵的随从犯下的"瓦西惨案"为起点。天主教派的领袖强迫居住在枫丹白露的凯瑟琳与年轻的查理九世回到巴黎。孔代亲王起来抵抗,以破坏法兰西岛作为回应。第二

第三章　最后一批瓦卢瓦人的辉煌与苦难

年,由于"各种暴动者和叛乱者"的"骚乱,掠夺和入侵",王后从枫丹白露宫取走了保存在那里的珍宝细软,并把它们安全地放在了巴士底狱里。

孤立的凯瑟琳·德·美第奇在吉斯家族和波旁家族之间摇摆。她不仅要监管理论上在1563年6月成年的查理九世,还要照顾其他王室的孩子:她最爱的儿子奥尔良公爵和之后的安茹公爵亨利①,只比国王小一岁;还有1553年出生的玛格丽特;最后是亨利二世的小儿子,出生于1555年的阿朗松公爵弗朗索瓦。太后也想调和辅佐王室的各派。在勒阿弗尔被围之战中,她将天主教徒和新教徒团结在一起。她现在想要他们和平共处。为此,太后组织了一场史无前例的政治交流活动:法兰西王室之旅,让年轻的查理九世视察他的王国和臣民,维护和巩固忠于君主的纽带。

宫廷是个由数千人组成的流动城市,为此行程准备了6个多星期;查理九世"对在巴黎逗留感到愤怒,并且这个城市比其他地方总是有更多的杂事让他头昏脑涨"(卡斯特诺《回忆录》),决定去枫丹白露找一个空气更好的地方,并在那里接待外国大使。王室于1564年1月24日离开巴黎,于1月31日到达枫丹白露城堡。

从2月6日周日到15日周二举行的嘉年华庆典活动是盛

---

① 即后来的亨利三世。

大王室旅程的前奏，于13日、14日和15日达到高潮。活动包括举行宴会，请来许多"塞壬"①在花园里的运河上举行音乐会，"还创作了许多表达爱与战争的优美而动听的曲子"。凯瑟琳太后让她的80个侍女也行动起来，她们很快被称为"飞舞队"。以《高卢的阿玛迪斯》②为主题还进行了模拟搏斗和化装舞会，这部骑士文学著作深受当时贵族的喜爱。它最早在15世纪的西班牙出现，弗朗索瓦一世被囚禁在马德里期间读过这本书。受到塞万提斯所嘲弄的人文主义者鼓舞，《阿玛迪斯》继续勇敢地坚持到18世纪，不断添加奇幻的情节，成为芭蕾舞、套曲和歌剧的无穷灵感来源。

2月6日星期天，枫丹白露的庆典活动开始了，首先由王室总管蒙莫朗西在其位于拉库德雷路的私人府邸为王室举行一场盛宴。10日星期四，未来亨利四世的叔叔波旁红衣主教在他位于内穆尔路的府邸招待朝臣。盛宴之后，在他的宅院举行了一场马战。

13日星期天，凯瑟琳·德·美第奇在她的别墅接待一些达官贵人，这所别墅位于皇家奶屋，也叫"半路奶屋"，因为它正好处于枫丹白露和埃文的中间。当天下午，在城堡的舞厅里表演了取材于阿里奥斯特的作品而改编的芭蕾喜剧《美丽的浆

---

① 传说中歌声美妙的美人鱼或海妖。
② Amadis des Gaules，一部著名的骑士文学浪漫故事，最初完成于西班牙或葡萄牙，很可能是作者根据法国原本创作而成。

果公主》,龙萨为此剧写了序曲、插曲和尾声。奥尔良公爵、玛格丽特公主、吉斯公爵,还有其他几位贵族和女士担任主要角色。每代人都出现在舞台上:最年轻的女演员是10岁的玛格丽特·德·瓦卢瓦①,最年长的是60岁的子爵夫人于泽。卡斯泰尔诺爵士诵读结语:

> 这出喜剧就是范例
> 每一举一动都深思熟虑
> 世界是剧场,众人皆戏子,
> 命运女神是舞台的主人
> 身披戏服,她掌控人生
> 观众置身看台经历命运。

狂欢节的星期一,奥尔良公爵在府邸举行盛宴,此处原是枫丹白露堡的门房。早上,查理九世受到化装成"塞壬"的歌舞演员的列队欢迎,歌舞队站在将枫丹白露池塘连接到住处的两条运河旁。这些塞壬向君主致敬,称赞亨利二世的统治,凯瑟琳·德·美第奇的美德以及奥尔良公爵的勇敢。这个信息很清楚:查理九世必须依靠他的家族实行统治。宴会结束后,大家走下院子,欣赏六名希腊人与六名特洛伊人身着五彩服装模

---

① 她也叫玛戈,亨利二世与凯萨琳·德·美第奇的女儿,嫁给纳瓦尔国王亨利。

拟步战。第一组的队长是凯瑟琳·德·美第奇的受保护者，意大利人雷茨伯爵艾伯特·德·贡迪。第二组跟随侍奉国王的德国上校莱茵伯爵菲利普·德·萨尔姆。

狂欢节的最后一天是周二，国王在舞厅吃晚饭。下午，他在犬舍前举行了六支队伍参加的比赛，每支队伍由六名骑手和六名穿着仙女服饰的女士组成。这是自1559年亨利二世发生致命事故以来，太后首次同意组织游戏：它不再是中世纪传统的真正比赛，而是后来被称为"骑兵竞技"的马术表演。

这六支队伍的首领分别是蒙庞西耶王子、吉斯公爵、曼托瓦王子、内韦尔公爵、隆格维尔公爵和莱茵伯爵。查理九世和他的弟弟领导的一支军队包围了一座由孔代亲王指挥，六名守卫、四个恶魔、一个巨人和一个矮人捍卫的魔法塔。国王在封闭的场地中与米兰的庞培·迪亚博诺进行步战，后者是国王的刀剑老师和舞蹈老师；奥尔良公爵则对阵西尔维奥·菲奥鲁米。袭击者仍然应该是赢家，救出美丽的女犯人。不一会，魔法塔燃起熊熊火焰。

龙萨做了一部田园曲或牧歌，表演者都是王室宗亲的孩子，角色分别是：纳瓦林（纳瓦尔王子，未来的亨利四世）、奥尔良汀（奥尔良公爵，未来的亨利三世）、安热洛（阿朗松公爵）、吉森（吉斯公爵）、牧羊女玛戈（玛格丽特·德·瓦卢瓦）。其中一位角色向查理九世宣布即将开始的全国巡游：

第三章　最后一批瓦卢瓦人的辉煌与苦难

快去看看你的肥沃遗产

转转你的领地，数数你的牛羊

从此接受牧人的誓言

你的母亲，伟大的帕拉斯①坐在你右边，

如此美妙的旅程将引领大业

你将穿过你的城市人间

如同亮丽的星星穿越天边。

这首维吉尔风格的牧歌彰显了王太后的愿望。在牧羊人的理想世界里，一切冲突都平静下来，每个人都忠于卡尔林（查理九世），"这位法国最伟大的牧羊人"。

接下来的星期天，大家又在舞厅聚集，听取洛林红衣主教宣读的斋戒讲道。据西班牙大使描述，大厅里"满是像胡格诺派的教皇主义者"。1564 年 3 月 13 日星期一，王室众人离开枫丹白露宫，将在之后的两年多时间里巡游近 5 000 公里。

枫丹白露的庆典，一如这次全国巡游，并没有达到凯瑟琳·德·美第奇设定的目标。各派的仇恨已经太强了，以至于一些象征性的示威最终只能和解。不久，内战再次发生，但太后在宫廷之旅中还开展了一些工程，使得枫丹白露宫安然无恙。1565 年，护城河隔离了古老的中世纪城堡、弗朗索瓦一世

---

① 帕拉斯，司艺术、科学等的希腊女神，此处喻指凯瑟琳·德·美第奇。

画廊的翼楼和白马庭院的主体。为了越过白马庭院这一侧的沟槽，今后就要穿过一座固定桥或吊桥，由一扇粗石打造的凸面大门牢牢把守，这是普里马蒂乔的杰作。

这场战争并没有宽待法兰西岛：1567年，它被孔代亲王的新教徒部队摧毁；1572年，巴黎发生了圣巴托洛缪大屠杀①等多次屠杀胡格诺教徒的事件；1576年，一些受改革派指使的德籍雇佣骑兵踏遍了博斯。第二年，一位经过枫丹白露的威尼斯大使指出："现在一切都变成了废墟：画廊脚下美丽的湖泊填满了杂物，花园本身也很杂乱。"两年之后，雅克·安德鲁·杜·塞尔索伤心地说："自从弗朗索瓦国王去世后，这个地方并没有多少人居住或经常光顾，这将使它随着时间的流逝而毁于一旦，与我看到的其他地方一样，因为没人来住。"1574年接替查理九世的亨利三世有时会在枫丹白露宫居住，但他更喜欢巴黎。

龙萨怀念曾经无比快乐的时代，作诗铭记：

我们何时才能看到比武？
何时再看到整个枫丹白露
宫中处处举行化装假面舞？
我们何时还能听到晨曲

---

① 圣巴托洛缪大屠杀是法国天主教暴徒对国内新教徒胡格诺派的恐怖暴行，开始于1572年8月24日，并持续了几个月。

第三章 最后一批瓦卢瓦人的辉煌与苦难

各种琴鼓、笛号和着歌唱?

短号、短笛、双簧管俱响,

铃鼓、长笛、小键琴齐忙,

与小号一起奏出乐章?

第四章

最初的波旁王朝

1599—1610年
缔造者亨利

谈到亨利四世，传统史书上尽是些老生常谈：颂扬其作为专制君主之时的仁义善良；称赞其在宗教战争危机过后大力重振皇家君威。他是来自南方贝阿恩家族的后裔，带有阿尔布雷家族传统的印记。他的形象进一步被编造：青少年时期，纳瓦尔的亨利在贝阿恩的乡下待了很久，与在法国宫廷生活的时间一样。成为国王以后，他再没有回过比利牛斯的领地。对于亨利而言，法兰西岛的皇家宅邸是其始终熟悉的场所，尤其是自1564年以来他居住的枫丹白露宫。与巴黎和圣日耳曼昂莱①相比，枫丹白露宫是波旁王朝第一代国王最喜爱的行宫，在这里，他实施了最雄心勃勃的变革，希望以此树立其王朝的威信。

亨利最初将其套间安置在朝南的火炉阁的二楼，面向鲤鱼池并靠近森林；这样去探访住在楼上的情人加布丽埃勒·德·埃斯特雷很方便。他重建了喷泉庭院深处的露台，还在池塘中心

---

① 巴黎西部的一座城市，位于法兰西岛地区的伊夫林省。

修了一座花园岛。1596年至1601年间,他在位于火炉阁对面由普里马蒂乔建造的翼楼二层建了一个高达7米、宽6米的壁炉,取名"美炉",并以此命名大厅及容纳它的翼楼。这是国王荣耀的真正纪念碑,出自雕塑家马蒂厄·雅凯。炉灶上方,一座白色大理石高浮雕占据中心:真人大小的雕像中,亨利四世骑在马上,身穿盔甲,手握权杖。这座浮雕塑造出两个重要的象征寓意——和平与宽厚。整体更多地展现为凯旋门或是教堂正面,而不像壁炉框架。其三角楣上的拉丁铭文可能翻译如下:"亨利四世,法国国王和纳瓦尔国王,胜利的征服者与凯旋者,消除内战,收复并重建其王国,巩固国内外和平,无比慷慨地在宫殿兴建这个壁炉。"

从瓦卢瓦王朝延续下来的喷泉庭院四周工程展现全新的规模。亨利原本想娶的加布丽埃勒·德·埃斯特雷于1599年去世。第二年,这位国王迎娶了托斯卡纳大公的女儿玛丽·德·美第奇。为了迎接这位新王后,城堡北侧的新建筑拔地而起。王后花园周围建起三座砖石结构的翼楼,底层的长廊分别是狍子长廊、鸟笼长廊和雄鹿长廊。王后花园就这样变成一个封闭的空间,教皇特使巴尔贝里尼的秘书凯西亚诺·德尔波佐称之为"神秘花园"。国王在花园中心造了一座巨大的喷泉,即狄安娜喷泉:由保罗四世提供的大理石凿成的狄安娜被运往卢浮宫,取而代之的是一座青铜复制品;她被置于装饰着狗和鹿头雕像的底座之上,这些都是皮埃尔·比亚尔的作品。

第四章 最初的波旁王朝

1601年，亨利四世着手进行他的第三次改建工程，这也是最重要的一次。这涉及面向国王和王后套间主要部分的主塔庭院或椭圆庭院的改造。位于庭院东边的建筑被拆毁，庭院面积增加了1/3。在尊重弗朗索瓦一世时期所采用的建筑构图下，南北两侧的翼楼被延长。从此以后，城堡的主要入口不再是朝南而是朝东，这里的围栏墙里面还加了一个柱廊，中间有一扇上部为圆顶的巨大的门，即太子门。

亨利四世对枫丹白露宫的第四次改建工程重建了主塔庭院，新建一处庄严的城堡入口，还建立了办公庭院。正对着太子门，有一个原来查理九世时建的小型勤务庭院，在此基础上，亨利四世于1606—1609年通过承包人雷米·柯林修建了一座U形大楼，其中划定一个大庭院，后来成为荣誉庭院即主塔庭院的"前院"。这同时也是游客们放马或停车的场所，以及勤务或办公场所。国王不客气地称其为"朕御膳房的后院"。

亨利四世又一次效仿了弗朗索瓦一世。东边的办公庭院与西边原本也是勤务庭院的白马庭院相呼应。两边的建筑总体布局非常相似，砖框和墙面之间有相同的颜色。

尽管是民用的，但办公庭院采用了一种宏伟的建筑风格匹配皇家城堡。庭院通过面向北侧的大门朝着枫丹白露镇开放，既肃穆又壮观，其形状使人想到40年前皮洛·利戈里奥在梵蒂冈瞭望塔上建造的壁龛。庭院的尽头，门户的轴线上，中央楼的立面被挖成一个装有喷泉的剧场型阶梯，形成了这个视角的高点。在工程收尾时，主事者用大理石板做成门楣装在大门上方，俯视着村镇，上面金色的拉丁铭文可以翻译如下："亨利四世，虔诚的基督教信奉者，法国和纳瓦尔的国王，坚强的战斗者，宽厚的胜利者，解决事端，维持稳定，建立皇家威严，拯救所有民众，完美重建这座皇家庭院，不断扩大规模，装饰更为华丽。1609年。"

办公庭院建好之后，还需要新建一个广场入口，连接从城里来的通道，甚至建一条能容纳从巴黎来的凯旋大道的通道。在这方面似乎已经采取了一些措施，但并没有完成。命运真是嘲弄人，花费如此之多而修建的新入口似乎很少得到利用。自17世纪中期以来，大家从巴黎到枫丹白露宫习惯经过的不是办公庭院，而是白马庭院：这是路易十四和拿破仑时期主要的入口，今天仍在使用。

喜欢散步的亨利四世大大扩建了花园，并与城堡的改建工程同步进行。他命人在松树花园的南边开辟出一片运河林园、还有一个果园和一条桑树道，那里也是未来的路易十三儿时玩耍之地。在东边，自1595年以来，他翻新了大花园，购买了朝埃文山谷方向的数块土地，在那又开辟出一个大公园，种了一大片白杨树、橡树和果树。山谷的水被排放到一条长达一公里多的大运河中，其开凿年份是1606年至1609年。1607年5月3日，亨利四世在给茹瓦耶斯红衣主教的信中写道，"在这里，您会看到我的封闭式公园，我的运河非常先进，今年我在这个公园里种了6万多棵树,到处都是树丛,几乎全部都长起来了;今年冬天之前,我想再种五六千棵果树。"国王亲自去工地监督。诗人马莱伯写道:"皇帝对大运河倾注了如此巨大的热情,不管天气有多热,他总是从早上五六点起就坐在一块石头上,看他的石匠工作,直到中午,没有阳伞,也没有任何遮阴的地方。"1609年4月18日,王室家族前来观看运河放水。

在城堡里面,亨利四世完成或恢复了瓦卢瓦时期开始进行的装饰工程。尤利西斯长廊完成了;浴室套间里的画作受到损坏,都被拿掉,代之以一些复制品。鹿廊的上层是狄安娜长廊,附属于王后套间,其装饰被委托给画家安布鲁瓦兹·迪布瓦。墙面上,石膏做底的大量油画描绘着神话人物或者亨利四世的胜利;拱顶上方,我们看到狄安娜、阿波罗和亨利乘着狮子拉的战车直奔奥林匹斯。两个壁炉上方都有雕像,一个是化身战神的亨利四世,还有一个是化身狄安娜的玛丽·德·美第奇。鸟笼长廊中,挂的是巨大的风景画和一幅充满寓意的《绘画和雕塑艺术》。国王在鹿廊放置了狩猎时的战利品以及描绘王室府邸及其周围森林的风景画:圣日耳曼昂莱、枫丹白露宫、香波堡、马德里、韦尔讷伊、蒙索、沙勒瓦勒等。路易·普瓦松则在狍子长廊绘制了狩猎时的场景:捕捉狼、雄鹿、野猪、狍子和飞禽。

同时,亨利四世也为瓦卢瓦时期未完工的圣三教堂和圣萨图南小教堂进行装饰。圣三教堂的装饰工程于 1608 年开动，托付给了画家马丁·弗雷米内。隔间天花板的总主题就是"救赎"。由此，"上帝显灵"、"诺亚离开方舟"、"堕落天使"、"最后的审判"（基督被七位智者和正义女神包围）——相连，穹顶中心画的是上帝派遣的天使加百列，祭坛上方是天神报喜像。两个仿大理石大天使像踞于主祭坛之上，托住象征法国和纳瓦尔相连的徽章。

施工期间，未来的路易十三参观了工地，御医让·埃罗阿尔叙述说："他爬上木楼梯……在靠近小教堂穹顶处的脚手架上，他既不害怕也不惊讶，很喜欢看画，而且可以看很久。离开时他会说'真得很像，那个做得很好'。下来后他又去看描绘音乐家的画，还会登上一副小梯子去看天神报喜，说'真得很像、做得很好'。再从两块木板间的口下去。"1619 年弗雷米内去世时，这些画作都已完工，只是还差一些灰泥，到 1629—1633 年才粉饰完。相对而言，圣三教堂是波旁王朝初期的西斯廷小教堂。

由于他们的创作与上一代作品的密切关系，亨利四世聘请来枫丹白露的艺术家们构成当时所谓的"枫丹白露第二画派"。意大利人鲁杰里的女婿，杜桑·杜布勒伊（约 1561—1602 年），是枫丹白露宫的第一位法国画家。他完成了《赫拉克勒斯的故事》，一组 27 幅画作组成的系列灰泥壁画，用来装饰火炉阁。同样受普里马蒂乔的影响，他开始摈弃矫饰主义拉长的比例；他的风格表现出普桑及法国古典主义大师们的风格。狄安娜长廊的主要创作人，安布罗斯·博斯查尔特，法国人称为"杜布瓦"（约1544—1614年），出生于比利时的安特卫普，也装饰国王和王后的书房，根据艺术家为玛丽·德·美第奇创作的一系列绘画，取名为"小行星书房"。他从神话中得到启发，并结合罗马传说故事，创作了塔斯的《被解放的耶路撒冷》①（王后书房）和赫利奥多罗斯的《特阿革涅斯和卡里克勒亚》②（国王书房）。

米开朗基罗的仰慕者马丁·弗雷米内（1567—1619年）是矫饰主义晚期的最后一位代表人物。他在意大利的罗马、威尼斯和都灵接受培训。杜布勒伊去世时，他被召回法国并接替已故者作为亨利四世的御用画家。如同上世纪的普里马蒂乔一样，弗雷米内本人作画，同时也绘制其他艺术家提供模型的画作：圣三教堂里那些灰泥框的绘画便是根据巴泰勒米·特朗布莱的构图而制作的。弗雷米内也给未来的路易十三上过绘画课。

我们可能会联想到枫丹白露第二画派的两位雕塑家，美炉阁的设计者马蒂厄·雅凯——绰号"格勒诺布尔"（约1545—

---

① 意大利文艺复兴时期的诗人塔索创作的一篇叙事长诗，它以1095年的十字军东征为题材。
② 该小说大约成书于公元3—4世纪。作者为赫利奥多罗斯，是一位罗马统治时期的希腊小说家。

1611 年），以及狄安娜花园的喷泉设计者皮埃尔·比亚尔（1559—1609 年）。这些艺术家中，矫饰主义遗风让位于一种更适合法国的风格，现实主义得到衡量与保留，并在肖像艺术中充分发展。今天所有这些大师们，有些已被遗忘，他们受到同时代意大利人的藐视，正如 1621 年居住在玛丽·德·美第奇庭院中的一位诗人对法国画家所进行的描述："他们中的大部分只会画肖像，却完全无法绘制大型画作或者历史性画作，即便有几个在意大利学习过。"

在缺乏领先的艺术个性的情况下，枫丹白露第二画派的真正领导者既不是建筑师也不是画家，而是国王本人，他在 15 年间推动了枫丹白露城区的大型建设工程。1608 年，佛罗伦萨大使卡米洛·圭迪讲述了与亨利四世一同对城堡绘画工程的一次巡视："国王去做弥撒时召我前去，之后带我伴其身旁，如同对好些人所做的一样，把他的手放在我手臂上，带着我一间一间地去看他的宫殿。先是从他的套间和画廊开始，继而为我指出所有其他了不起的作品，特别是每副珍贵的画，并告诉我其所属年代和绘制者，以及如何获取的，并十分仔细地分析先王们及陛下自己所做的增添和修复。我认为这位国王几年期间没有做其他的事。我们步行足足转了两个小时，到处都去了。不顾疲惫和危险的我们通过楼梯攀上绘画的脚手架只为一睹真迹。陛下在上面，无论多么轻快自由地俯身和跳跃，我都不觉得震惊，反而应该支持他，正是他帮助我迈出了艰难的一步。"

诗人马莱伯在 1609 年写的一首十四行诗中美化了亨利四世统治下的枫丹白露宫：

> 华丽壮观的永恒宫殿，
> 材料精美，风格多变，
> 世间最威严的国王在此，
> 让自然止步于艺术奇迹。

第二年，即 1610 年的 5 月 14 日，国王的四轮马车被堵在铁器一条街里，而亨利四世被狂热分子弗朗索瓦·拉瓦亚克刺杀身亡。枫丹白露宫的发展中止了。正在进行中的施工仍旧继续着，可这座城堡直到 18 世纪都不再有巨大的改变。

1600 年
"胡格诺派教皇"

1600 年 5 月 4 日,刚刚走出宗教战争的法国将目光转向枫丹白露宫:一场神学讲座或者辩论在此进行,由亨利四世和杜·佩龙主教对阵新教的菲利普·杜普莱西斯·莫尔奈。

莫尔奈是一位严肃的加尔文教派绅士,曾经依次或同时作为战士、外交官、论战者和神学家,算得上是波旁王朝中最资深的忠实信徒。在努力调解亨利三世和纳瓦尔的亨利①重新和好之后,在亨利四世执政时期,菲利普·杜普莱西斯·莫尔奈参与了各种谈判:与梅克尔公爵谈判使布列塔尼归顺;与玛格丽特·德·瓦卢瓦商谈使其答应与国王解除婚约;为了新教阵营,他曾参与促使 1598 年《南特敕令》颁布的非正式讨论。除了敕令本身之外,国王不得不同意被称为《特殊条款》的 56 项秘密条款,并保证,由君主资助新教牧师的俸禄和新教党的军费开支。

杜普莱西斯·莫尔奈于 1577 年发表了《教会专论》。1598

---

① 即后来的亨利四世。

第四章 最初的波旁王朝

年,在《南特敕令》颁布后不久,他出版《古代教会圣体圣事的制度、用法和教义》,抨击天主教弥撒。亨利四世的改宗[①]和宗教和平的回归让新教徒处于守势,即使天主教会也开始重新赢得精神依附。由于他的神学威望,杜普莱西斯·莫尔奈被称为"胡格诺派教皇",他的论著当然用于反击。他在法国和罗马都引起了轰动。而在天主教徒看来,有些人情愿相信亨利四世的改宗是虚情假意。通过重新开启宗教争议的时代,莫尔奈让国王陷入两难。亨利四世对他的宠信渐渐淡薄,而另一个贝阿恩家族的老"同路人"苏利,则更善于适应新事物的发展,并因为自己的顺从而获得好处。

为了对付杜普莱西斯·莫尔奈,天主教阵营很快就找到一个捍卫者——杜·佩龙主教。雅克·戴维·杜·佩龙出生于为逃避迫害而移民到瑞士的新教家庭。年轻时他费尽心力来到巴黎,皈依了天主教,后来被任命为国王的朗读外教。其渊博的学识和精湛的演说使他很快在亨利三世的朝臣中备受瞩目。曾经在国王面前反对无神论者,并阐明了上帝存在的证据,并模仿塔勒芒·戴·雷奥肆无忌惮地回应国王的称赞:"陛下,今天我通过充分的理由证明了上帝的存在;明天如果您还愿意听我讲,我也能充分证实上帝根本不存在!"杜·佩龙习惯了这种不相称的方式,他的事业因为这种出言不逊而遭到小小的恶

[①] 亨利四世原为胡格诺派信徒,为了继承法国王位,改信天主教。

议，但由于他不懈地赞美这个世界的伟大，还是得到了一些补偿。归附亨利四世后，他得到前一任埃夫勒主教提名，并成为规劝国王改宗的主教之一。

杜普莱西斯·莫尔奈的论著发表之时，佩龙主教夸口说发现了500多处错误或曲解的引文。1600年3月20日，杜普莱西斯·莫尔奈经人劝说，向杜·佩龙建议，共同致函请国王任命专员去核实其论著中引文的准确性。25日，埃夫勒主教在同样公开的文书中表示接受这个提议，并写信给国王，煽动他扮演"新君士坦丁"的角色以激起一番论辩。

皮埃尔·德·埃图瓦勒在其日志中写道："这场论辩遍及整个巴黎，大大小小的讲坛和学校里，我们只谈论这个所谓的'挑战'。一些崇拜杜普莱西斯口才和其著作纯正风格的人希望他所引述的神父们的证据都忠于事实；另一些人则断言这种性格的人无法令人折服，甚至会使人怀疑；而有些人认为，在圣体圣典中引用的许多段落中，可能有些引用不足错误或者指称错误，不足为奇。"

亨利四世任命的天主教专员有身为巴黎议会主席的历史学家奥古斯特·德·图、法学家弗朗索瓦·皮图和让·马丁神甫；新教专员为菲利普·卡纳耶、兼任国家顾问与卡斯特尔市的敕令法院主席的弗伦爵士以及古希腊语学者伊萨克·卡索邦。德·图和皮图是天主教温和派，马丁受到杜·佩龙的推举，地位反而更突出。两位新教专员并没有为杜普莱西斯·莫

第四章　最初的波旁王朝

尔奈进一步赢得优势：卡纳耶准备改宗——他由此获得威尼斯大使馆的奖赏；至于卡索邦，是蒙彼利埃大学的教师，希望在法兰西学院担任希腊语学院的主席。

莫尔奈针对评委会的组成向亨利四世提出抗议，新教作为少数派却没有一个专职的神学家参加。他的抗议无效：国王表示"如果他逃避这场争辩，就不是守信用的人"。杜·佩龙拒绝按照内容的顺序对书进行审查，或提前提供500条有罪的文字清单。亨利四世决定让主教依照自己的选择翻阅莫尔奈的论著，而作者则依次根据所指出的章节向控诉方回答。国王不太确信此举会成功，在辩论的前一天承认，与之前库特拉、阿克斯和伊夫里之间的论战相比，他此刻更为不安。

经过多次反复的推迟和拖延之后，这次会谈于5月4日清晨在枫丹白露宫的会议厅召开。房间的中心，朝向壁炉的位置安放着一张长方形的桌子。亨利四世坐在高处，杜·佩龙在其右侧，杜普莱西斯·莫尔奈在其左侧，双方彼此相对。专员们坐在由法国首相蓬波纳·德·贝利耶夫主持的第二张桌子上。担任大会秘书的两个天主教徒和一个新教徒坐在第三张桌子上。桌子周围挤满了观众：大领主、宫廷大臣、国务秘书和教会贵宾。

会议开始，首相明确指出这次会谈并非针对杜普莱西斯·莫尔奈在书中所列条款的本质，而只是讨论作者引述章节中"字面的真实性"。随后亨利四世请杜·佩龙发言，此人便以一首浮夸的国王颂词作为开场白,比较了君士坦丁、瓦伦丁和狄奥多西,最后申明说自己尊重对手。杜普莱西斯·莫尔奈回顾了自己对教会改革的期望以及对君主公正的信心。接着大家转入正题:即讨论莫尔奈使用的九处引言,杜·佩龙想要证明这些解释是错误的或者只是断章取义。

在对每一处引言进行讨论之后,专员们退到一旁以便在首相的监督下进行商议。如果说杜·佩龙的全部论据并非无懈可击,他的口才发挥了作用:他嘲笑对手,暗示对方不管对错引用古代作家的话,却根本不理解。这些证据在前一天晚上就转呈给杜普莱西斯·莫尔奈,可几乎没有睡觉的他显得笨拙,无力回击。苏利转述说:"他的反击如此微弱,这令一些人发笑,又惹另一些人生气而又对他报以怜悯";国王因此就问莫尔奈的牧师:"那么,你怎么看待你的教皇?"

"在我看来,陛下,他超出了您想象的教皇:您没有看到他给了埃夫勒先生一顶红帽子吗?可实际上我从没见过有谁如此奇怪,为自己辩护如此糟糕。假如我们的宗教信仰没有更好的根基,使他为之被钉十字架而献身(莫尔奈愿意这样),我不用等到明天就放弃它。"

此外,委员们事先知道如何顺着国王的意愿发言:他们认为杜·佩龙有理。亨利四世没有错,因为在会议结束时,他用嘲弄的语气对主教说:

"说实话,埃夫勒先生:正当权利需要支持。"

第四章 最初的波旁王朝

国王在给埃佩农的信中讥讽地写道,"埃夫勒教区赢了索缪教区……的确,这对已经存在很久的新教教会来说是个沉重打击。按照这样的势头,一年内我们会有更多离开天主教会的人回归,比50年中选择另一派的人还多"。这封信公开后,莫尔奈表示极大不满。

在巴黎,人们为了这场宗教的伟大胜利而高唱感恩颂。5月29日,教皇克莱门特八世给杜·佩龙发了一封贺信。官方诗人庆祝真正信仰的胜利。新教徒和天主教徒相继发表一些小册子,来支持或反对论战的双方。天主教的大领主们对此举显得不太肯定。离开会议时,天主教联盟的前首领马耶纳公爵,说从未见过一个旧时忠实的仆人"付出如此之多,回报却如此之差"。埃佩农公爵,亨利三世的宠臣,告诉杜普莱西斯·莫尔奈说自己完全不相信那些归咎于他的错误指控,并一直以是他的朋友为荣。

由于国王否认而受到侮辱,杜普莱西斯·莫尔奈病倒了。亨利四世派国务秘书洛梅尼去探望。洛梅尼告诉莫尔奈,国王请他相信自己依然是"他的主人和朋友"。莫尔奈反驳道:"说是主人,我知道的却太多;说是朋友,他却不属于我。我明白是什么侵害到国王的性命、荣誉和国家:对于所有反抗他的那些人,他从未表现得像对我这样的严厉,而我是为他效劳了一辈子的人。"

洛梅尼于是向他揭露了内情;亨利四世责备他主要是因为

他无礼地谈到教皇，称之为"敌基督"。不过，国王刚刚从克莱门特八世那里取得他与玛格丽特·德·瓦卢瓦婚姻无效的认可，即将与天主教公主玛丽·德·美第奇成婚，这是教廷乐于见到的联姻。在罗马，国王的使臣们正在努力减少西班牙对教廷的影响。莫尔奈的论著对高层外交形成了阻碍。

三天后，莫尔奈离开了枫丹白露宫，取道水路回到巴黎。退回管辖的索缪教区后，他召集了改革派的大会，详细介绍了辩论会的情况，并发表报告叙述了一些谴责他所用方法的事件。国王撤销了他的养老金，免除他矿务总管的职责。

枫丹白露会议标志着杜普莱西斯·莫尔奈受宠的终结。相反，笼罩在胜利光环下的杜·佩龙，事业蒸蒸日上：正如苏利所预示的那样，4年后佩龙便得到红衣主教的职位，被派往罗马任职，并协助支持法国的教皇保罗五世当选，回来时则晋升为从属于巴黎的桑斯大主教之职，继而被任命为法国宫廷大神甫。枫丹白露会议同样结束了国王宗教信仰模棱两可的状态。亨利不再是新教徒。这条路朝着缓慢扼制"据称改革宗教派"的方向渐渐推进，最终导致路易十四在枫丹白露签署法令，废除《南特敕令》。

1606 年
加蒂奈的孩子

1601 年 9 月 27 日，朝向椭圆庭院的国王大寝宫内，王后玛丽·德·美第奇诞下一子，这是法国 57 年以来所见的第一位王太子。分娩过程持续了漫长的一天，亨利四世和一些王室宗亲在场，他们必须能够证明没有发生任何调换孩子的事件。这位第一男性继承人的出生令亨利感激涕零，根据当时的助产士描述："豌豆般的泪珠淌过国王的面颊。"国王告诉他的妻子："我的爱人，你承受了如此巨大的疼痛，可是上帝却恩赐给我们所祈求的，我们有了一个漂亮的儿子。"在与亲王们欢呼过后，国王让大约 200 位朝臣进来：波旁王朝的宫廷并不太讲究卫生，而且这个新生儿被认作国家的产物、亨利四世和玛丽·德·美第奇的结晶。有了这位王子，波旁家族最终稳固了其王位。这位王子生来带有天秤座的特质，人们认为他能带来公平正义，这也是为什么他的绰号为"公正的路易"。

对瓦卢瓦王朝留给他的这座迷人宫殿做过修复和扩建后，亨利四世赋予枫丹白露宫举行皇家典礼、出生、洗礼、婚礼和外交接见的特权。同样是在枫丹白露宫，玛丽·德·美第奇生下女儿伊丽莎白——未来的西班牙女王（1602年11月22日）；奥尔良的第一位公爵（1607年4月16日）以及被称为安茹公爵的加斯东（1608年4月25日），也是幸存下来的路易十三唯一的兄弟。只有第三个女儿克雷蒂安娜（1606年2月10日）和小女儿亨利埃特·玛丽（1609年11月26日）出生在巴黎。

之前一些王室子弟们一出生便接受了"简礼付洗"——通过洒水和念诵圣礼词受洗，而王太子及他两个妹妹的庄严洗礼被推后，以便赋予他更多的威严并允许其教父教母或者代表出席。仪式原先预定在巴黎圣母院进行，但最终却因首都巴黎爆发了一场流行病而改在了枫丹白露宫。

从精神的角度来看，这种"庄严的洗礼"只是圣礼的一个补充：它包含取名礼的宗教仪式、用盐的宗教仪式——神父将盐抹在被降福孩子的嘴唇上，这象征着对于神圣之言这一精神食粮的渴望——另外还有驱魔祭祀、信仰立誓和涂抹代表圣灵重生的圣油。

取名礼的宗教仪式影响力最大。1605年10月，在向未来的路易十三谈到临近的洗礼时，乳母问他：

"殿下，您想大家怎么称呼您呢？"

"亨利，"这位王太子回答，"爸爸也叫这个；我不想叫路易。"

最终他还是叫路易，这具有政治意义，展现出波旁王朝与圣路易的紧密联系：他们是圣王最后一个儿子罗伯特·德·克莱蒙的直系后裔，他们从他那里继承了皇权。

第四章　最初的波旁王朝

为了令仪式造成更大的轰动并使大众参与其中，洗礼既没在圣萨蒂南小教堂也没在圣三教堂举行，而是在椭圆庭院之内，铺设了一个巨大的顶篷，篷上布满海豚①的纹章、国王和王后姓名起首字母的花纹和金百合花饰。庭院中间的一个平台上放置了一个祭坛和洗礼盆，旁边则摆设了几排阶梯型座位。人们从文森那圣徒小教堂带来一个金银丝嵌花的黄铜盆充当洗礼盆，后来便以"圣路易的圣洗堂"之名而为大众所熟悉：这件 14 世纪马穆鲁克时期的艺术杰作现今是卢浮宫伊斯兰文化艺术部的骄傲。

亨利四世和玛丽·德·美第奇从城堡主塔的一扇窗户观望这个场景。巴黎主教红衣主教德·贡迪主持着仪式。教皇特使茹瓦耶斯红衣主教代表了王太子的教父保罗五世。王后的姐姐埃莱奥诺尔·德·美第奇，即曼托瓦公爵夫人作为孩子的教母亲自出席。整个庭院的男男女女都盛装打扮。当时一位年轻时尚的朝臣，即未来的巴松皮埃尔元帅，为了这个场合花费 1.4 万埃居定做了一件编织着棕榈叶并嵌着珍珠的紫金袍子。

那天早上，小王太子穿着一件白色的缎子外套，被领到一间接见厅，躺在御床上，床的华盖镶着貂毛边。将近四点钟，一行人从这个房间排到庭院：走在最前面的是手拿火炬的国王瑞士卫队的卫兵们，再就是 100 个贵族侍从，接着是短笛手、

---

① 海豚是法国王位继承人的称号，也是法国王太子的符号象征。用海豚作为法国王位继承者的纹章，始于中世纪。

鼓手、双簧管手、小号手以及使者们。三个大领主奉上他们的"敬意":花瓶或水壶、浅盆、靠垫、蜡烛、洗礼帽(孩子敷完圣油后为他们戴上的编织小软帽)和盐盅。孔代亲王牵着王太子的手。其后是红衣主教德·贡迪、红衣主教德·茹瓦耶斯和曼托瓦公爵夫人。其他王室宗亲排在队伍的最后。

王太子的两个妹妹伊丽莎白和克雷蒂安娜先行洗礼。然后轮到小路易。红衣主教德·贡迪问他:

"殿下,您有什么要求?"

"接受神圣的洗礼。"

"您受到洗礼了吗?"

"是的,感谢上帝!"

于是,这位红衣主教将"路易"之名正式赋予他。王太子念了好几遍"abrenuntio"①,标志着他弃绝魔鬼,然后接受涂圣油。当圣油倒在他的双肩上时,他表示:"这么冷啊。"在收到盐时,他说道:"我吞下了它,觉得很好吃。"随后他回应了红衣主教的要求:信经。最终,他轻松自如地背出《天主经》《圣母经》和《信经》。确实,王太子从幼年起就每天都听到弥撒,并学会每天晚上背诵这些祈祷经文。洗礼仪式结束后,使者大声喊道:"太子殿下万岁!"所有出席者重复着这句欢呼,这是人们在国王的加冕礼和葬礼上才能听到的响应。

---

① 拉丁语,意为"弃绝";为(圣洗)誓愿:领洗时弃绝魔鬼的誓言。

这一天以舞会大厅中的盛宴和池塘上方面对1.2万名观众的烟花而结束。人们看到一座迷人的城堡被森林神和野蛮人围困，然后一条龙将它点燃。亨利四世恢复了他青少年时期的浪漫节日。在巴黎，人们筹备新的芭蕾舞剧、比武和赛马。为了使仪式获得更大的反响，国王令雕刻师让·勒克莱尔创作了表现洗礼的作品，刻上逼真的形象与说明文字，所用的模型与勒克莱尔1594年在巴黎为纪念亨利四世的加冕所刻的相同。

这次王太子洗礼的盛况并非毫无缘由。通过这一举动以及选择教父，亨利四世重申了自己改宗的诚意，并重申了他的王朝与天主教会之间达成的协议。1606年的亨利已经53岁，在当时已是年迈，多年的军事行动和内战更是催人老去。他要为过渡做好打算。必须提前让小王太子准备国王的工作。他已经考虑让儿子和一个年龄相仿的公主成婚：她便是奥地利的安娜，是这位波旁王主要的竞争对手、欧洲更为强大的西班牙国王腓力三世的女儿。

第二年，亨利四世赋予儿子代表他参加"皇家晚餐"仪式的使命。这项古老的"虔诚行动"象征着国王作为真正基督徒的谦卑。每年复活节前的星期四，君主要模仿基督，为13个贫民先洗脚，然后再为他们布施一顿晚餐（拉丁文"Cena"）。亨利想让王太子完全代表他，并从王朝众臣那里得到给予国王同样的敬意。仪式于1607年4月16日在枫丹白露宫的舞会大厅举行。按照习俗，所选的贫民已经由一名医生清洗、剃须并检查。人们为他们穿上鲜红色的服装。这位王太子，仍然年轻，对清洗并亲吻贫民的脚有些厌恶——"我不愿意，他们太臭了"——但看到自己被王室荣耀所包围，他感到惊讶。贫民的晚餐由13份菜组成——数字同样具有象征意义——由王子或大领主提供。仪式结束时，这位王太子送给每个贫民13个金埃居。

亨利四世于是逐渐安定下来。他1月和4月之间在巴黎，4月到7月在枫丹白露宫；8月在巴黎过一阵，又回到枫丹白露宫度过秋天。这座城堡便是其统治时期举行大部分盛典的场所。1607年5月，国王在这接见了一位土耳其大使。第二年，便轮到西班牙国王大使佩德罗·德·托莱多；这位玛丽·德·美第奇的亲属受到最高级别的接见。亨利四世询问大使如何看待自己的宅邸，这位大使看着还在施工中的小教堂做出了含糊不清的回答："非常漂亮，陛下，假如上帝和陛下您住得一样好。"他还带来了两个婚礼的计划：即未来的西班牙国王腓力四世与亨利四世姐姐的联姻以及王太子和奥地利公主安娜的联姻。

亨利四世最后一次在枫丹白露宫组织的大型典礼是在1609年7月7日，他的合法儿子旺多姆公爵塞萨尔·德·波旁与梅克尔公爵夫人弗朗索瓦兹·德·洛林成婚。这是一项具有重大政治意义的结合，因为与皇室家族联姻的洛林家族前不久还在争夺王位。以往并非细致之人的亨利，想为这次婚礼增添特殊光彩。"国王、王后和整个宫廷从未穿过如此华贵富丽的服装,"神父丹说道,"因为众人当中,国王的帽子上有蓝色饰带,而饰带上配着如此众多而稀有的钻石和其他宝石,估计价值50万埃居。"婚礼的弥撒在国王亲自举办的盛宴和舞会之后进行。第二天,人们举办赛马,并在美炉楼的大厅表演大型芭蕾舞剧。

在父王振兴的这些行宫中,路易十三最喜欢圣日耳曼昂莱,但他从未忘记自己是在枫丹白露宫出生并接受洗礼。1611年,10岁的他装扮成士兵,被轻骑兵队的副队长屈雷大人询问"我的朋友,你来自哪里?"年轻的国王回答:"来自加蒂奈。"

1633 年
主教的胜利

1633年5月15日，身着华服的朝臣们两个两个地依次爬上普里马蒂乔为美炉宫翼楼设计的楼梯。他们穿着织有金色火焰的黑色大衣，内衬是橙色，戴着宽边软帽或披着绿色斗篷，还挂着贵重的珐琅项链。这对于皇室展示时装是很好的平台，因为建筑师已经加高了这部分建筑。同亨利四世一样，路易十三赞成这种瓦卢瓦家族想要的剧院装饰。这位波旁王朝的第二代国王继续把城堡作为重要的官方接待场所：1625年，他接见了教皇乌尔班八世的侄子及特使红衣主教弗朗索瓦科·巴尔贝里尼；1629年，"拉罗谢尔围困事件"①发生之后，一位英国大使来此签署和平协定。还有1633年举行的大规模圣灵骑士授勋晋封仪式，是这些典礼中最为奢华的。

由亨利三世创建于1578年，并由波旁王朝保存下来的圣灵骑士勋章成为国王奖励功勋卓越者的勋章，属于统治精英梦

---

① 1572年圣巴托洛缪大屠杀后，幸存的胡格诺教徒来到拉罗谢尔（La Rochelle）避难，1627年黎塞留红衣主教指挥路易八世的军队围困了这座城镇。

寐以求的标志。这种用蓝色绶带连挂的镂花银制徽章专门授给皇族成员、上层显贵、大主教们和神甫们,而后者继而获封大军官①勋位。来自古老贵族阶级的骑士35岁授勋,外姓亲王25岁授勋,本族亲王15岁授勋;而国王的儿子们甚至在出生的那一天就会披上蓝色绶带。

授勋的庆典算得上是宫廷生活中最为奢华的场面。割礼日(1月2日)、净礼日(2月2日)和圣灵降临节的星期日,圣灵骑士团的骑士们都要穿着授勋的吉服,陪同国王参加弥撒和晚祷。作为接待仪式,人们在祷课前后会看到同类仪仗队伍。顶上有华盖的皇家宝座被安置在皇家小教堂的中殿内:国王在此坐下接受新晋骑士的宣誓。8月25日,圣路易日这天,骑士们要出席国王的弥撒。

盛大的授勋晋封仪式是重要的政治事件。它使国王所器重的人受到公众的关注,并反映了宗族与贵族党派之间权力关系的演变。以下讲到1633年5月14日和15日在枫丹白露宫所进行的授勋仪式。路易十三在众领主中选出49人授予骑士勋位,因为"他们在各种场合,不论是反对宗教叛乱分子,还是及时反抗危害国家的任何乱党,都忠于国家并为国家的威严效劳"(皮埃尔·丹)。

路易十三于5月3日到达枫丹白露宫,5月5日在椭圆会议

---

① Grand officier 也译作"高级军官"。

室——现在的路易十三会客室——与拥有高等骑士[1]勋位和军官勋位的爵士举行事务会。离开王国密谋反对黎塞留的埃尔伯弗公爵和拉维厄维尔侯爵作为叛乱分子被贬黜,而新晋骑士勋位的人会被公开。5月13日,未来的圣灵骑士们被授予圣米歇尔勋章[2]:他们走进椭圆办公室,路易十三随着他们一一上前让他们跪下,以剑轻点他们的右肩,然后点左肩,宣布:"以圣乔治和圣米歇尔之名,我授予你们骑士的荣誉。"

圣灵骑士勋章的授予仪式于5月14日即圣灵降临节的前一天举行,不过仪式不在圣三小教堂而在美炉宫的大厅内进行,此厅为这个场合转变成了小教堂。两侧的廊台被升高以欢迎外交使团、国务秘书、国务委员、王后、公主和朝廷中的贵妇们。大厅的尽头竖立着一个祭坛,上面是覆盖着勋章饰物的天篷;此外还摆放着国王的宝座,顶上置有一个华盖,另外还摆上了红衣主教的坐席以及拥有司令勋位的大主教坐席。随从们在太后套间排好队,随后涌向美炉宫的侧翼去听晚祷。大厅内,人们准备了一些桌子来放置各个骑士的兵器。陈放埃尔伯弗公爵和拉维厄维尔侯爵兵器的桌子被移走,被授勋的使者踩烂踏碎。人们在原处摆上黑色的桌子,并写上国王对被贬黜者的判决:"让后代了解他们的不忠与寡情。"听完祷课,新晋封

---

[1] Commandeur 也译作"司令"或"指挥官"。
[2] 加入圣灵骑士团的人员都是圣米歇尔骑士团的一分子,圣米歇尔也译作"圣米迦勒"。

的骑士们两个两个地出现在国王面前，宣誓其忠诚，并从国王的手中接过蓝色绶带和十字勋章。接着，他们脱掉新手的披肩，换上大披风。

第二天，5月15日，圣灵降临节的当天，所有身着同一服装的骑士们聚集成一个崭新的仪仗队伍。为了让大家一睹英姿，一行人走出美炉大厅，经过池塘边的斜坡走下楼梯，再通过另一个斜坡向上进入警卫室大厅，最后回到主持弥撒的美炉大厅。

弥撒结束之后，这行人走向舞会大厅，国王在那里为骑士们设下盛宴。路易十三独自坐在壁炉前的一张桌子旁，官员和骑士们沿着左右两侧的桌子分组而坐。黎塞留红衣主教坐在靠近国王最尊贵的一处：右侧桌子的上首座。将近三点钟，人们回到美炉大厅去听为亡故骑士们做的晚祷。早上充满节日气氛的装饰已在休息间隙换作教堂式哀悼的布景，骑士们也将吉服换下，披上丧服，并立起衣领。国王身着参加皇家丧礼时穿的紫衣。16日的星期一早上，骑士团听了为逝者举行的弥撒，为自1578年设立以来亡故的骑士祈祷，特别是亨利三世。

1633年的这次晋封所赋予的特殊意义并非偶然。这次有组织的仪式可视为黎塞留及其心腹们的胜利。在著名的"愚人日事件"（1630年11月11日）[①]之后，这位红衣主教摆脱了国务

[①] 1630年，太后玛丽向路易十三哭诉黎塞留是个无情无义的小人，要国王将其革职，结果却是太后被流放到贡比涅，掌玺大臣马里亚克锒铛入狱，王弟加斯东被处以大不敬的罪名。"愚人"即指太后等人误以为黎塞留失宠。

委员会内部最新的对手，并向政府安插忠于他的新老拥护者：1630年，克洛德·德·比利翁替换埃菲亚侯爵成为财务总管。1633年初，司法部长沙托纳夫被监禁，这一职位交给塞吉耶庭长，一位归附于黎塞留的法官。比利翁代替沙托纳夫担任骑士团的大法官，而他的同僚，外交国务秘书布蒂利耶，担任骑士团司库一职。同时期，布蒂利耶的儿子布蒂利耶·德·夏维尼——有个荒唐的传闻说此人是黎塞留的私生子——被任命为同一职位的继任者。

5月15日的弥撒由黎塞留的哥哥、法国宫廷大神甫兼里昂红衣主教、大主教阿尔方斯主持。而作为枢机主教的黎塞留本人也享尽荣耀。1631年8月，他被晋升为公爵和法国贵族。9月，他被任命为布列塔尼总督和海军元帅，1632年3月任南特总督，1634年1月升为弗龙萨克公爵，1639年任勒阿弗尔总督。而他的仇敌们在这个时候爆出他母亲只是出身于一个姓"拉波特"的巴黎普通律师家庭，这真是一场有力的报复。

这些新晋封的高等骑士和骑士当中，许多人都是枢机主教的忠实仆从：晋封的高等骑士中的第二位是埃佩农公爵的儿子红衣主教拉瓦莱特，其父因过于顺从黎塞留而被鄙称为"主教的奴才"。主教的四位近亲也被列入骑士名单：他的妹夫布雷泽侯爵，法国元帅；他的外甥蓬·库莱侯爵弗朗索瓦·德·维涅罗，舰队司令；还有两个表弟，一个是拉梅耶雷侯爵、炮兵总指挥；另一个是蓬沙托男爵查理·杜·康布。黎塞留同样给

第四章　最初的波旁王朝

那些参加内战或反西班牙战争的军队将领授勋：波尔多大主教索迪斯，在拉罗谢尔之围中指挥炮兵；图瓦拉斯元帅在随后的曼托瓦之战中享誉盛名。

这位枢机主教的对手们和那些态度谨慎的朝臣们，为了谋求一席生存之地，只有卑微地博得皇恩。众所周知，国务秘书布里耶纳对黎塞留很反感，曾带着怨恨这样写道，"陛下提到了好些人，我都曾在内，可是在枫丹白露宫，陛下宣布我只能下次再晋封。"

1633年5月14日的这场仪式记录在系谱学家皮埃尔·德·奥齐耶制作的一本精美的书中，书名为《1633年5月14日由公正的路易十三授予圣灵骑士勋章的骑士和军官的名字、绰号、特征、兵器和徽章》。他于1633年5月27日在枫丹白露获得授权写这本书，1634年梅尔基奥尔·塔韦尼耶[①]在巴黎出版这本书的对开本。亚伯拉罕·博斯制作了书中的铜版插画：人们从中看到了圣－米歇尔骑士团的会客室、喷泉庭院里骑士们的仪仗队伍、美炉厅里的会客室以及舞会大厅里的盛宴。德·奥齐耶很快就收到这部作品的酬劳：1634年，他被任命为国王委任的官方历史编纂者和系谱学家，1641年又担任法国军务法官一职。

尽管国王和他的神甫之间的紧张关系日益加剧，但是黎塞

[①] 梅尔基奥尔·塔韦尼耶（Melchior Tavernier，1564—1641年），雕刻师，也是出版商。

留在之后10年内的裁决权及其忠诚度从未受到质疑。马蒂厄·德·莫尔格撰文抨击黎塞留的"放肆野心",谴责黎塞留"什么都是,什么都做,什么都要",讥讽这位红衣主教"身为主教的最高统帅,就差没称呼他为最高神甫和最大海军元帅",除了死亡,什么也不能动摇黎塞留的权力。

1642 年
官方旅游业的开始

路易十三不是一位热衷建造的国王。他统治期间，卢浮宫的工地日渐荒废，而枫丹白露宫这个他钟爱并常驻的居所，也少有重要的建筑工程，仅是1634年进行了马蹄铁形楼梯的防腐工程。这位国王只主动建造了一座新宅邸：凡尔赛宫，当时还是隶属于圣日耳曼昂莱的一座简单的狩猎城堡。黎塞留却截然相反，他是建筑的收藏者。与其主人不同的是，这位红衣主教对皇家府邸的装饰美化十分迷恋。假如这位神甫可以活得更久一些，所有一切都会使人相信枫丹白露宫将得益于他的这一爱好。

1642年，一本名为《枫丹白露宫王室奇观珍宝》的书在巴黎由国王的御用出版商塞巴斯蒂安·克拉穆瓦西印刷出版。作者为皮埃尔·丹神父，是圣三会修道院的院长。枫丹白露宫因此成为法国第一座拥有完整专著的城堡，其著名的建筑和历史得到颂扬。该著作的献词写给了战时国务秘书弗朗索瓦·苏布雷·德·努瓦耶，他是枫丹白露城堡的总管兼禁卫和国王的建筑总监，根据当时的话，此书为黎塞留的一个"创意"。这个标题之外的献词颇有深意：苏布雷是红衣主教的人，用其名字表现出官方对该书的认可。苏布雷曾被黎塞留任命为修复王室宅邸的总监，尤其是修复枫丹白露宫，红衣主教希望它能重现光彩。1639—1642年，他在建筑修复和花园施工项目上花费了40万里弗尔。作为枢机主教的得意门生，神父丹还宣称这本著作分享了"法国全部的辉煌与荣耀"。

苏布雷·德·努瓦耶，虔诚的天主教徒，也被认为是耶稣会士的亲密朋友，有时甚至被指责暗中成为耶稣会士。于是，在黎塞留的政治生涯遭受猛烈批评，其"国家理性"被揭露为"地狱理性"之时，神父丹与苏布雷的虔诚派联合。苏布雷是杰出艺术和建筑的资助者和爱好者，由于他的作用，我们称为"古典主义"的潮流开始在法国传播。这本有关枫丹白露宫的书在他的赞助下写成，在一位"一手握剑，另一手持抹泥刀"的神父指导下进行，重申了城堡在法国艺术起源中的作用。

在所有的谈话中，神父丹致力于对枫丹白露宫切实的"捍卫与扬名"。他强调其优质的气候环境，特别是在枫丹白露地区的秋天；他追溯建筑工地的历史，描述了城堡内的壁画、雕塑、油画和其他艺术品及其附属建筑物和花园；他讲述了城堡里盛大的时光以及曾经组织的节日庆典。他的著作是一部名副其实的旅游指南，甚至在文末建议了参观路线，这位圣三会院长总结："这样做，人们可以得到休息，看到如此美丽和奇异的珍品应该会满意。"这也是一种官方旅游，因为众所周知，国王的建筑物为"大使、外国亲王、贵族和女士们"出游枫丹白露提供了资源。

受其主题的影响,神父丹试图为所有居住过枫丹白露宫的君王辩护;"人们可能哀叹,那个生于此、死于此还增加税收的腓力四世(美男子)……但最好还是写他战胜皇室敌人和封臣叛乱!假如这位国王跟教皇卜尼法斯八世争吵,那也是因为他被教皇压迫到极限以后",等等。作者还列出了修道院的僧侣和城镇居民享有的特权:庭院中的奇观珍宝面向那些定期旅居枫丹白露宫的游客,也面向那些常年生活于此的居民。这其实是一种"卫国"辩护。

因为,在这本官方手册和旅游指南的背后,有掌权的作者发出的政治信息。自16世纪以来,西班牙对圣三一修会的影响就一直很强烈。修会会长路易·珀蒂从1612年开始便在萨拉戈萨修习,并与伊比利亚半岛保持着紧密联系。当法国与西班牙发生隐秘冲突随后公开反对西班牙时,圣三一修会与西班牙的联系就大为可疑。他们需要重新获得合法性并赋予权力。为了恢复他们的形象,他们重新发起了在北非赎回俘虏的传统活动。1634—1635年,皮埃尔·丹被派到"柏柏里地区"[①],后来与30几个被赎俘虏一起回到法国。

俘虏的回归被演示成修会的一场交流和自我推销活动。从马赛一直到巴黎,他们没刮胡子、肩负铰链依次前行。大城市

---

① 即北非摩洛哥、阿尔及利亚、突尼斯和利比亚地区。该词原指柏柏尔人,亦有"野蛮、不文明、不开化"的意思。

的落脚点以宗教仪式为标志。在内韦尔，玛丽·德·贡扎格公主，曼托瓦公爵的长女，热情接待了队列：作为修会的保护人，她一直遵循着父亲的传统，其父曾梦想着成为十字军东征的一员去反抗土耳其人。这些俘虏经过枫丹白露宫，在此停歇了3天，他们只有在巴黎的圣三会教堂内，经过修会会长接待后才能象征性地被释放。此后不久，丹被推荐成为枫丹白露修道院的院长，这个修道院所处的地理环境使其成为王室和修会之间的特权区域。1637年，神父出版了《柏柏里及海盗史》，讲述了自己的旅程和圣三一修会的辩解。

假如神父丹希望借这本《奇观珍宝》为修会赚得利益，那所有希望定会落空。1642年10月，黎塞留最后一次在枫丹白露宫逗留之后，拖着重病之身坐上他的驮轿返回巴黎，并于年终在首都去世。苏布雷·德·努瓦耶在其保护主去世两个月后就失宠了，于1645年去世。神父丹也于1649年继他之后死去。随后投石党之乱①爆发。当修会恢复之时，枫丹白露宫又重回行宫排行首位，但圣三会教士已无法再靠近城堡。

虽然没有完成作者预先打算的任务，神父丹的这本《奇观珍宝》已成为枫丹白露宫历史的重要原始资料之一，由此成为法国艺术史学家的床头书之一。

---

① 或译"投石党运动""福隆德运动"，是一场西法战争（1635—1659年）期间发生在法国的反对专制王权的政治运动。

第五章

太阳王在枫丹白露宫

1645年
"枫丹白露游"的诞生

路易十四于1644年9月9日首次入住枫丹白露宫。当时6岁的他已经做了一年多的国王。他的幼儿时期都在圣日耳曼莱昂度过,那里也是1638年9月1日他出生的地方。1643年登基时,其府邸定于巴黎。但是法国宫廷无法常驻于此。1644年的7月和8月,宫廷迁至吕埃尔(Rueil)。一个月之后,奥地利的安娜主动提出到枫丹白露宫一游,她希望恢复服丧一年期间暂停的娱乐。她的闺蜜莫特维尔女士写道,"王后一直比其他人更喜欢我们国王的这处美丽舒适的宅邸。"

在年初,摄政太后在黎塞留的前建筑师雅克·勒梅西埃的指导下,重新装修了她的套间:当时为太后卧室所设计的天花板保留在今天的"皇后卧室"里。此次出游上层官员也一同前往。枢机主教兼新任首相马萨林持续高烧不退,这让他担忧自己的性命。太后也为其宠臣挂念不安,朝臣们却盼着他死,并且宣布由新堡的掌玺大臣取代他。但这位枢机主教恢复了健康,保住了职位。10月20日,因罗克鲁瓦①胜利而名声大噪的年轻公爵昂吉安前来迎接国王，并接受国王的谢辞，因为他重新夺回了在国王到达枫丹白露宫那天失陷的菲利普斯堡。5日之后，路易十四回到巴黎。

之后的驻留时光同样光辉灿烂。1645年的出游期间，波兰大使们纷纷赶赴枫丹白露宫，为议定波兰国王拉迪斯拉斯同内韦尔和曼图瓦公爵的女儿玛丽·路易丝·德·贡扎格公主的婚约而忙碌。1646年期间，人们增加了狩猎、舞会活动及法国和意大利喜剧演出。流亡到法国的英国王后和她的儿子来到城堡居住；对于路易十四而言，这是体验君王之间礼节细微差别的时机。法国王后奥地利的安娜和英国王后亨丽埃特·玛丽②之间进行了初步谈判，最后路易十四对英国王后让步，允许她的威尔士王子有权在法国王后的居室坐扶手椅。而马萨林则在雄鹿长廊为英国领主们设宴款待。时值酷暑，朝臣们每日在塞纳河中沐浴多个时辰。路易十四陪同维勒鲁瓦元帅，王后则与其侍从贵妇们在一起。在这个场合，男男女女们穿上"拖地的灰色亚麻大罩衫"，这样"端庄决不会受冒犯"（莫特维尔夫人）。在国王为叔叔奥尔良公爵加斯东安排的一次狩猎中，一头野猪冲向马萨林。这位枢机主教，曾经的教皇部队军官并未失去理智：他一剑刺破其脑门，但是他的马却因惊吓而翻倒在地。这位内阁大臣在经历此事后竟毫发无损。1647年的出游也有同样

---

① 法国军队与西班牙军队之间的一场战役，发生于1643年5月19日。
② 法王亨利四世之女，路易十三之妹，大不列颠国王查理一世的妻子。

第五章　太阳王在枫丹白露宫

的乐趣。

投石党运动中止了这段奢华岁月,一断就是好多年。内战令王国四分五裂,随着战事变化,路易十四带着王室在法国流浪。只是在 1650 年的 7 月和 11 月,国王往返阿基坦①的途中,才在枫丹白露宫稍作停歇。以后,国王只是到此打猎,短暂逗留几天。

宫廷盛大的旅行于 1655 年秋天重新开始。在传统的狩猎、舞会和戏剧之外,路易十四又增添了一个新的惯例,即乘敞篷马车在公园里散步。他在城堡里接待了曼图瓦公爵,并向公爵表明自己对马萨林侄女玛丽·曼西尼的爱慕。而奥地利的安娜彻底改造了面向鲤鱼池的太后套间,并在儿子婚礼之后居住此处。这次施工开始于投石党运动之末,一直持续到 17 世纪 60 年代。文艺复兴时期的许多画作被王后认为下流不堪,就在这个时候遗失了。

在接下来 1658 年的出游中,路易十四在城堡围墙内燃放烟花来庆祝自己 20 岁生日,并在此接受曾经的投石党人、奥尔良公爵加斯东、"大小姐"②和孔代亲王的致歉。国王习惯在附近训练他的卫兵团和火枪手。第二年,他令人建造一座堡垒,以带领他的部队训练攻城战。

---

① 也译作"亚魁当",是法国西南部一个大区的名称,西邻大西洋,南接西班牙。
② 即奥尔良公爵加斯东的长女。

枫丹白露宫

1659年7月17日，路易十四和奥地利的安娜游览了由财政大臣富凯刚刚建好的沃堡，他们受到盛情款待，在尝了"各式极为罕见的肉、水果和果酱"之后，于午夜回到枫丹白露宫：这次"沃堡国宴"在历史上的记录寥寥，但传说深信它对这位大臣的影响是致命的。

只是在1661年，由于首都流行病肆虐，路易十四才回到枫丹白露宫停留了相当长一段时间。在之后的岁月里，来此停留的日子就更加不规律了。他对圣日耳曼莱昂的喜爱达到极致；对凡尔赛的热爱则即将开始。在这位君王的奢靡时代，路易十四的宫廷仍在巡游，在枫丹白露停留的时间（确切地说是在夏季）是非常欢乐的时刻：1664年的漫长旅程因接待教皇特使奇吉而给人留下深刻印象。1666年的旅程期间，国王在鲁应河①畔莫雷小镇的草地上安排了一场重大的阅兵仪式。仪式持续了3天：宫廷的女士们待在五颜六色的帐篷里，坐在一种小型的"莫雷椅子"上观看阅兵。龙骑兵团上校洛赞伯爵，作为路易十四的新宠出席。为了对君王表示敬意，这个勇敢的加斯孔人"非常大方而利索地"（"大小姐"）在帐篷里准备了点心。7月22日，科尔贝不得不警告他的主人，有人正在取笑这种军事游行的方式。"陛下最好知道两件事，当他询问时，我们不敢赞同：一件就是巴黎刊印的一本讽刺小册子上说'路易十四

---

① 鲁应河，位于法国中部，属于塞纳河的左支流。

第五章　太阳王在枫丹白露宫

在莫雷平原上摆弄大型木偶'；另一件就是每家每户散发的另一本讽刺小册子上说'国王路易十三制作的拉罗谢尔椅子和路易十四制作的莫雷椅子相似。"

1677年的出游在宗教及世俗音乐史上占有一席之位。8月，人们演出了吕利三年前在凡尔赛宫创作的歌剧《阿尔切斯特》。9月9日，国王、王后和王子为这位作曲家的长子（也叫路易）在小教堂举行洗礼。仪式结束时，吕利演唱了耳熟能详的《感恩颂》，这首庄严而洪亮的著名乐曲可能更多是献给地上的君王，而非天上的那位。

1679年8月，奥尔良的玛丽·安娜和西班牙国王查理二世的代理婚礼在枫丹白露宫举行。这次联姻使得签订了《尼美格条约》①之后的法西关系得以缓解。路易十四没有将自己的女儿嫁与西班牙国王，而是选择了他的侄女，即他弟弟奥尔良公爵菲利普与其第一任妻子英格兰的亨利埃塔所生的女儿，被称为"小姐"的玛丽·路易丝。订婚仪式和婚约的签署于8月30日进行；这次代理婚礼于31日在圣三小教堂举行。西班牙国王由洛斯·瓦尔瓦塞斯侯爵和帕斯特拉纳公爵代表出席。

1679年之后，枫丹白露宫的角色变了。王室最终定居于凡尔赛宫及其附属的马利宫和特里阿侬宫，枫丹白露宫成为每年秋天最适宜狩猎季节的"旅行"场所。弗朗索瓦一世时的古老

---

① 也译作《奈梅亨条约》。

城堡因此变成了"度假屋",它的重要性反而加强了。每年在枫丹白露逗留期间,保持传统优势的同时,还保证了定期维护以及定期开挖新建筑。

路易十四的弟妹帕拉丁夫人讲述过一次有意义的对话:"国王有时问我:'您喜欢枫丹白露宫哪里啊?'我回答他:'我住得比您还好,殿下,我在这里特别开心。'国王很高兴我们喜欢枫丹白露宫,因为他自己也很喜欢这里。"朝臣们对此也意见一致。这里的气氛没有凡尔赛宫的那么沉闷。圣西门说:"枫丹白露宫是大家最常聚集并互邀晚餐和夜宵的地方。"同样也是在路易十四统治期间,这里成为观赏戏剧和音乐的高级场所。1698年的旅行时,国王的孙子们第一次获准去看喜剧。他们观看了《贵人迷》,帕拉丁夫人说道:"勃艮第公爵完全失掉庄严,笑得眼泪都流了出来;安茹公爵是那么高兴待在那里,张大嘴,凝视着舞台好像出了神;贝里公爵笑得太厉害,差点从椅子上摔下去。"

要说枫丹白露宫的气氛比凡尔赛宫的更加轻松,但在礼节方面是类似的。与著名的"乡村行宫"马利宫不同,枫丹白露宫是一个规矩很多的皇家宅邸。女士们到此应该身着"吉服",这是一种宫廷服饰,"上衣"是硬挺的紧身胸衣,下身是拖裙。1704年,国王提醒大家要遵守规矩,那些不穿吉服去看演出或者厌烦要穿吉服的人不允许前去观看宫廷表演。和在凡尔赛宫一样,枫丹白露宫也有所谓的"套间晚会"。它们不是在国王

第五章　太阳王在枫丹白露宫

套间,而是视具体情况而定,在雄鹿长廊或是太后套间举行。如凡尔赛宫一样,枫丹白露宫也接待从圣日耳曼流放来此的英国王室。晚上7点半,路易十四在他的房间接待雅克二世和王后玛丽·德·莫代纳,并尽地主之谊请他们欣赏45分钟的音乐会。之后,这位法国国王和他的首相们回去工作,而英国王室们就在王后的书房里玩游戏。路易十四十点再回来和他们一同吃宵夜。圣西门描述说:"国王对他们的关心,尊重和礼数都不一样,也不需要每次都显得威严或是殷勤。"

路易十四在枫丹白露实施的工程具有特别的功利性。17世纪70年代末期,弗朗索瓦·奥尔巴伊为国务秘书拉弗利埃、卢瓦、克鲁瓦西和塞涅莱在白马庭院的北边和西边修建了四座砖石结构的公馆。拉弗利埃利用他在这逗留的时间来完成城堡的整体设计图,我们至今仍然可以在国王建筑档案中找到。财政总监的公馆位于办公庭院的后面,由让·巴蒂斯特·科尔贝扩建;供宫廷犬猎队队长和狩猎官员住的犬舍被重建。1685年,朱安·阿杜安·芒萨尔为卢瓦在镇上造了一座建筑总监大楼,但其拱门与白马庭院北边的翼楼相连。这座砂岩砖石结构的朴素建筑融入了枫丹白露式的装饰。

在整个统治时期,路易十四的兴趣都集中于安德烈·勒诺特及其后继者所设计的花园和公园。1662年,国王令路易·勒沃在池塘中央的小岛上修建了一座八角亭:以供君王享用音乐晚餐。勒沃和勒诺特重新设计了国王花园草图,并在其中修建了法兰西式大花圃。他们沿着森林的方向向南扩展了花园，并在那里挖了一个圆形的水池或"水圆环"，水池中央安装了一座台伯河铜像。在花圃的中间，一块巨大的方形水池或"水广场"形成整个构思的中心，南北轴和东西轴的相交处与亨利四世时期的大运河交汇。大花圃和运河之间的落差形成一座称为"瀑布水池"的"水剧场"。1664年，奥利维尔·奥梅松可以同科尔贝谈论"枫丹白露宫的全新美景"。一位建筑总监的书记员写道，"我相信，只有那些把整个枫丹白露都放进脑海，清楚花圃及其裸地的大小，知道水广场的大小和所在之处的不同景观，才能有这样的构思。"确切地说，在这个保持单一性的巨大公园里，园林设计师开辟出小路，并令人挖掘出5个喷泉池（1684—1685年）。

利用巧妙的设计，勒诺特完美地展示了"脑海中的枫丹白露宫"。枫丹白露花园的开放性、对称性及广阔视野，使其成为太阳王的园林设计师最为雄伟的创作之一。

1657 年
鹿廊的瑞典女王

莫纳尔代斯基侯爵被迅速包围。武器被缴的他，身上只穿了一件蹩脚的锁子甲护身，右边肚子上被刺了一下，他正企图用右手避开，三根手指就被切断了。刺客狂怒地确认莫纳尔代斯基"有防备"，又击中他的脸。可怜的家伙跪倒在地，紧接着就趴下来，然后第二个卫兵在他头顶上打了一下，部分头盖骨被敲掉。

侯爵恳求他们割喉直接了结自己性命，但凶手还是先在他的脖子上刺了两三下，然后用窄刀片刺穿了他的喉咙。莫纳尔代斯基临死前还挣扎了一阵，1657 年 11 月 10 日凌晨 3 点 1 刻，雄鹿长廊又恢复了平静。

自从 40 年前路易十三命令暗杀孔奇尼以来，从来没有发生过一起皇室谋杀案。最为轰动的是，这次谋杀的教唆者并非法国王室，而是一位流亡在外遭旧时宠臣冒犯的女王。

克里斯蒂娜，瑞典国王古斯塔夫·阿道夫的女儿，在 30 年战争中继承了其父的王位，并与法国结盟。在她统治了 10 余年之后开始厌恶、放弃权力，游历欧洲并公开发誓弃绝路德主义。1655 年 12 月 20 日，她在罗马第一次从亚历山大七世的手中领圣体。

在"永恒之城"罗马定居以后，情绪飘忽不定的克里斯蒂娜重新踏上北欧之旅并打算横穿法国。奥地利的安娜和马萨林只能好好准备欢迎这位旧时联盟，同时也是一位新的皈依天主教者。他们还考虑要取悦那位瑞典新国王①，因为他希望表妹能够受到与他同等级别的款待。因此，与 1539 年接待游历法国的查理五世相似，他们以对待执政女王的敬意迎接了古斯塔夫·阿道夫的女儿。吉斯公爵也代表国王来到边境接待了这位女王；她于 1656 年 9 月 8 日，即圣母玛利亚的诞生日这天隆重地进入巴黎——这也隐隐暗示着她那根深蒂固的单身情结。

一个星期之后，克里斯蒂娜离开巴黎去了尚蒂伊，马萨林在那里等她，从那里接到宫廷所在的贡比涅。人们看到一个女人的到来，小小个子却迈着男人般的步伐，脸上长有麻子，双眼布满光彩。她戴着一顶男士假发，穿着一件如同男式紧身短上衣的外衣，配一条短裙和男式靴子。克里斯蒂娜和路易十四的第一次会面悄无声息：国王和他的兄弟以私人身份抵达尚蒂伊，马萨林将他们作为"法国最有资格的两位绅士"介绍给这位女王。而这位瑞典女王也巧妙地回答，他们似乎生来就是为了头戴皇冠。第二天便是官方的正式会面。国王、王后和朝臣

---

① 即卡尔十世，克里斯蒂娜姑姑的儿子。

第五章 太阳王在枫丹白露宫

们在贡比涅城堡的三个地方为这位瑞典女王举行盛大的迎接仪式,并在城堡中拉莫特·乌当古元帅的套间里准备了点心。接下来的日子里便是在奥地利安娜的宫殿中举行喜剧、盛宴和聚会。人们发现这位瑞典女王有一种波西米亚人的神情,举止间过于自由,但是其内心深处有一种皇家的傲慢去阻止其他人公开嘲笑她。据莫特维尔夫人所言:"有人说她就像枫丹白露宫,建筑美丽又高贵,但没有对称性!"

这位"瑞典女骑士"令路易很不舒服。路易十四特别珍惜身体,克里斯蒂娜却是位博学者,会说八国语言尤其是法语,就好像是出生在巴黎的人,她熟悉法国宫廷,包括其中的阴谋诡计、轻浮爱情,还漠视神学、哲学和绘画。在听说路易十四对玛丽·曼西尼的迷恋时,她告诉这位国王:"如果我是您,我会娶一个我爱的人",还指出她既不喜欢奥地利的安娜,也不喜欢那位红衣主教。克里斯蒂娜于9月23日离开贡比涅去了意大利。

第二年,瑞典女王又来到法国,但不受欢迎。人们迫使其停留在枫丹白露宫,宫廷此时不在那里。正是在这次被迫停留期间,克里斯蒂娜犯下了一桩大蠢事:她令人杀死了她以前的宠臣,骑士统领吉安·里纳尔多·莫纳尔代斯基侯爵,她控诉莫纳尔代斯基把自己要夺取那不勒斯王国的计划泄露给了西班牙。一些编年史学家则称,曾是克里斯蒂娜情人的莫纳尔代斯基在一封信里嘲讽了他情人的相貌,而此信却落入了女王手中。

这次谋杀并非密不透风。克里斯蒂娜在雄鹿长廊召见莫纳尔代斯基，证实他的不忠，并宣布她要判处其死刑。走出长廊之前，她说道："我对你执行正义之时上帝便会宽恕你。"克里斯蒂娜已派人找来圣三会修道院院长勒贝尔神父在最后时刻来为其告解；她不顾修道会的说情。女王的侍卫队长卢多维科·圣蒂内利伯爵和两名同伙负责执行处决，结果变成了屠杀。"大小姐"叙述说："这个长廊满是鲜血，尽管大家用力洗刷，仍然留有印迹。"

圣三会教士接收了莫纳尔代斯基的尸体，并将其匆忙埋于埃文教堂的地下，奉女王之命所做的弥撒也只是为了让已故灵魂安息。女王克里斯蒂娜对公愤保持冷漠，声明说："这是公正的，正如国王享有生死大权，这同样的权力延伸至其所到之处，如同国王所统领的地方！"

这宗发生在宫室内的罪行引起法国王室极大不满，因为王室一直试图规范贵族的道德品行，他们还总是想到宗教战争和投石党暴乱。奥地利的安娜和马萨林更为震惊，即使在国内骚乱时流血事件也不多。这位枢机主教急忙派遣他的灰衣主教宗戈·翁代德伊去枫丹白露宫劝告克里斯蒂娜否认谋杀并草草把圣蒂内利打发到国外去。回到巴黎，翁代德伊通过他的朋友马克·安东尼奥·孔蒂用意大利语撰文报道了这件事。克里斯蒂娜的举动受到责备，并非因其实质，而是因其形式：在枫丹白

第五章 太阳王在枫丹白露宫

露宫对其朝臣执行处决，是对路易十四的极不尊重。这一报道更多地指责了圣蒂内利的行为，他是和莫纳尔代斯基同样的旧时贵族绅士，本应该向敌人挑起决斗，而不是在其手无寸铁的情况下对之进行攻击。神父勒贝尔被认为过于被动而失宠。他被撤掉修道院院长之职，贬为艾尔米塔什·圣路易隐修院的院长，被遗忘在枫丹白露宫的森林之中。

王后和红衣主教的亲信也表达了他们的不满。朝臣们嘲笑莫纳尔代斯基和他的锁子甲，但是谴责与这位女王不相称的报复行为。莫特维尔夫人写道，"这位公主，只是满足于任性而为，缺乏深思熟虑，她让人们再次看到她非常残酷，她的恶习、缺陷与她的美德相当。"

在巴黎郊区狩猎的路易十四本来应于 11 月 23 日到枫丹白露宫向这位女王致意，可是由于她损害了自己的名誉，路易十四不愿意与她待在一起，便去了维勒鲁瓦城堡就寝。一个月之后，"大小姐"在贵族、年轻侍从、仆从和身穿制服配备战戟的教廷瑞士卫兵簇拥下归来。

在 4 个星期的炼狱净罪时间里，马萨林让克里斯蒂娜来巴黎观看国王在 1658 年嘉年华上表演的芭蕾舞剧。她于 2 月 24 日到达首都。人们把她安顿在卢浮宫的红衣主教套间，这是一种微妙的方式，让她明白，提供给她的款待并不会持久。心情未能平复，这位北方公主在整个嘉年华期间都留在巴黎，参加假面舞会以及观看喜剧。人们还为她准备了男女恋人。她直到四旬斋开始才离开回到罗马，等待她的将是一场被迫接受的30余年的流放。

罗马教廷的接待是冷酷的，莫纳尔代斯基曾是教会国家中一位有才德的人。克里斯蒂娜假装什么事都没有，指定圣蒂内利担任驻日耳曼皇帝列奥波德一世的大使。这位瑞典的"塞米勒米斯①"继续述说她在罗马城的生活。作为文学和艺术的资助者，她支持可能是她情人的红衣主教阿佐利诺的党派，并企图以神学辩论阻碍后继的教皇。她于1689年去世，享年64岁。

在埃文郊区的教堂内，莫纳尔代斯基的墓碑被恭敬地安置于圣水盘旁边。至于圣三会教士，他们在修道院里展出应该属于侯爵的锁子甲和佩剑。这些遗物在19世纪30年代重回枫丹白露宫之前历经枫丹白露宫军事学校、圣西尔军事学校和前身为兵器博物馆的炮兵博物馆等地；它们最后在狄安娜长廊展出，迎合了路易·菲利普时代对于历史记忆的喜好。

1657年的这段血腥情节在浪漫主义题材艺术作品中十分流行，包括被视为女同性恋英雄的女王克里斯蒂娜的性格。勒萨热的一幅以谋杀莫纳尔代斯基为主题的画于1814年的沙龙展出；另外一幅由阿德里安娜·格朗皮埃尔·德伍兹创作的作品出现在1824年的沙龙；第二年，它被查理十世获取并存放在

---

① 公元前8世纪人物，另名为"萨穆·拉玛特"，亚述历史上的一位传奇女王。

第五章　太阳王在枫丹白露宫

枫丹白露宫。在 1827 年的沙龙上，菲利斯·德·福沃因一组名为《克里斯蒂娜拒绝赦免骑士统领莫纳尔代斯基的性命》的陶土雕塑作品获得一枚勋章，司汤达这样称赞："所有这一切都是自然、美丽而又充满炽热的，没有呈现出任何玩笑之意。"贾斯丁·乌夫里耶绘制的第三幅油画于 1840 年的沙龙展出。1853 年，瑞士人赫克特则展览了他的《女王克里斯蒂娜和莫纳尔代斯基》。

1829 年，诗人路易·布罗在法兰西喜剧院上演了一部"五幕历史诗剧"《瑞典女王克里斯蒂娜》。而在 1828 年，受福沃小姐的雕塑影响，大仲马也写了一部名为《克里斯蒂娜》的剧本，阿尔弗雷·德·维尼和维克多·雨果帮助他删减了几百节诗句，1830 年该剧作于奥德翁剧院上演。这部《克里斯蒂娜》写于雨果的《欧那尼》之前，但在其后上演，彻底打破了传统话剧的三一定律。其实，它在三个不同的地点和时代展开：1650 年的斯德哥尔摩、1657 年的枫丹白露宫和 1689 年的罗马。我们可以在《二十年后》中看到米莱狄和布罗·德·贝蒂纳的人物雏形。

1833 年 6 月，一个外国人找埃文市长买莫纳尔代斯基的遗骸。这个市镇极为贫困，市长就接受了这个要求，并稍稍抬起该教区教堂内圣水盘邻近的石板。人们发现地下有几副骸骨，其中一个头颅上带有与勒贝尔神父描述相符的剑痕。就在这时候，枫丹白露宫的检察官出现了，他训斥了埃文市长，人们重新将克里斯蒂娜宠臣的遗体埋入地下。这次事件之后,一块标明莫纳尔代斯基墓地位置的纪念板立了起来。1906年,葬礼板本身也被列入历史性文物。女王克里斯蒂娜和她的罪行最终被写入了枫丹白露宫的历史之中。

1661 年
天 之 子

1661年4月20日，路易十四的四轮马车驶入了白马庭院，从上次王室出游之后，笼罩在枫丹白露宫内的沉睡气氛被一阵热闹的喧嚣划破。太阳王和他的朝臣们来此躲避肆虐首都的传染病。这座城堡再一次发挥了它作为健康隐居城堡的功能，依靠中间巨大的森林隔离污浊的空气。路易在那里停留了近9个月：这可能是法国国王在加蒂奈的住处停留时间最久的一次。

一个半月之前，3月9日，马萨林去世，22岁的路易十四宣布不设首相、"自己统治"的决定。同一天，人们公开宣布王后西班牙的玛丽·泰蕾兹怀孕了。对于这位年轻的君王，他的政治日历和王后怀孕的日历完美匹配。前往枫丹白露宫，让玛丽·泰蕾兹在此分娩，他就避开了巴黎烦躁不安的部长和朝臣们，也更容易处理事务。

这次逗留预计会持续很久：某些喜剧演员就陪同一起前往，特别是玛丽·泰蕾兹最喜欢的一些西班牙喜剧演员。路易十四"为了放松一直忙于国事的紧张精神，以一场狩猎开始这次的旅行"。5月，《公报》向公众宣布国王和王后会继续"这次美好停留所提供的娱乐，主要是狩猎和运河边的散步，与之相伴的音乐会也美妙绝伦"。

宴会一个接着一个。7月23日，大家根据邦瑟拉德的剧本创作了《四季芭蕾》，国王在朝臣和专业演员的陪同下亲自跳芭蕾舞，这其中还有让·巴蒂斯特·吕利。路易十四化装成谷物和春季女神刻瑞斯①。大家还演了莫里哀的《丈夫学堂》和《讨厌鬼》。8月17日，路易十四正是从枫丹白露宫出发，去参加财政大臣富凯在沃堡准备的那场著名宴会。

9月5日，在短暂的南特行程中，国王令人逮捕了富凯。回到枫丹白露宫，他撤销其财政大臣的职务并下令让·巴蒂斯特·科尔贝进入议会。后者是这次小小政变的共犯和巨大受益者，从那时开始确保财政的有效管理。

临近预定的分娩日期，来宫廷的人也在增加。整个法国都望向枫丹白露宫。虔诚和忠诚的表现倍增。人们从巴黎为君王寄去圣物；全国各地的人们祷告40个小时，为保佑王后顺产，也保佑她生一个儿子。富凯被逮捕之后的一个半月，1661年11月1日上午11点53分，玛丽·泰蕾兹诞下一个男孩。分娩持续了6个小时。在她第一次宫缩时，国王去忏悔、领圣体并为母亲和孩子向上天祈求庇佑；接下来又回到王后寝宫，按照习俗，王后的分娩是公开的，在国王、亲王们和重要的领主们

---

① 古罗马宗教信奉的女神，司掌粮食作物的生长。

第五章　太阳王在枫丹白露宫

面前进行。然后，路易十四打开卧房的窗户大喊道："王后诞下一个男孩！"拥挤在椭圆庭院等待的人群高呼着"国王万岁""王后万岁"和"王子殿下万岁"。分娩结束之后，王子被带到隔壁的房间，由太后的首席神甫、雷恩的主教亨利·德·拉莫特·乌当古进行代洗①。

举国上下开始了正式欢庆。人们敲钟鸣炮。犯人被释放，主教和大主教高唱《感恩曲》；人们为新生的王储游行祷告，点燃篝火；人们提供果实和享用不尽的美酒，点亮烟火。一切都在记录民众的拥护和君王的气势。

王太子的出生意味着军事统治上的胜利，和平随之而来，并且预示着一个安宁和公众幸福的时代，一个新的黄金世纪。一位官员称这件大事是"这个国家可能发生的最有利的事情，最符合我们的期望和人民的期望；因为通过这种方式，我们发现比以往更有能力给与人民安宁与宽慰，这也是我们一直以来的主要目标。"国王的弟弟奥尔良公爵菲利普，放弃成为王储。这样，失宠的孔代家族就再次与王位失之交臂。路易十四至高无上的王权也就得到稳固。

几天以后，人们得知，在王太子出生的同一天，西班牙国王腓力四世的独生子腓力·普罗斯珀在马德里去世。王太子因此成为法国和西班牙两国的推定继承人。莫特维尔夫人赞叹

---

① 也作"简礼付洗"，特殊情况下不在教堂进行的洗礼。

道:"世世代代以来,我们很难看到一位王子的诞生伴随着如此多的荣耀,承继着父辈祖先国王的伟大功业和外祖父母皇帝和国王的辉煌地位。"

但是在 11 月 6 日,一位新王子查理·约瑟夫在马德里出生。法国王子的继承权暂缓。同一天,巴黎议会的一个代表团来到枫丹白露宫向国王祝贺王子的出生:"我们得到王子,正如上天的孩子,正如神性大地的后裔,正如我们帝国永存不朽的确定标志,正如幸福民众的可靠保证,远远超出我们所能表达的,陛下,正如第二个路易·迪厄多内。"①

国王决定不再称他的儿子"王太子阁下",而是依照传统的正式接班人称其为"殿下"。当巴黎议会的代表团到达枫丹白露宫时,路易十四告诉议员们,希望他们向自己的孩子致意,并以"殿下"这一称呼向其致敬。议院主席提出反对,推说"宫廷从未称任何人'殿下',他们只侍奉听从一位活着的主子;议会的尊严是国王的尊严;他们有幸代表国王说话,而在某些方面,陛下通过这些代表团发言,正如他在他们的决议中发言一样"。可是国王坚持他的命令,并告诉议院主席应该投己所好而不用考虑结果。"殿下"这一称呼其实暗示,君王的长子作为两个帝国的推定继承人,虽说还不是一位国王,但却大过一位太子。

---

① 路易·迪厄多内即路易十四,全名路易·迪厄多内·波旁。

第五章　太阳王在枫丹白露宫

12月5日,国王和他的朝臣们回到巴黎,"经过长达一年多的游历,在几乎每个地方都有非常高的死亡率,他仍然身强体健"。伴随着太子的出生,马萨林的死已被遗忘,路易十四合法地夺取了权力,富凯的倒台也逐渐隐没。兰斯加冕七年后,1661年11月1日,路易十四进行了第二次加冕典礼。

1664 年
对教皇特使的听审

根据传统的君主制习俗，国王的卧房远远超出睡觉的房间这一概念。它是套房的核心、日常起居礼仪的场所和宫廷生活的中心。枫丹白露宫中的国王卧房现在是拿破仑一世的御座大厅。他的床榻面对两扇朝向狄安娜花园的窗户。分格的天花板是路易十四在位时就有的：装饰有一顶法国王冠、法国国王和纳瓦尔国王的徽章以及其他表明这个空间重要性的君主属性。正是在这个背景下，这位太阳王筹划了他的首次宗教仪式，面向欧洲宣布他取得优先裁决权的抱负：1664 年 7 月 29 日，对教皇特使的道歉进行听审。

两年前，即 1662 年 8 月 20 日，罗马爆发了一场教皇的科西嘉卫队与依附法国大使馆的法国人之间的冲突事件。出现在法尔内塞宫窗户前的大使德·克雷基公爵听到子弹在耳旁嘘嘘作响。有人死了。8 月 29 日，路易十四得知他的大使遭到袭击。他立即召开临时议会传唤了亲王、元帅和部长并命令驻巴黎的教廷大使皮科洛米尼撤离到莫城。几天后，教皇亚历山大七世致函国王表示道歉，但后者并不满意，因为他得知他的大

第五章　太阳王在枫丹白露宫

使认为有必要离开罗马。

路易十四刚驱逐王国的教廷大使，就令人占领阿维尼翁，并在元帅普莱西·普拉兰的指挥下向意大利派遣军队。亚历山大七世被迫与之谈判。1664年2月12日，双方在比萨签署一份和解条约：教皇放逐了他的兄弟马里奥——对这次袭击负责的罗马总督，并派他的侄子红衣主教弗拉维奥·奇吉以附属教皇特使的身份去法国，向国王公开道歉。科西嘉近卫队被解散，教皇被迫在近卫兵营修建一座纪念侮辱和赔礼的黑色大理石金字塔。

派遣一位特使，而且是教皇的侄子，是一个具有重大政治意义和象征意义的罕见举措。这类使臣确实是罗马教皇的一种自我象征，他给予的荣誉与人们见到教皇本人的荣誉类似。弗拉维奥·奇吉5月3日离开罗马，14日在马赛下了船，由一些家人和仆人陪同。他耗时6个星期回到枫丹白露宫，在沿途的每个城市都受到庄重而盛大的迎接与招待。

据一位威尼斯外交官透露，这位教皇特使31岁，是个棕色头发的矮胖男人，留着小胡子，"在肉体的欢愉上不太有节制"。1664年7月3日，他隐匿姓名身份来到枫丹白露宫拜访了路易十四、王后和太后。私人召见之后，他下榻在樊尚城堡，大家详细讨论了此次正式道歉听审的协议内容。

这次听审于7月29日在枫丹白露宫进行。教皇特使于前一天到达城堡。早上，他在国王的小教堂听取弥撒，然后穿上

139

他的红色长袍、红色披肩和带有花边的白色法衣，戴上红色方帽和代表枢机主教头衔的徽章。他身后跟着一群人，身穿镶金饰带的紫色华服。下午3点钟，他爬上美炉翼楼的楼梯，穿过侍卫大厅，再到达听审的国王卧房。路易十四在那里等他，国王"精心打扮"，佩上一把剑和一条价值90万里弗尔的镶钻肩带。

教皇特使首先感谢路易十四"自他进入王国所受到的厚待"，然后宣读比萨条约确定条款的发言稿："陛下，教皇陛下对于此次所发生的不幸事故感到非常悲痛，对于陛下对他的不满无比忧伤。"谈话继续声明奇吉家族在这次谋杀案中的责任。路易十四也回敬一番堂皇的说辞："本王恭听您代表教皇陛下、您自己和您家族对我说的话，并且深信不疑，我对我的大使在罗马遭受侮辱一事的处理完全满意。"国王保证"所有的麻烦都已过去"，他保留对教皇的崇敬并会在未来给予证明。之后他陪同教皇特使一直走到门口，甚至"屈尊迈出了王室卧房一步"。

熬过敏感的时刻，这位教皇特使去了两位王后那里接受礼节性会见。第二天，他和路易十四就一些事务进行了谈话。31日，他们两个去打猎，特使从很远的地方射中了3只兔子和1只山鹑。8月1日，国王在红衣主教面前巡视了他的军队。3日，特使在圣三教堂举行了弥撒，并与国王共进午餐。5日他又做了弥撒，人们注意到跟随他的主教们在其祭礼上偷笑，显

第五章 太阳王在枫丹白露宫

得"既不用心也不庄严"。每天晚上，奇吉出现在舞会或剧院。除了传统的意大利喜剧，他还看了莫里哀的《伊利斯的公主》并支持高乃依创作《奥顿》。莫里哀由于在《伪君子》中抨击那些虔诚者而成为众矢之的，但他声称这部戏呈报给特使鉴定过，并得到特使许可。这位主教不怎么注重教益的名声使得这件事颇为可信。

教皇特使在枫丹白露宫庭审所受的屈辱，后来在8月9日隆重地进入巴黎时得到补偿。离开比克布斯女修道院，红衣主教奇吉紧接着就去了圣·安东尼修道院，在那里他接受行政司法等机构的敬拜：神职人员、市政机关和国家法院。在宣告和听取许多致词之后，人们排着队去圣母院望弥撒。300个弓箭手和小号手在前，王储和其他达官贵人在后，骑在骡子上的教皇特使身着吉服，戴着主教的红色帽子；四名市政长官举着华盖遮着他的头顶。弥撒之后，孔代亲王及其子波旁公爵陪同特使直到马萨林宫。8月12日，这位特使启程离开，在严格规定他的时间范围内返回罗马。

通过纪念章、铜版画、代币和挂毯等形式，教廷在国王的权力面前受到羞辱的这个时刻被永久地记录了下来。最有名的是一块挂毯，是名为《国王的历史》的墙饰中的第七幅挂毯，其纹帘是由夏尔·勒布伦①提供的。1667年至1672年

---

① 17世纪法国首席宫廷画家，也是当时最有权势的艺术家。

间，这幅挂毯在勒费弗尔生产棉织画[①]的作坊编织完成，将国王卧房里听审这一决定性时刻定格：教皇特使为国王朗读冗长的致歉词。勒布伦不考虑房间装饰的确切细节，人们在这个中等大小的房间里能感受到堆积的印象。然而，最终形成的这幅挂毯富有重要的礼仪细节：我们从中看到，这位教皇特使被安排在国王卧床边的小柱子后面，隐蔽地坐着宣读自己的讲话；路易十四坐在扶手椅上，而红衣主教却只能坐在一把单人椅上！

  该挂毯的另一处细节吸引了某些礼仪专家的注意。路易十四戴着饰有羽毛的帽子，而奇吉则戴着红衣主教的普通红色方帽。但是我们也看到特使身后一个站立的人物，是在场者当中唯一的一个，将装有羽毛的头饰戴在头上。这是阿尔古伯爵，他和苏瓦松伯爵一起被委任陪同特使参加庭审。阿尔古伯爵和苏瓦松伯爵两位亲王都是外姓皇族（分别为洛林和萨瓦），居住在法国。有一天，"外族亲王"的劲敌圣西门公爵，看着悬挂在默东城堡上的挂毯仿制品，注意到这个细节。这位未来的编年史作者忿忿不平地重新召集当时所有出席仪式的公爵和贵族们，并从他们那里确定所有的到场者头上都没有戴任何东西。这些公爵于是说服法国礼仪大师圣克托和德格朗热，把挂毯的错误记录在他们的登记册中，并将有关方面的证书交付给

[①] Gobelin，音译"哥白林"。本意是带有油画图案的手工编织挂毯。哥白林的图案一般都起源于名画或宗教艺术品。

第五章　太阳王在枫丹白露宫

他们。这样，勒布伦的挂毯就不能作为支持外族亲王的先例和幌子。

红衣主教奇吉是旧政体结束之前倒数第二位被派往法国的教皇特使。最后一位是红衣主教旺多姆，他于四年后被任命主持王储洗礼仪式。接下来的特使是在大革命之后到达的：正是红衣主教卡普拉拉在1801年同拿破仑·波拿巴达成了政教协定。

1685 年
废除《南特敕令》

枫丹白露宫中为国务秘书修建的官邸现只剩下遗迹。然而正是在此起草了路易十四统治时期最重要而且影响最大的立法文书：1685 年 10 月，废除《南特敕令》的诏书于该城堡签署。

自 1598 年《南特敕令》颁布以来，天主教和"所谓的改革宗教"就在法国共存。太阳王对这种事态不满，决定在他上台后，"逐渐减少"改革，"保留他们在以前的统治时期得到的利益，但也不给他们更多的东西，甚至在正义和礼节可能允许的最窄范围内执行死刑"，其在《回忆录》中写道。

法荷战争结束之后，国王针对新教采取了一系列公开敌对的措施，并试图寻求大规模的改宗。如果财政激励措施不够充分，就会采用胁迫手段，特别是派遣那些战争中参与各种虐待的勇士入住顽抗者家中。这就是所谓的"龙骑兵对新教徒的迫害"，因为在这种行动中经常动用的队伍就是龙骑兵。这一政策似乎赢得了很大的成功，许多人或多或少被迫改宗，它在天主教的舆论中激起如此大的热情，以至于路易十四决定撤销南特敕令，并禁止在法国进行"所谓的宗教改革"。

第五章　太阳王在枫丹白露宫

国际舆论也支持这么做。法国自签订《尼美根条约》以来从未表现得如此强大。1685年10月的枫丹白露宫里，人们在国王面前表演基诺和吕利创作的题为《和平之殿》的芭蕾歌剧：身着传统服饰的仙女和牧羊人在其中颂扬"一位前所未有的贤德国王"。

1685年这项创举的倡议来自法国国务大臣米歇尔·勒泰利埃，他的亲戚克洛德·勒佩勒捷承认，"米歇尔敦促国王以奉献和忏悔为借口废除南特敕令"。80多岁的他感到死神的来临，希望在生命结束之前完成一桩虔诚的立法伟业。9月，一份草案在勒泰利埃、其子兰斯大主教查理·莫里斯和巴黎议会总检察官阿希尔·德·阿尔莱手中传阅。这项草案由勒泰利埃在沙维尔撰写，由卢瓦在枫丹白露宫为路易十四宣读，于9月30日在此拟定。在最后阶段还增加了某些条款。严格意义上的决议似乎是10月8日在枫丹白露宫的特别理事会上确定的。

该法令由国王在枫丹白露签署，可能是在1685年10月17日：以诏书形式签发的文件仅标明了月份，但对于签署的确切日期仍然存在不确定性。该法令的颁布得到大力宣传。10月18日清晨，勒泰利埃在沙维尔用火漆将这些诏书封印好，当天由国务秘书以邮件形式发往外省"以便能在同一天公布于整个法国"。第二天，生命垂危的勒泰利埃公开宣布："既然很高兴封印了废除所谓改革宗教的声明"就死而无憾了。同时，他自己又将敕令的官方副本送给总检察官哈雷，以便能在10月22

日的巴黎议会登记备案。根据计划，拆除收容巴黎新教徒的沙朗东神庙将在敕令备案后的第二天举行。这的确发生在 23 日。

"这次消除所谓改革宗教的行动成为政府宗派权力斗争的关键，"苏尔什写道，"与其相关的事件几乎成为引起群臣骚动的唯一条件，各派别都力图赢得关注和细节。"路易十四的情妇曼特农夫人，帮助科尔贝之子塞涅莱，在这次宗教斗争占了上风。以虔诚信教为借口，这位年轻的大臣动用了巴黎大主教哈雷·德·尚瓦隆、国王的亲信拉谢兹神父以及所谓改革宗教的国务秘书新堡堡主的力量。

与普遍认为的情况相反，反对派的领导人卢瓦更准确地说是处于中立位置。11 月 7 日，他就新教徒一事写信给布夫莱尔侯爵："应当小心不要陷入让他人觉得我们想在法国建立一个宗教裁判所的弊端，最好是利用任何一种温和的手段。"他的方法是通过压制和恩惠吸引精英阶层改宗，或多或少真诚地改宗，但对普通大众要拉拢。

此外，卢瓦身边的人首先发声谴责废除敕令的不幸后果，尤其是沃邦。政府中，明确的保持沉默者为数很少。在枫丹白露宫，似乎只有王太子未置可否。克洛德·勒佩勒捷公开表明"所有人都热切地为此举措而努力"，他还声称听闻国务大臣与卢瓦之间不和。

史学家有时将此事归咎于太阳王身边的人，有时归咎于废除敕令的动因。因此，枫丹白露宫的历史学家德纳古在描写曼

第五章 太阳王在枫丹白露宫

特农夫人的套房时，对国王的忏悔神父拉谢兹和25年后继任他的勒泰利埃神父感到既愤慨又惊诧："正是在这间套房里，路易十四受惑于寡妇斯卡龙的不断暗示，尤其是神甫勒泰利埃的怂恿，从而签署了废除《南特敕令》的诏书。"

事实上，在枫丹白露宫诏书的拟定过程中，勒泰利埃、科尔贝父子、拉谢兹神父和曼特农夫人都没有起决定性作用。路易十四早在25年前就着手准备这一措施。正值其权力和威望的鼎盛时期，他将其付诸行动，此后遭受的内外部打击都没有导致他放弃。因为，路易十四要通过废除《南特敕令》来让人们相信自己是为人民谋求幸福，而且他也值得《和平之殿》中牧羊人和仙女们授予他的赞歌：

> 君王所渴望的荣耀
> 是令人热爱他的帝国。
> 他布施的恩惠传到我们的村落。
> 我们的安宁是他的职责。
> 他自诩如今的日子最美，最好，
> 他示意好处更多
> 布下全新的恩泽。

1696年
勃艮第公爵夫人

泉庭中带扶手的分叉楼梯是为了欣赏仪仗队伍的上下行走而构思；白马庭院的马蹄形台阶则设计得车辆下行特别容易，因为四轮马车可以在两楼梯段之间转动。中间的楼梯平台和台阶便于观看和被人观看。这里是枫丹白露宫的观望台。

1696年11月5日，当萨瓦公主，未来的勃艮第公爵夫人和将来的王后[①]，抵达城堡，现身于法国宫廷时，该楼梯完美地展现了它的功能。晚上五点，路易十四、他的孙子及其未婚妻到达枫丹白露宫，亲王们和所有朝臣都在白马庭院的楼梯上等候这位公主。苏尔什讲述："人们登上庭院气派十足的台阶，这里挤满许许多多各种身份的人，所有长廊的窗户和住所里满是男男女女；甚至看到房顶都有人，这个场面非常壮观。"

为了迎接一位代表未来和平的公主，怎样美都不算过分。自1688年以来，法国与一个庞大的联盟作战，并在欧洲和海

[①] 即路易十五的母亲玛丽·阿德莱德，路易十四的孙媳妇，即下文的玛丽·阿德莱德·德·萨瓦。

第五章　太阳王在枫丹白露宫

外的所有战线上发动战争，但没有能够赢得任何决定性优势。为了打败敌人的联盟，路易十四与其中一方，萨瓦·维克多·阿梅代二世公爵协商议和。通过1696年8月29日的都灵条约，国王向萨瓦公爵归还法国人占领的大部分土地，并让出先前属于皮埃蒙特地区而被黎塞留夺取的皮涅罗尔。

法国同萨瓦之间的和解必须通过王储长子勃艮第公爵同维克多·阿梅代与奥尔良安娜·玛丽的女儿玛丽·阿德莱德·德·萨瓦的婚姻加以巩固。自9月2日以来，国王就公布了未来勃艮第公爵夫人府邸的官员和贵妇名单：荣誉骑士、路易十四和曼特农夫人的宠臣当若侯爵；首席骑士统领、与萨瓦的和平谈判代表泰塞伯爵；女官吕德公爵夫人；负责服饰的马伊伯爵夫人；当若侯爵夫人则是宫室夫人的首领。洛林家族的亲王、布里奥纳伯爵，被派往蓬-德-博瓦森，到萨瓦的边界迎接未来的公爵夫人。他还决定把公主安顿在凡尔赛宫的王后套房里，像已故的王储一样。国王从颈部炭疽病中康复过来，"显得非常高兴，而且经常谈到枫丹白露宫"（当若）。

10月4日，宫廷诸人到达枫丹白露宫。国王从城堡急遣使者送了一封信给公主，告诉她，她将在抵达时获得勃艮第公爵夫人的头衔、等级和荣誉，从而成为法国宫廷第一夫人。从来没有一个年轻女子会被授予一位已婚妇女的荣誉。7年前王太子去世时，国王的弟妹帕拉丁夫人获封这个第一夫人的头衔，此时她欣然让出这个位置。她写信给阿诺夫尔公爵夫人说："再说，这事发生在一年前还是一年后，又有什么关系呢？另外，我从来都不乐意成为第一夫人。"

等待公主的同时，路易十四也迎接了流放的英国皇室家族，并与帕拉丁夫人一同猎狼。10月16日，萨瓦公主到达蓬－德－博瓦森，"不流一滴眼泪地"与其萨瓦家族脱离。在途经法国期间，她被视作勃艮第公爵夫人，只与公爵夫人们行贴面礼，并在公共场合用餐。

1696年11月4日星期天，路易十四、国王大弟和太子殿下前往蒙塔日与萨瓦公主会面，而那些年轻的王子、夫人和公主留在枫丹白露宫。国王及其随从安顿在蒙塔日中将的家中。到了六点钟，公主的马车出现了。国王走到路上，帮助11岁的小公主从车上下来。公主自第一次会面就显得可爱：她想称呼国王"陛下"；路易十四拒绝了，让她称呼"大人"。玛丽·阿德莱德同国王、太子殿下、国王大弟、著名的演奏者朗格莱以及贵妇们交谈，但还没有和她未来的丈夫说话。因为重要的是首先要让路易十四高兴。人们在蒙塔日用晚餐和就寝。路易十四甚至想看公主除去头饰并且为她脱去衣服。晚上，他告诉曼特农夫人这次会面的长久利益，同时也对未来勃艮第公爵夫人的仪表以及他所做出的接待感到满意："直到这一刻，我都做得很棒；我希望我能够维持一定的缓和气氛，而且我会坚持到枫丹白露，这个我渴望重返的地方。"

第五章　太阳王在枫丹白露宫

第二天朝臣们离开蒙塔日。勃艮第公爵登上皇家马车去了内穆尔附近：车里塞满了人，王子只好坐在折叠椅上。一到枫丹白露宫，众人登上楼梯，与众王子和公主们在小教堂高处的前庭再次见面。圣西门说："国王带着好像从他口袋里出来的公主，慢慢地领着她在观礼台待了一会儿，然后去了预先决定留给她的太后大套房，第一夫人和所有宫廷贵妇们都在那里等着她。"

之后，路易十四委托他的弟弟将新勃艮第公爵夫人介绍给那些来套房致敬的重要朝臣。人群太拥挤，曼特农夫人、内穆尔公爵夫人还有拉莫特·乌当古元帅夫人，她们险些像一座纸牌塔一样被挤倒。公主睡在一张奢华的床上，这张床曾是奥地利的安娜在卢浮宫睡过的。作为女官，吕德公爵夫人也睡在公主的房里。

11月6日，会见继续进行。王子公主们、公爵和公爵夫人们亲吻了萨瓦公主，而其他朝臣则被允许亲吻其裙角。下午，国王带着未来的勃艮第公爵夫人、曼特农夫人、吕德公爵夫人和马伊伯爵夫人坐上马车游览：他们观看了运河，还有公园的小径和台伯河的林荫道。

国王决定将玛丽·阿德莱德称为"公主"。她一个人吃饭，并由吕德公爵夫人侍奉在旁，只能会见她的侍从贵妇们和那些得到国王明确许可的人。她还不能操持朝政，勃艮第公爵只能每15天去看她一次，他的兄弟们则是一个月一次。

勃艮第公爵夫人还太小了。她可爱又有才智，可是称不上美女：头发很漂亮，眼睛太大，鼻子窄窄的，额头十分突出，大大的嘴巴"不笑的时候更令人舒服"，牙齿东倒西歪。她还是个孩子，可以有布娃娃，也可以玩捉迷藏：为了让她高兴，王太子、帕拉丁夫人、王子公主们，甚至蓬查特兰国务大臣夫人都开始玩起捉迷藏。"所有人都变回孩子"，路易十四的弟妹大笑道。

11月8日，朝臣们回到凡尔赛宫，按照宣布的安排，公主住进以前的王后套房。圣西门讲述说："国王和曼特农夫人将公主视为他们的布娃娃，公主善于讨好，含蓄细心，让他们无限欣喜，并逐渐篡夺他们的自由，国王的孩子们从来没有人敢这样尝试，她让他们着迷。好像萨瓦夫人十分熟悉我们的朝政，而且她善于教导女儿；但是令人真正震惊的是，萨瓦公主非常懂得利用并且懂得靠什么样的圣宠来做任何事情。同样，她很快就知道哪些甜言蜜语能让曼特农夫人入迷，她从来都只是称其为'我的阿姨'，她对后者的依赖和尊重比她对母亲和王后所能做的更多，那表现出来的亲密和自由令曼特农夫人称心如意，也令国王心花怒放。"在随后的枫丹白露宫出游期间，勃艮第公爵夫人仍然入住应许她成为王后而尊享的套房。

直到1697年12月，当这位公主年满12岁时，婚礼才举行。国王抓住这个机会为深陷萧条的朝政带来活力。这是在奥

第五章　太阳王在枫丹白露宫

格斯堡联盟战争①之后宣布法国活力的一种方式，否认《里斯维克条约》所作的让步。

路易十四和勃艮第公爵夫人在枫丹白露宫分享打猎的共同嗜好。这一时期，国王乘一辆套双马的敞篷马车进行狩猎，车顶篷是折叠皮套，人们称之为"折棚"。给猎狗分食猎物通常在金门前，就在曼特农夫人的窗下，这样她可以偷偷地观看。公主则穿上华丽的红色狩猎套装同行。这份记忆保存在皮埃尔·戈贝尔的一幅绘画中。年满19岁的勃艮第公爵夫人，脚下有一条猎犬，她勇敢地用手指着枫丹白露宫的大运河。1706年，雕塑家柯塞沃克塑造了狄安娜猎神的雕像。玛丽·阿德莱德是枫丹白露宫中的第二个"狄安娜"：她于两年后去世，留下一个两岁的孤儿，即未来的路易十五。

---

① 奥格斯堡联盟战争又称为"大同盟战争"，是一场发生于1688—1697年为反对法国扩张而结盟的荷兰、英国、西班牙等国与法王路易十四之间的对战。

第六章

路易十五①的狩猎

① 原文标题用的"Bien-Aimé",因为路易十五被称为"受爱戴(Bien-Aimé)的路易"。

1724年
路易十五行猎肖像

秋至枫丹白露。在弗朗沙尔峡谷的岩石区里，一只雄鹿被一群吠犬围猎。其后紧跟的一些骑兵身着奢华的法国国王猎装：红色的上衣和短裤，里面是蓝色紧身连衣裤，红色袖口搭配银色饰带，头戴三角帽。在这群驯马师和号手中间，一位猎手因他的白色坐骑而格外出众：这就是路易十五。画家乌德里描绘了这位国王特别喜爱的休闲活动，留作永久纪念。

自 1724 年以来，这位年轻的国王就恢复了出游枫丹白露宫的传统。这一年的 4 月，刚刚 40 岁的他去了朗布依埃担任犬猎队队长的图卢兹伯爵家中。这位伯爵在其城堡里招待了全体犬猎队队员并为路易十五安排了第一次狩鹿。一个月之后国王又来了。夏天，他到尚蒂利住在首相波旁公爵的府邸，每天带着自己或亲王的猎犬群去狩鹿或者打野猪。这项娱乐相当危险：7 月 31 日，年轻的默伦公爵在陪同国王打猎时被鹿角穿透肝脏后身亡。为了感谢首相的盛情款待，国王向画家让·巴蒂斯特·乌德里定制了一幅《猎狐》和一幅《猎狍》，并向德波尔特定制了一幅《打野猪》和一幅《狩鹿》，一年后，它们被用来装饰尚蒂利的守卫大厅。

8月23日，路易十五从马赛出发前往枫丹白露宫。逗留期间，他几乎每天都进行围猎。11月3日，圣·于贝尔（猎人的守护者）日这天，举行了一场大型狩猎，这也是此次出游最为精彩的部分，国王狩猎队、波旁公爵、图卢兹伯爵和其他亲王们聚集于此：包括24位号角手、900条狗和1 000多匹马。国王在枫丹白露宫逗留了三个多月，直到12月2日才返回凡尔赛宫。为了纪念1725年的这一天，路易十五命人刻制了一块勋章，正面是他的头像，反面是被群狗包围的狩猎战利品和模仿奥维德的名言"狄安娜也有营地"①，意味着狩猎这种娱乐类似战争的角逐。

为了这次枫丹白露宫的出游，贝灵恩侯爵，即国王的第一位骑术教官令人做了一辆"贡多拉"，就是专门用于狩猎的敞篷马车：其间有十个座位，车门上饰有乌德里描绘的围猎狼、野猪、雄鹿和狐狸的画作。第一辆贡多拉一送交就有人预定了第二辆，而且也更为宽敞，其装饰仍交付于乌德里。这位深受国王赏识的画家很快就收到了新的订单，尤其是路易十五最喜爱的猎狗画像：1725年的《米斯和特鲁》，还有1726年的猎兔狗《波利多尔》。

回到枫丹白露宫后，1724年12月19日议会的一项决议，

---

① 原文为 Diane aussi a ses camps。

第六章 路易十五的狩猎

以及1725年2月5日国王给议会的一份诏书，拟定了一个大胆的计划——开辟横穿森林的狩猎道路，并交由建筑总管大臣安坦公爵和河流森林管理处的官员们执行。同一年，国王在勃艮第公路和枫丹白露公路相交于方丹乐港的十字路口树立了一个十字架；其底座用的是从美炉宫拆卸的红色圆柱形大理石；而名字则采用"图卢兹的十字勋章"，该路口被称为"图卢兹十字勋章的路口"。从此，这里就被固定为圣·于贝尔日狩猎的聚集地。

图卢兹伯爵的这次盛情款待却是打着他的政治算盘。这位伯爵是路易十四和蒙特斯潘夫人的私生子，得到其父承认，并同兄长曼恩公爵一样，获得了财产、爵位和荣誉。太阳王甚至打算将这些正统的亲王视作那些名副其实的王储对待，并赋予王位继承权。1715年形势出现变化，曼恩公爵极力反对摄政王[①]，而图卢兹伯爵始终保持谨慎。作为法国元帅，他从1715—1723年一直担任海军委员会主席，后来在摄政王恢复与路易十四时期相似的政府模式时，几乎没有什么争议，又接任了海军国务秘书。通过强调和突出法国犬猎队队长的职能，路易十五及其大臣们为图卢兹伯爵在庙堂领域谋取了地位，弥补了他在政治和行政方面下降的影响力。

有些人恭维国王的狩猎成性，如耶稣会的神父图内米尔宣

[①] 即奥尔良公爵菲利普二世（1674—1723年），其父为路易十四的弟弟菲利普一世，他是法国1715—1723年间的摄政王。

枫丹白露宫

称"在年轻王子身上的狩猎爱好是一种英雄美德的征兆";而另一些人则表现出更为谴责的口吻。巴黎法学家巴尔比耶在他的日记中这样写道:

"这位国王只顾打猎。真是可惜,他是一位帅气有为的君主,可如果他的兴趣爱好是打猎,当君主做什么呢?他一点都没觉得不好意思。"(1724年8月)

"这位国王在枫丹白露宫……他每天都去打猎,大家在同一天要追捕雄鹿和野猪……国王睡得很晚;起床根本没有定点,这对议会带来很大的麻烦。"

另一位巴黎的法学家马莱[①]在同一时期写道:"这位国王只谈枫丹白露宫。"

不顾这些传到耳朵里的议论和批评,路易十五依旧秉持着他对狩猎的热情,几乎每天出去打猎。1725年,他在婚礼的第三天安排了一场大型的围猎,新王后出现在套有六匹白马的四轮马车里。人们第一次听到了此后被命名为"王后军乐队"的著名军乐队演奏。之后,国王通常会一个星期猎三次雄鹿和一次野猪。"训练和空气这两样东西对于保持良好的健康状况是绝对必要的",他后来在给孙子帕尔马王子的信中写道。1740年10月,一头野猪冲向国王,弄伤了国王的坐骑,路易十五直到野猪冲到马腿中间才终于杀死它。

[①] 即马修·马莱(Matthieu Marais,1664—1737年),法国法学家和作家。

第六章 路易十五的狩猎

从犬猎队来看，枫丹白露的装饰已经十分豪华了，在路易十五时期又吸收了符合皇家休闲的全新装饰：1737年，国王在这些小套间的饭厅里放置了让·弗朗索瓦·德·特鲁瓦的两幅巨型绘画《狩猎的午餐》和《走投无路的雄鹿》。1733年和1746年期间，乌德里绘制了大量草图用于在哥白林手工工场编织挂毯《路易十五的狩猎》。其中，《弗朗沙尔岩石群中陷入绝境的雄鹿》是最令人赞叹的草图之一，表现了18世纪枫丹白露地区的生活。在路易·菲利普时期，乌德里的这九幅草图中有八幅在枫丹白露宫用作装饰，被置于命名为"狩猎套间"的套间中。

乌德里的其他作品也展现了枫丹白露宫的狩猎：例如1735年绘制的《中圈套的狼》，其风景令人联想到弗朗沙尔的岩石群。乌德里同样受委托绘制皇家动物园里的动物和许多猛兽，甚至为了纪念国王的战利品。1742年的作品是《4月国王捕获的雄鹿的怪鹿角》。1750年，根据路易十五的命令，这位画家前往舒瓦西，在画作中重现去年11月16日国王在枫丹白露森林捕获的雄鹿的头，绘画的题词为："受袭于波默海耶低地，被捕于艾薇沼泽。"

1725年
国王该成婚了

金底灰墁，狭长中殿，还有粉刷的奇特拱顶，介于文艺复兴时期和巴洛克时代的圣三教堂有着"皇家小教堂"的庄严，其模型是查理大帝为其在埃克斯的宫殿所建的小教堂。同旧时造型一样，这个小教堂有两层，这样国王和他的家人可以在廊台上参加弥撒。只有在庆祝教会年历的大型节日，或者特殊场合时，国王才会下来到中殿：比如路易十五1725年9月5日在枫丹白露宫举行的婚礼庆典。

这场婚礼在很多方面都不同寻常。自六个半世纪之前亨利一世和基辅的安妮联姻以来，这是第一次，一位法国国王迎娶一位斯拉夫族的公主。第一次，欧洲最强大君王的未婚妻是一位被废黜国王的女儿。也是第一次，一位法国王后比她的丈夫年长7岁。

路易十五带到圣坛前的公主并非大家所预料的那位。1720年，法国和西班牙之间的一场短暂战争之后，摄政王为年轻的路易十五和腓力五世的女儿玛丽·安娜·维多利亚公主订了婚。两岁的公主在巴黎等待着她的婚礼。人们亲昵地

第六章 路易十五的狩猎

称她为"公主王后",卢浮宫的一个花园也因此被称为"公主花园"。

1723年12月2日,在管理法国八年之后,奥尔良公爵菲利普突然去世。路易十五从法律上而言虽已成年,但年仅13岁,于是他将权力委任给王储中年龄最长的波旁公爵,也就是众所周知的"公爵阁下"。然而有个阴影使得这位公爵内心无法平静:假如这位年轻国王去世了,王位将归属于摄政王儿子奥尔良公爵路易,那么自己的任职就会终止。为了永守此职,波旁公爵想不出比让路易十五生育儿子更好的办法。

1724年10月,波旁公爵、维拉尔元帅、宇克塞勒元帅、国王以前的家庭教师安德烈·赫卡尔·德·弗勒里和一些同党聚集在枫丹白露宫召开了秘密会议。让国王迅速结婚这一想法得到大家赞同。1725年2月,路易十五的身体微感不适,让人更加确信了公爵阁下的不安,有人听到他在凡尔赛宫的眼洞窗大厅里自言自语:"我会怎么样呢?我不会再任职。要想安然度过,必须让国王结婚。"可是这位公主还有很长一段时间才到达适婚年龄,因此首相决定让她于1725年4月先返回西班牙。

波旁公爵和他的情人普利夫人开始分头去寻找一位适婚的天主教公主。他们最终选择了波兰国王斯坦尼斯拉斯·莱什琴斯基的女儿玛丽:这位由选举产生的波兰国王,如今流亡在外,因为他被萨克森选帝侯奥古斯特"强力王"①废黜,和家人住在阿尔萨斯(Alsace)的维桑堡(Wissemboury),生活拮据。法国国王从未和低于自己身份的人结过婚。人们谈论着这次"贱娶"。对于这场婚礼,巴黎法学家巴尔比耶写道,"斯坦尼斯拉斯家族无论从哪个方面都无法与法国国王相匹配,而且他们也不是波兰四大贵族之一。他们只是普通贵族,但对于这位公主是意想不到的好机会。"他还补充道,"我们会看到与一位不再是国王的国王联姻的后果,他曾因选举当权,又因为同一个选举而废止,这于我们而言完全是一个外来的民族"。本来很想让自己的女儿嫁给路易十五的洛林公爵夫人同巴黎的中产阶级反应一样:"我承认,对于拥有纯正法国王室血统的国王,让他"贱娶"一位普通的波兰小姐真令人惊讶"。而奥尔良家族这边却散播消息说玛丽·莱什琴斯卡患有"生理缺陷"。最后,大家似乎都认为新王后将受波旁公爵及其情人的掌控。德普利夫人模仿《妇女学校》给玛丽写了一段诗文:

我们称您为王后,并非宣扬

他或我认为您将步入王室。

---

① 选帝侯,德语 Kurfürst,英语 Elector,是神圣罗马帝国历史上的一种特殊现象,这个词被用于指代那些拥有选举"罗马人的皇帝"权利的诸侯。"强力王",奥古斯特二世,波兰国王(1697—1706 年,1709—1733 年)。在登上波兰王位前,他是神圣罗马帝国的萨克森选帝侯。

第六章　路易十五的狩猎

您会平静地品尝最甜蜜的快乐；
国家事务压根不需您劳心费力。
珍惜那些我们珍惜的人，取决于您，
憎恨那些我们憎恨的人，由您决定。
但是，借由巨大而致命的攻击，
您想抢夺我们国家的权力，
遣返公主就是确凿的证据。
我们轻易就能毁掉另一段婚姻，
而且我们总有最好的理由
让您再次见到您的至亲与顽敌。

3月31日，斯坦尼斯拉斯收到一封特别的书信，请求他把女儿嫁给法国国王。5月27日，路易十五在他起床时刻公开宣布了他的婚礼："诸位，我会和波兰公主结婚。"安坦公爵正式递交了求婚书，奥尔良公爵则返回斯特拉斯堡代兄长迎娶玛丽：结婚典礼于随后的8月15日在斯特拉斯堡大教堂举行。很多朝臣都来围观这位新的主人。其中有荣誉骑士南吉斯侯爵、王室马厩总管泰塞元帅、警卫队队长诺瓦耶以及王后寝宫总管波旁公爵的妹妹克莱蒙小姐。在女儿离开之际，斯坦尼斯拉斯为其灌输了谨慎和服从的训诫："尽一切可能去回应国王所需。你只能想到他，除了感受他的喜怒哀乐别无情感，除了拥有令他愉悦的愿望别无野心，除了服从他之外别无快乐，除了博得其喜爱别无兴趣。"

8月17日，所有驶向枫丹白露宫的车马都行动起来。路易十五于8月21日抵达，并对婚礼的准备工作很感兴趣。此处变得富丽堂皇，令法国宫廷恢复至太阳王时期的排场。然而，未来王后的随行队伍在穿过洛林区和香槟区时行进缓慢。夏日的雨水使道路泥泞不堪，第二辆马车行至普罗万和蒙特罗之间时陷入泥潭，侍从女官们必须要下车步行，这当中有塔拉尔、贝蒂纳和埃佩农几位公爵夫人，还有普利、鲁佩尔蒙德、内勒、马提翁等侯爵夫人们以及埃格蒙伯爵夫人。这些穿着宫廷华服的女人们最终在一辆堆满稻草的拉货马车里完成了旅程。为了纪念这段插曲，安坦公爵委派画家朗克雷以"最怪诞最粗糙"的方式绘制了该场景。

9月4日，车队从蒙特罗抵达莫雷。当地时间凌晨一点，路易十五前来迎接送亲队伍。这次，轮到王后的马车陷入泥泞。为了使其能与未婚夫见面，人们必须将她背出500步之远，并让宫廷夫人们骑上马和骡子。会见的仪式在一个小山谷的底部，地上得铺上稻草，再搭起一个礼台，盖上一块金色呢绒毯，双方在这会见未来的配偶。按照礼节，玛丽爬上这个礼台，单膝跪地向路易十五致敬，国王则将其扶起，拥吻了两下后带她上了马车，并陪伴至莫雷。

第二天9月5日早上9时，未来王后的送亲队伍出现在枫丹白露宫。这一场景令人回想起30年前勃艮第公爵夫人的到来。国王在马蹄形台阶的半高处等候这位波兰公主,并将其领至套间,然而,尽管雨一直下,庭院内却是熙熙攘攘。在她的套间中,玛丽穿上了皇家礼服。从1610年开始,由于法国王后不再受加冕礼,她在婚礼当天会穿一件连衫裙,套一件内衬貂皮的紫色天鹅绒斗篷,上面缀满百合花饰和宝石,这令人想到加冕礼时披的斗篷和顶上刻有百合花饰的镶钻环形皇冠。

当时,在圣三教堂内,负责典礼的大司仪是德勒·布雷泽侯爵,由他安排出席婚礼的亲王和爵爷们。国王和王后于一点一刻走出他们的套间。随行人员由瑞士卫队的卫兵和保镖领头,随后是一些小号手、双簧管手、鼓手和国王的小提琴手以及六个法国军队传令官。接下来就是大司仪、四个国务秘书和圣灵骑士团的骑士们。

大家穿的礼服令人瞠目结舌。国王的内务秘书莫勒帕伯爵身着一件挂有金色流苏的镶金银色呢绒礼服:圣西门所说的来自"卑劣的资产阶级"的大臣,从此完全被高贵的贵族所同化。国王穿着一件绣了金线的金色丝绒礼服,纽扣由钻石制成,带金色穗饰的短披风上用宝石缀着圣灵的十字架。王后的披风如此之长,当她走到祭台前的讲坛时,披风的末端还在小教堂的门口!她被奥尔良公爵和波旁公爵围着。她的披风由奥尔良公爵夫人、孔蒂公主、克莱蒙小姐和沙罗莱家的小姐们和六个侍从捧着。敌对的奥尔良家族和孔代家族也同样出席。

罗昂红衣主教——有恶毒的谣言称其为路易十四的私生子——主持婚礼。他获得批准举行弥撒，劝诫这对新人一番，最后迫切鼓励他们考虑子嗣："为了法国的幸福，为了全世界的安宁与欢庆，我们将很快会看到继承您美德并将其传给光辉后代的王太子的诞生！"随后他为国王呈上签署结婚文书的羽毛笔。枫丹白露宫的神甫出席典礼并将教区登记簿带到城堡，我们可以读到："1725年9月5日，极为高贵、极为杰出、极为强大的法国和纳瓦尔国王路易十五，与非常优秀、非常能干的玛丽公主，也就是极为高贵、极为杰出、极为强大的波兰国王斯坦尼斯拉斯一世与极为高贵、极为杰出、极为强大的波兰王后凯特琳·奥帕林斯卡公主的女儿，在枫丹白露皇家城堡教堂，通过高贵而强大的宫廷大神甫罗昂红衣主教大人之手，接受了婚礼祝福。"证书由国王、王后和亲王们签署，然后人们唱起《感恩颂》。整场仪式持续了四个半小时。

7点，人们在庭院前表演了莫里哀的两部喜剧：《安菲特律翁》和《屈打成医》。10点，人们去用餐。11点半，花园里亮起灯光，还燃放了烟花。接下来，王后在之前曾属于奥地利的玛丽·泰蕾兹、巴伐利亚的玛丽·安娜·维多利亚公主以及勃艮第公爵夫人的婚床上就寝。国王晚些时候与她重聚。

巴黎法学家马修·马莱描述这对新人表现得非常和谐，这在被安排的王室婚姻中几乎很少见。以往沉默而保守的国王变

第六章　路易十五的狩猎

得"欢乐、富有口才和热情",他还说玛丽·莱什琴斯卡可爱迷人而且片刻也闲不住。的确,这位年轻的国王在从晚上10点到早上11点的新婚之夜充分证明了自己的活力。波旁公爵派人向斯坦尼斯拉斯国王送信,说王后从国王那里获得了"七次夜里温柔的证明"。首相补充道:"国王本人一起床就派亲信来找我,我一到他就亲自告诉我此事,他跟我说了几遍对王后表示满意。"维拉尔元帅在自己写的《回忆录》中也证实,"随后的夜晚都大致相同。"

庆典和仪式在接下来的几个星期接踵而来。9月10日被宣布为假日。国家的重要团体都来向新婚夫妻致词。"王后保持着同辈人的态度,优雅、理智而谦虚地回应着所有人。"10月7日,《感恩颂》在桑斯教区的每一座教堂里奏响。庆祝的篝火晚会随处可见。10月17日,斯坦尼斯拉斯国王抵达枫丹白露宫。11月底,路易十五与王后动身去了凡尔赛宫,流亡的波兰王室却前往香波堡,对这位法国国王的岳父而言,它是比维桑堡更为尊贵的宅邸。

1725年9月的这场婚礼不足以保住波旁公爵的职位。首相想利用玛丽·莱什琴斯卡的影响力让路易十五远离令自己不安的身边宠信安德烈·埃居尔·德·弗勒里。该阴谋悲惨地受挫,国王仍对其过去的家庭教师充满信任。1726年6月11日,路易十五将公爵大人流放至尚蒂利。五天以后,曾经的国务部长弗雷里主教被宣布同国务秘书以及财政总监一起参与国王事务。这相当于担任没有首相头衔但行使首相职责的职务。这场宫廷事变最后在枫丹白露宫结束：11月5日，弗勒里在此从他曾经的门徒手中接过了红衣主教的帽子。新任枢机主教将主导法国近20年。

1738—1774 年
加里布埃尔父子的"宏伟计划"

25 年过去了。国王很长时间不再向玛丽·莱什琴斯卡献殷勤了。巨大花园尽头处的墙壁上凿开了一条通道以便路易十五到蓬巴杜夫人的住所去。这座在 1749 年为国王情妇所建的僻静之所无可争议是加布里埃尔最受喜爱的作品之一。这首先是一座方形的休闲楼阁,后来建筑师在其两侧添加了两个围了护栏的低翼。根据阿尔让松侯爵的说法,在这迷人的环境中,路易十五放弃了严格的礼节,有时甚至亲自烹饪晚餐。

对于城堡本身,国王的建筑师们有更大的野心,风景如画的枫丹白露宫内,建筑群却互不协调,几乎未能达到路易十四对于杜伊勒利宫或路易十五和路易十六对于贡比涅宫的建筑标准。1729 年,罗伯特·德·科特——国王首席建筑师朱尔·阿杜安·芒萨尔的接班人建议建造朝南的一幢大楼,将枫丹白露宫的庭院封闭,将国王和王后的套间分置于一个意大利风格的大客厅的两侧。这一方案并未被采纳,但是"修整"外立面的想法开始实施。

直到 18 世纪 30 年代末,这座城堡几乎没什么变化,路易十五开始上了年纪变得刚愎自用，而年迈的红衣主教弗勒里逐渐失去了他的权威。1736年至1738年间，门房庭院里新建了一幢翼楼，与芒萨尔所建的平行。其建筑风格与先前的翼楼一样，纯粹是功用性建筑。1739年和1740年，新任的首席建筑师雅克·维·加布里埃尔在埃罗尼埃这个地方建造新的马厩。同时，皇室套间利用细木构件被改造成现代洛可可式风格的房间，在这做工的细木匠同时也为凡尔赛宫工作。比如著名的雅克·维贝克特，他那些精美的护墙板今天仍保存在城堡之中。

雅克·加布里埃尔与他的儿子兼助理昂热·雅克构想出一个更为大胆的方案——重建城堡。他们提议毁掉尤利西斯长廊的翼楼，而用一个更高的新翼楼代替。位于该翼楼和喷泉庭院之间的建筑也要拆掉，换成一座大角楼。此外，人们计划重建整个白马庭院，甚至朝向池塘和森林的全部建筑。

1738年年底，据宠臣吕内公爵所说，路易十五以"低劣无用"为由同意拆毁尤利西斯长廊的翼楼，作为一个善于奉迎的朝臣，吕内公爵从美食考虑，提出50处住宅中应有20处都配有厨房！加布里埃尔父子计划建造一幢两层高的砖石结构楼房，其中心建一个圆顶的亭。1739年和1740年，人们修建了东侧和中心主体。之后突然爆发的奥地利王位继承战争（1740—1748年）迫使施工为了节约财政而暂停。新翼楼的西侧直到路易十五统治末期才得以修建，而工事在拿破仑时期又被迫停止了。

第六章 路易十五的狩猎

战争结束和平回归之时，就只剩昂热·雅克·加布里埃尔一人重新开始指导工程，其父于1742年去世，之后他成为首席建筑师。1750年和1754年间，为了给新作品"大楼阁"留出空间，火炉阁消失了。巨大的矩形建筑，气势雄伟的屋顶，这座大楼阁是仿照凡尔赛宫的楼在枫丹白露宫建的。其外观借鉴勒沃和阿杜安·芒萨尔设计的太阳王宫殿的花园中心主体：底层有隔墙，二楼带壁柱和多立克式圆柱，顶楼是科林斯式壁柱。但是凡尔赛宫的屋顶隐藏于护栏后面，而在枫丹白露宫，巨大的屋顶冲破大眼洞窗，显得结构累赘。整体给人一种隆起而非高大的印象，加布里埃尔的大楼阁与对面的普里马蒂乔翼楼相比并没有重要的优势。

在这座城堡的内部，路易十五结合了数个世纪的遗产。国王既考虑到尊重瓦卢瓦和波旁前辈们的历史性纪念，又希望能改善其舒适度并使装饰与最新潮流相符合。这场新旧交替的大型施工从1746年才开始：人们保留了旧时的天花板，下面则安置了现代的细木护壁板，其绘画试图与16、17世纪的艺术家们的保持一致；人们在埃唐普公爵夫人的卧室处安装了一个洛可可式的楼梯，但是并不妨碍原有的壁画和灰泥。在其他地方，人们将新旧细木护壁板混合。在女王卧室内，吕内公爵这样指出："在原先古风的地方增加了装饰品，使它们与其余的相匹配；不过这种古风令人无比舒适，几乎没有什么要改进的。壁炉崭新而有模有样，不论是大理石还是壁炉墙上的装饰。"

议会办公室于1751—1753年全面翻新，无可争议地成为这种折衷装饰艺术的杰作。国王的卧室安装了搭配合适的分格天花板。细木护壁板的结构同样效法17世纪的布局。一群极具声望的画家——卡尔勒·梵鲁、让·巴普蒂斯特·皮埃尔和亚历克西斯·佩罗特——用单色的装饰图案表现出美德、科学和艺术的功绩以及季节和自然的寓意。在天花板上，布歇描绘了君主艺术珍贵的主题：用阿波罗驾驭太阳车作为国王统帅国家战车的形象。

1772年和1773年进行了最后一次改造。正面墙被推倒，取而代之的是装了三扇窗户的半圆形大厅，以便为这个朝北的房间增添更多光照。拉格勒内·勒·热纳在路易十五的扶手椅上方天花板的小天窗里安装了一些小精灵，"当陛下主持议会时，小精灵会在他头上形成一顶皇冠"。

30年间，路易十五和加布里埃尔一直梦想着做出更为壮观的改造，一旦实现，枫丹白露宫将成为协和广场建筑风格的宫殿。为了保全这座文艺复兴时期传下来的城堡，就必须平息不时发生的外部冲突以及财政负担逐渐加重的烦恼。

1752 年
卢梭与拉莫之争

美炉翼楼，普里马蒂乔的作品，今天已如同一具空壳，好似一个丢了珍珠的首饰盒。然而它在 18 世纪却是枫丹白露地区的娱乐中心，它的二层有一个洛可可式装饰风格的剧场，建于 1724 年和 1725 年。由于鉴赏家们的公愤，以亨利四世命名的美炉被拆除；修道院院长吉尔贝为此感到惋惜："一个值得喜爱或者至少值得保留的低贱剧院中的轻盈美女，遇到无知和愚昧的寻常阻碍，被说成是致命的艺术，造成不可避免的毁灭。"

乐队席的舞台面积很小，让大厅能够接待更多的观众。音响效果不佳，能见范围因为房间的形状而减小。国王包厢正对舞台，距离 20 米。此外，有国王在场时，礼节上禁止鼓掌——这一惯例直到玛丽·安托瓦内特时期才被废除。尽管各个时期命令不同造成难度，枫丹白露宫在整个世纪都是首要规划的作品。秋季出游是巴黎音乐剧和戏剧季的前奏。

在路易十五执政的前 10 年，人们仍然沿用路易十四时期制定的音乐曲式。尤其是让·巴蒂斯特·吕利。紧接着吕利之后的一代音乐家还是十分活跃，比如安德烈·康普拉、玛丽·莱什琴斯卡的羽管键琴老师弗朗索瓦·库伯兰，还有国王乐队总管安德烈·德图什。大家秉持的是受法国和意大利风格综合影响的"合并风格"。可是这些艺术家很快就被一位新人掩住锋芒：让·菲利普·拉莫。1683年出生于第戎的拉莫，最初从事的职业是羽管键琴作曲、教堂音乐谱曲和音乐理论研究。直到1733年，受拉辛的歌剧《菲德拉》的影响，他创作了抒情悲剧《希波吕托斯与阿里西埃》，其大胆的创作令吕利的捍卫者们感到担忧。两年之后，即1735年，他发表了一部歌舞剧《殷勤的印第安人》，取得了新的成功。1737年的作品是《卡斯托与波尔克斯》，但此剧直到1785年才上演。作为宫廷的御用作曲家，拉莫在1740—1750年创作了许多作品，其中30多部歌剧获得成功。1748年8月27日，他的"独幕芭蕾舞剧"《皮格马利翁》在枫丹白露宫首次上演。这位勃艮第人因此享有了国家级声誉。他就是"伟大的拉莫""法国的光荣"。

可是，到了18世纪中叶，拉莫的优势却遭到质疑。1752年8月1日，"意大利喜歌剧团"在巴黎上演了佩尔戈莱西的《女仆情人》。公众们犹豫不决，不知该拥护法国音乐，还是支持意大利音乐。

这场"喜歌剧论战"具有政治含义：凡尔赛宫拥护法国音乐，而哲学家们则支持意大利音乐，因为后者指责法国音乐是

第六章　路易十五的狩猎

宫廷训练，非常不自然。而《女仆情人》是依照她们日常生活的一种写照：第一幕其实呈现了一个有钱人在早上徒劳地摇铃铛让人端上巧克力！

1752年春天，让·雅克·卢梭在夏乐高地附近的帕西温泉疗养，住在一个名叫穆萨德的日内瓦朋友家，这位朋友是个大提琴手，并痴迷于意大利音乐。有一天晚上谈论喜歌剧之后，卢梭失眠了，根据他在《忏悔录》中所言，"非常匆忙地做了几节诗句，并配上曲调，正式创作时又重新处理"。初次尝试就受到了周围人的称赞，这位作家便开始编写剧本并谱曲。回到巴黎后，卢梭完成了这部作品。情节非常简要：在一个虚构的乡村里，牧羊女科莱特认为她的情人柯林对她不忠，便去向村里的占卜师请教。这位占卜师告诉她，柯林是受到了赠予他礼物的小镇女人的诱惑。为了帮助科莱特，占卜者试图说服柯林，科莱特跟随了一位"城里的先生"。但是柯林拒绝相信，两位情人又言归于好。

杜克洛这位法兰西学院的终身秘书，以匿名的方式让人在歌剧院上演了卢梭的"插剧"。卢梭肯定地说："所有听到的人都着了谜，从第二天开始，各个阶层的人都不再谈论其他事情。"王室文艺总管①库里大人出席了排练。他决定让人在枫丹白露宫上演卢梭的剧作，以纪念路易十五的女儿帕尔马公爵夫

---

① 即当时负责宫廷文艺庆典活动的总管。"Menus-plaisirs"字面意思为"小娱乐"。

人对法国的访问。

于是，卢梭去枫丹白露宫参加了最后一次排练，并观看了在国王和朝臣面前进行的正式表演。乐队由剧团乐手和国王乐队组成。著名歌手叶利奥特扮演柯林，玛丽·费尔扮演科莱特，屈维利耶扮演占卜师。1752年10月18日的首演上，卢梭激动地出现在"同样不修边幅（对他来说习以为常）的全体演职员中间：浓密的络腮胡子和蓬乱的假发"。他认为演员的表演拙劣，可是歌唱和音乐都表现出色。这位作家在《忏悔录》中叙述："人们不在国王面前鼓掌：这使我们能听到一切；整部剧以乐曲和编剧取胜。我听到周围那些天使般美丽的女人窃窃私语，她们压低嗓音相互谈论着：——这太迷人了，太令人陶醉了！没有一个声音不是从心底发出。——十分高兴能让如此多可爱的人们激动起来，你们让我自己也感动泪流，在第一个二重唱上我就没能忍住，同时我注意到并非我一个人在哭泣。"插剧演出过后，紧接着就是从拉莫的歌剧和多韦涅的哑剧中摘选的咏叹调小提琴曲组成的"娱乐节目"。

第二天，卢梭本应由国王的首席内侍奥蒙公爵引荐给路易十五。大家预计他能获得终身年金。卢梭说："人们是不是觉得，在如此美好的白天过后的夜晚，对我来说将是一个焦虑而困惑的夜晚？我在国王面前自我想象……我这该死的胆怯，在最不出名的人面前也会让我不安，我应该在法国国王面前放松自己！……我希望，保留我严肃的神情和语调，对这位伟大君

第六章　路易十五的狩猎

主给予我的荣誉表示感动。应该在完美而有价值的称颂中说些伟大而有用的真理。为了准备一个令人愉快的回答，我应该预备一些他恰好会问的问题……我是否会在慌乱中说出一些惯常的蠢话呢？这种危险让我担心，让我害怕，让我在做决定的一刻颤抖，无论如何，不要让我遭受这样的危险。真的，在某种意义上我失去了要给我的赏赐；但是我也避开了它强加于我的桎梏。再见了，真理、自由和勇气。从今以后还怎么敢谈论独立、谈论无私？得到这笔赏赐时，只需要阿谀奉承或是噤若寒蝉：还有谁会向我保证得到这报偿？什么事不该做，什么人可以恳求？"

第二天早上，以身体抱恙为由，卢梭没有接受引见就离开了枫丹白露宫。他回到巴黎后，收到叶利奥特的一张便条，告知他《占卜师》的持续成功："您错了，先生，在胜利的中途离去。您本该在这个国家享有远远超出人们所认识到的巨大成功。整个宫廷都对您的作品十分满意；国王，正如您所了解的那样，他不喜欢音乐，却用他那全国最走调的声音整日唱着你的咏叹调，他要求本周再次演出。"路易十五将要哼唱插剧中最为有名的那首曲子："我失去了我的仆人／我丢尽了我的幸福！"

22日，卢梭在里昂告诉他的朋友勒尼耶："人们目前在宫廷上演我在你离开时完成的那部小歌剧。它的成功不可思议，连我自己都感到震惊。首演时我就在枫丹白露宫。第二天有人想把我引见给国王，我却回来抄谱子了。我太喜欢默默无名，让我找到一条出路，即使我失去了对我有必要的软弱。"狄德罗立即责备了卢梭的行为，卢梭说："他告诉我，假如我对自己的利益漠不关心，他就不让我去关心勒瓦索夫人和她女儿（卢梭的妻子）的利益，我不应该放弃任何可能的手段，公正地让她们填饱肚子。"

卢梭的孤僻并没有阻碍《占卜师》的巨大成功。由于词曲都是同一作者，旋律的简单、文本与音乐之间的完美配合使得作品非常受欢迎。12月，有人在《法兰西信使》中读到："这部作品获得出色而圆满的成功。卢梭先生作为一名诗人，在舞台上展示两个乡村青年情侣之间的和解，并没有仅仅依附他们的语法，他讲他们的语言；而作为一名音乐家，他尝试了一种新颖的、简单的和朴素的音乐，并且贴合他的主题。艺术界的人们特别注意到他发现了在成熟的伴奏中传达风格和乐趣的秘密。费尔小姐和叶利奥特先生的完美表演也让人赞不绝口。"

1753年3月1日，这部插剧在皇家音乐学院上演。喜歌剧论战的双方相互对立。在剧场正厅，年轻人穿上了棉帽，以取笑卢梭歌剧中所谓的村民性格。然而4月的《法兰西信使》表示"许多人觉得这部插剧里的歌声十分悦耳，有识之士还指出该音乐具有一种罕见的微妙、真实而质朴的表现力"。1753年9月，朱斯蒂娜·法瓦尔和阿尔尼·德·盖维尔模仿《乡村占卜师》创作了《巴斯蒂安与巴斯蒂安娜的爱情》，其中的人物使用方言。这一翻版歌剧为后来莫扎特在1768年的改编剧本《巴斯蒂安与巴斯蒂安娜》①带来灵感。随后的几年，该剧的一些翻版或者改版在巴黎、伦敦、莫斯科、圣多明戈上演，甚至于1790年在蒙特利尔上演。

直到法国大革命爆发以前，巴黎和宫廷都接连不断一再上演此剧。最有名的一场是在1753年3月的贝尔维，蓬巴杜夫人反串了柯林。这位国王的情妇因此给卢梭寄去50金路易。1759年，《法兰西信使》宣告"插剧《乡村占卜师》作为法国田园曲的典范，比我们在同一剧场上所见到的一切更为真实，比我们在意大利剧院和喜歌剧院上演的一切更为高贵"。《占卜师》于1762年10月在枫丹白露宫的王后音乐会上再次上演，卢梭的名声却因此变臭。玛丽·莱什琴斯卡在听完这个版本的音乐会之后，对王室文艺总管帕皮永·德·拉费尔泰坦言："她对让·雅克·卢梭很生气，或者他从来就不该创作此剧！"

在此期间，那些旋律至上的意大利音乐拥护者与崇尚和声的法国音乐捍卫者之间相继刊印了许多小册子互相攻击。在让·雅克·卢梭1753年写的《论法国音乐的信》中，他宣布"法国音乐中既没有节拍也没有旋律，因为这种语言不容易受到影响；法国的歌唱只是一种持续不断的叫嚷，任何没有成见的人听起来都不堪忍受；这种和声，没有表现力，感觉充斥着

---

① 又名《可爱的牧羊女》。

初学者的技法；法国的咏叹调根本不是咏叹调；法国的宣叙调也根本不是宣叙调。据此我作出结论，法国人根本没有音乐，也不可能有；或者万一有，也会令他们觉得糟糕"。在多个小册子中，拉莫严厉地回击了他。1753年，拉莫的田园剧《达芙妮与埃格莱》和芭蕾剧《西巴里斯人》反而在枫丹白露宫演出；另一部芭蕾剧《奥西里斯的诞生》写于贝里公爵（即未来的路易十六）出生之际，第二年也同样获得殊荣在枫丹白露宫演出。但是这位认为卢梭对过去音乐的看法不公正的年迈大师在这场论战中并不占优势。历时两个世纪，这位创作《殷勤的印第安人》的天才剧作家才最终压倒了写《乡村占卜师》那位比音乐家更胜一筹的散文家。

1765年
王太子之死

作为古老的中世纪城堡的标志，椭圆庭院是枫丹白露宫的中心，最负盛名的皇家宅院所在地。这是波旁王朝第一任国王的希望，未来的路易十三诞生和洗礼之地以及路易十四的大太子出生的地方。命运的残酷讽刺是，它同样充当了一个预示着君主制衰弱的死亡背景：路易十五的唯一男性合法子嗣路易太子在成年时过世。

18世纪60年代期间，这位王太子与其父显现出生动的对比。当路易十五被情妇包围不再亲近圣事之时，他的儿子却同其妻子紧密生活在一起并显得极端虔诚。当国王沉迷于狩猎和一种奇妙的身体状态时，王太子却对身体锻炼十分反感，他更喜欢阅读和音乐，已有发福的迹象。然而，他对军事方面很感兴趣。虽然他与军队无甚关联，他亲自指挥龙骑士兵团，并任上校，他甚至会穿上制服。在法国，之前没有一个王储会穿上与家仆或侍从制服相关的服装。最终，这位王太子同他的母亲和姐姐一起，组成了一个"虔诚会"，令路易十五不满。

1765年夏天，王太子带领他的军团去了贡比涅的训练营地。有人注意到他消瘦而脸色苍白。演习期间他得了重感冒。8月25日，开始咳血：王太子患上了肺结核。眼看自己的儿子痛苦，路易十五提议恢复秋天到枫丹白露宫出游的传统。王太子对此表示反对，他喜爱贡比涅这座带给他许多回忆的城堡。太子妃同他的想法一样，并写道，"我爱这荒野之地；有人说我品味低劣，这倒有可能，我不会为此争辩，但是它令我欢喜：我最爱贡比涅这片带有岩石和枝叶繁茂的森林，与其说森林，不如说公园里的空气。这里的城堡丑陋不假，可我喜欢那些老古董。我想到曾住在那里的圣路易、弗朗索瓦一世和我敬爱的亨利四世。我想我在那里看到了他们，我迷上了我的阁楼。在世界之中，我独守小小的宫殿；最终，我发现了它的可爱迷人"。

10月5日，宫廷诸人抵达枫丹白露宫。王太子看上去好了一些。王妃在抵达的第二天写道，"他撑过了这次出游，令我颇为吃惊，因为星期四从凡尔赛到舒瓦西已经让他筋疲力尽，星期五仍十分虚弱，昨天却体力惊人，自到达这里感觉良好，但很快他又不断咳嗽"。两天之后，常规的一系列戏剧和音乐表演开始了。10月16日，王太子告诉他的外祖父斯塔尼斯拉斯国王自己的健康状况，以令其安心："王后希望我自己告诉您我的健康状况，对此您一定很想知道。身体恢复了很多，尽管还是继续咳嗽，可是已经有所缓解，体力开始增强，几乎从我来这里起睡眠就很好，虽然偶尔会被打断。母驴奶令我身体

第六章 路易十五的狩猎

强健,甚至把我养肥了。我非常希望您可以自己来判断,我知道只有亲口温情地告诉您让您安心才最让人满足,陛下,恭敬万分的外孙。"

这种好转只是暂时的,10月22日,王太子不得不再次卧床。宫廷日程依旧照常进行。路易十五对狩猎依旧迷恋不已,晚餐非常热闹,戏剧不间断地上演着。国王的首席侍从官黎塞留元帅,制作了一个节目单,其中有拉瓦利埃公爵的芭蕾舞剧《帕尔米尔》《于热莱仙女》和《埃格莱》。人们欣赏着《帕尔米尔》中的月宫和《于热莱仙女》中"达戈贝尔特国王时代"的服饰。王室文艺总管帕皮永·德·拉费尔泰注意到,"所有人都疲惫不堪。由于王太子重病的不幸境遇,这些组织者有理由无心工作,我们期望看到演出的结束。"

王太子占用了位于椭圆庭院底层的套间。太子妃住在上一层,每天早上都下楼来到丈夫的房间充当看护。她中午离开,因为这一疾病并未打断礼节仪式:王太子,同国王一样,有一个"起床觐见时间",现任首席内侍相继过来,接着是其他的贴身仆从和礼服大总管;然后是王储们以及王太子的侍从;还有议会官员;最后是大批的朝臣。这样的接见匆匆了事,病人就在房间里听弥撒。弥撒之后,王太子同其侍从随意交谈。两点钟,太子妃重新露面并看护直至夜晚。国王、王后以及其他王室成员会定期来打听消息。

小王子们也被带到他们的父亲身边。因为未来的路易十六没有听从他的家庭教师学习，王太子就宣布禁止他去圣·于贝尔狩猎场。路易十五高兴地意识到孙子对狩猎充满热情，于是为他说情："当你阻止孩子们来我的狩猎场时，我本人同他们一样被你处以惩罚。"王太子满怀敬意地回答："您知道为了减少您的痛苦我要遭受多少惩罚；我只考虑我对孩子所做的事给予他们的好处：而且，我的规定总是服从您的。"

演出一直持续到 11 月 9 日，这是他们结束的日期。王室只是在 11 月 2 日缺席了，这一天王太子似乎非常糟糕。三位医生照看着王太子的健康：路易十五的首席医生塞纳克、王后的首席医生拉索纳以及王太子的首席医生拉布勒耶。11 月 12 日，王太子呼吸困难。于是，拉布赫耶宣布他的生命垂危，并通报给王室。从第一关系人开始，每个人都尽力保持良好的举止。当时，太子叫人请来他的亲信科莱神父。神父一出来，王太子就告诉太子妃："我打算星期日做我的祈祷，可是科莱神父非常坦率地告诉我应当领临终圣餐。"对儿子的健康不抱希望，路易十五吩咐找到圣·热纳维耶芙的神龛，将其展现在巴黎人的眼前并接受祷告。为了保住王太子，整个法国都在教堂里公开祷告。

第二天，王太子请求临终圣事，并亲自安排以他所要求的严肃态度对他进行处置。那天早上做完弥撒出来，法国大神甫，红衣主教拉罗什·艾蒙，捧着圣体和圣油来到王太子的房间：太子躺在由奥蒙公爵、弗勒里公爵、阿延公爵和坦

第六章 路易十五的狩猎

格里亲王所扛的华盖床上。内宫的年轻侍从们拿着点燃的火炬走在他的前面;其后,国王、王后、王室成员、亲王、大使以及全部朝臣都手持大蜡烛。一行人走出圣三教堂,穿过白马庭院、喷泉庭院和椭圆庭院,来到王太子的套间。人群如此拥挤,甚至连路易十五都无法进入他儿子的房间,全被教士们占满了。

在进行临终涂油礼时,拉罗什·艾蒙过于激动,忘了在太子胸部敷上圣油,是王太子本人指出了这一疏忽。然后这位大神甫向亲王展示领圣体,而奥尔良公爵和孔代亲王两位王储则在大神甫的帮助下捧着领圣体的桌布。结束为病人的祝福,红衣主教便由全部在场者陪同着将圣体放回小教堂。仪式完毕,太子妃回到丈夫身旁,听见他说:"我很高兴;我从来没有想过可以无所畏惧地接受临终圣事,并给与如此之多的慰藉;您无法想象!"他还对国王说:"您的怜悯在此刻是唯一令我痛苦的;我对您总是无用的,您将责任留给我的孩子们。"对于玛丽·莱什琴斯卡提到的康复:"啊!妈妈,我求您,为您保有这份希望;因为对我而言,我一点儿都不想痊愈。"

太子体内的一个脓肿被刺破,感觉好了些。在枫丹白露宫的人们原以为这能维持整个冬天。为了排解苦恼,路易十五令天文学家卡西尼·德·图里从巴黎赶来与他召开科学会议。王太子恢复了接见礼节。可是12月初,病情恶化,疼痛变得难以容忍。王太子召回贝里公爵和普罗旺斯伯爵①，伸出他那消瘦的两臂说："看啊，我的孩子们，这是一个伟大的王子；唯有上帝是不朽的，而那些被称为世界之主的人与其他人一样，都会患上疾病并死亡。"

12月16日，他问拉布勒耶他可不可以庆祝圣诞节。这位医生表示："我什么都不能回答。"这位王子即刻要求忏悔并做最后一次领圣体。17日和18日，他呼吸困难。在巴黎，人们涌入教堂为他祈求康复。知道其死亡将至，王室官员们开始在他们的马车里塞满宫廷的家当，这位王太子从他的床上就能看到椭圆庭院的纷扰骚乱……

当大家知道最后一天到来，他们就把太子妃从她丈夫的套间里送了回去，开始念诵临终祷告。同他的高祖父路易十四一样，王太子让他的官员和侍从们进入房间，感谢他们的服务并向他们告别。最终，他将照顾孩子们的任务托付给拉沃吉翁公爵。1765年12月20日早上6点左右，王太子在22个小时的垂危之后去世，享年36岁。在其最后时刻陪伴他的红衣主教吕内向太子妃宣布了这个消息。路易十五马上牵着年轻贝里公爵的手回去探望他的儿媳。众人宣告："国王和太子殿下驾到。"

早些时候，路易十五召唤了身边的蒂雷纳亲王、黎塞留公

---

① 贝里公爵即后来的查理十世——查理·菲利普。普罗旺斯伯爵即后来的路易十六。

第六章 路易十五的狩猎

爵和弗龙萨克公爵,并在他们面前打开了记录他儿子病情的密封信函。太子要求被埋葬在桑斯大教堂的祭坛内,把他的心脏单独放到圣丹尼大教堂,"让我在所有珍贵的宝物中安息"。他恳请国王付清某些欠款,将妻子和官员托付于国王,最后说:"敬请我亲爱的父亲,我深深地恳求您处理以上事项。相信从未有人比您的儿子更加粘人。"宫廷里有一项礼节,禁止居住在死人曾经生活过的房间里,于是国王在当天下午两点离开枫丹白露宫,前往凡尔赛宫。

王太子的侍从们为了给他们的主人提供最后的服务而居住在城堡里。他们为他做最后一次梳洗,为他穿衣,并把他放在床上,在床前面摆上一张祭器桌,上面放着一个大蜡烛包围的十字架。公众在死者的房间内行进。第二天,尸体剖检显示了已故者病情恶化在其肺部的位置。他的心脏放在一个骨灰盒里,他的身体放在一个铅制棺材里。整个城堡都笼罩在阴郁之中。棺材被置于王太子套间中贵族厅内的三级祭坛上,蒙着黑纱。从12月23—28日,这个房间里竖起两座做弥撒的祭坛,民众们前来泼洒圣水。由红衣主教拉罗什·艾蒙带领的车队28日离开前往桑斯。这类仪式的惯常盛况受人尊重,有个例外是丧葬车比平常低,因为它必须从莫雷城的大门下通过。

在给舒瓦瑟尔公爵的信中,克罗伊公爵写道:"国王本人受到越来越多的公开挑战,王太子的过世在王国内弥漫着沮丧的情绪。面对那些共和派的乌合之众,路易十五只有从新推定的继承人年轻的贝里公爵那得到些许安慰。""国王独自一人时会哭,但在公开场合装作很冷静。"回到凡尔赛宫,路易十五立下遗嘱。经历了儿子的过世,他承认,面对思想的转变无能为力:

> 假如我做错了,不是因为缺乏意愿,而是缺乏人才,尤其是没有我想要的协助,特别是在宗教事务方面。

终结统治是悲伤的。民众的批评除了针对君主之外,还集中在政权本身。

第七章

从生存的痛苦到
理性崇拜

1770 年
玛丽王后在枫丹白露宫

1770 年 5 月 7 日,奥地利的玛丽·安托瓦内特公主来到法国,她是日耳曼皇帝弗朗索瓦·洛林和皇后玛丽娅·特蕾莎[①]的女儿。她被许配给了路易家族当时的王储路易十六,他是路易十五的长孙,其父亲(前任王储)早在五年前于枫丹白露去世。这场由舒瓦瑟尔公爵撮合的联姻被称为"逆转的结合",使得波旁王朝与哈布斯堡王朝和解。

1770 年 4 月 19 日,代理婚礼在维也纳举行,后于 5 月 16 日在凡尔赛宫举行了庄严的祈福仪式。10 月 8 日,这位太子妃首次来到枫丹白露宫。随行人员都还未到达,她独自一人在公园和城堡周围走了近三个钟头,那时她的下榻之地为两年前去世的玛丽·莱什琴斯卡的寝宫。11 月 2 日,玛丽·安托瓦内特公主庆祝她的 15 岁生日。她深受法国宫廷的喜爱:年轻貌美、肤色动人、又具有皇家风范。可那些公主身边密切关注她的一些观察者仍旧认为玛丽公主年幼轻浮,教养不够;再反观笨拙

[①] 又译为"玛丽·特蕾西亚"(1717—1780 年),她是哈布斯堡王朝末代君主,也是哈布斯堡王朝历史上唯一一位女性统治者。

难看、不讨人喜欢，但受过良好教育的路易十六，两人着实不大般配。于是这位太子妃整日骑驴游赏，而太子则狩猎为乐。只有在下雨的时候两人才能在屋中聊上几句。在那逗留的期间，他们通常打猎，阅兵，举行音乐会以及观看戏剧和歌剧表演。为了让这位太子妃尽兴消遣，1770 年可谓是灿烂而奢侈的一年。

然而人们还是开始担心这段并不圆满的婚姻。虽然有些冒失，玛丽·安托瓦内特对路易十五的几个单身公主们倒是坦诚相待。路易十五曾问过孙儿为何他们的婚姻如此冷淡，路易十六回答"仍需时间消除羞涩"。或许正是由于他们不圆满的婚姻，玛丽·安托瓦内特迅速压过丈夫占据了上风；她经常埋怨路易十六因为狩猎而回家太晚。1770 年 11 月 6 日他们相约剧院，但路易十六一如往常姗姗来迟，他略带尴尬神色，对妻子说：

"您也看到了，我回来得正是时候。"

"是呀，时机掐得正好。"玛丽·安托瓦内特生硬地回复，接着便整晚没有给路易十六什么好脸色。

那个时代太子妃都不被允许坐上马背，因为骑马被认为不利于怀孕。但是自从 10 月 30 日起，玛丽·安托瓦内特便成功破了先例。她穿上男装骑上马出去散心，但不是去打猎。直到她回到凡尔赛后才开始练习骑马。

太子妃还面临她的第一次宫廷阴谋：路易十五的情妇

第七章 从生存的痛苦到理性崇拜

杜·巴利伯爵夫人向国王耳边吹风,下令放逐格拉蒙伯爵夫人,她是舒瓦瑟尔格拉蒙公爵夫人的小姑子,所以两人是一派的。玛丽·安托瓦内特与格拉蒙伯爵夫人有主仆之谊,于是这位太子妃几次三番向路易十五为格拉蒙伯爵夫人求情,请求以健康原因允许伯爵夫人留在巴黎。在她第二次求情时,国王表现出不悦:

"女士,我确信已经清楚地告诉过你,当时机成熟我会给出一个答复。"

"可是父皇,"她回答道,"先不谈人道和正义,请您想想我是多么痛苦,眼睁睁看着原来在我身边服侍的人因为失宠而死去。"

10月23日,格拉蒙伯爵夫人获准返回巴黎;转日,路易十五对玛丽·安托瓦内特说:"女士,我是遵照你的意思。"

11月16日晚上,玛丽·安托瓦内特在家中举办聚会,杜·巴利伯爵夫人也受邀前来:这是玛丽·安托瓦内特遵照母亲的指示,试图取悦国王的迹象。

1771年5月,王室回到枫丹白露,短暂停留了三天,旨在迎接萨伏依公国的玛丽·约瑟芬·路易丝公主,她是撒丁岛国王的女儿,与普罗旺斯伯爵已定姻亲。这位新来的公主相貌丑恶,汗毛很重,带着浓浓的西班牙风情,与玛丽·安托瓦内特形成鲜明对比。如同以往,真正的旅程从秋天开始:自前年以来,宫廷的情势就发生了很大转变,促成这段与奥地利联姻的舒瓦瑟尔在去年冬天失去荣宠，国王内阁自那以后进入"三人政治"，即朝政为艾吉永公爵、掌玺大臣莫普和财政大臣泰雷修道院长所掌控，他们都是杜·巴利夫人的拥护者。11月9日，剧院上演根据马蒙泰尔作品改编的舞剧《泽米尔和阿佐尔》，还有格雷特里的歌剧。善于奉迎的作曲家将此作品献给当时风光无限的国王宠妃杜·巴利夫人。

受玛丽·特蕾莎皇后和梅西·阿让托大使的劝诫，玛丽·安托瓦内特表现出些许与杜·巴利夫人的同党和解的迹象。1772年1月1日，在回到凡尔赛宫的途中，她对杜·巴利夫人说："今天凡尔赛宫的人可真多啊。"可谓是一语双关的妙用！后来王太子与玛丽·安托瓦内特的关系缓和许多，两人的婚姻依旧不愠不火。"我一直深信不疑，"玛丽·安托瓦内特对自己的母亲坦言："他是很爱我的，并且我要什么都给我。等他没有这么多压力的时候，我们的关系应该就会正常许多。"

1772年出游枫丹白露期间，玛丽·安托瓦内特先是乘着敞篷马车跟随打猎，之后骑马打猎。她当时常常与身为普罗旺斯公爵的小叔子一起，这也是一位很有政治抱负的人物。10月22日发生了一件事：玛丽·安托瓦内特尖刻地批评杜·巴利夫人，因为杜·巴利夫人最近在自己的寝宫里建了个小亭子，部分侵占了王族专用的散心地——狄安娜花园。那座小亭由安热·雅克·加布里埃尔设计，呈矩形多面体，搭建了凭栏与奢华装饰；因为只有这样才能尽显宠妃荣耀。10月27日，太子妃不甚为人知的导师梅西·阿让托从中调解,让两位夫人握手言和。在艾吉永公爵夫人的陪同下,杜·巴利夫人到玛丽·安托瓦内特的寝宫看望,然而太子妃抱怨了一句,说:"今天的天气可真差,我们怕是不能出去散心了。"11月3日,在圣·于贝尔的秋猎大会上,路易十五对玛丽·安托瓦内特显得亲切而殷勤,但后者还是保持矜持。两天后,为了取悦国王和王太子,她穿上华丽的狩猎盛装。

1773年,玛丽·安托瓦内特在枫丹白露庆祝了自己18岁的生日,她的婚姻依旧不甚理想。对此玛丽·特蕾莎皇后非常忧心,生怕女儿被解除婚约,也担心最近完婚的阿图瓦伯爵①。那一年的10月16日,玛丽·安托瓦内特展现出令人赞许的怜悯之心:有一位葡萄酒酿造师在国王狩猎的过程中被一头雄鹿撞伤,玛丽·安托瓦内特安慰其妻子良久,给了她一些钱,还将她请上座驾送她回家。国王的外科医生照顾并拯救了那位受伤的酿造师。这则轶事在当地广为流颂,甚至传到了巴黎。为此,书商阿迪写道,"看到这样一位年轻的公主成为全国上下爱的化身是一件再高兴不过的事情,她展现出了伟大的人性,给王室带来如此温柔的教导乐趣"。映刻着这段动人故事的版画和颂扬其光辉的田园牧歌流传全国,玛丽·安托瓦内特从未如此受人民喜爱。

---

① 路易十六最小的弟弟,后来的查理十世。

1774年秋天，路易十五驾崩，路易十六登基，玛丽·安托瓦内特成为了王后。杜·巴利夫人连同那些支持她的朝臣们一起失去了往昔的权势和荣宠。这位宠妃建在狄安娜花园里的亭子也在那年夏天被摧毁，拆卸下来的材料却储藏起来，为后续宫殿改建而用。由于路易十五的去世，娱乐性舞会或表演一律暂停。一天，路易十六一如往常外出狩猎，险些丢了性命：多亏普罗旺斯伯爵将他从野猪攻击中救出。而另一边，玛丽·安托瓦内特终日演奏竖琴。在这期间，她真正颠覆了以往的传统礼节：皇室家族以外的爵爷和夫人都可以与国王和王后共进晚宴，这打破了已故国王定下的亲族间才可分享狩猎所得的规矩。这番创举连同其他精简礼节的措施在最初可谓广受欢迎。作家梅特拉在11月6日这样写道："尽管相比之前的铺张奢华，现在更加朴素精简，我们在这的游历却棒极了。宫廷变得更加开朗和单纯，只因我们那年轻迷人的王后斩断了一切旧有礼节可笑的束缚。"

但也是在这次旅行中，路易十六做出了一些对他的统治来说打击最沉重的决定。他决定提前四年终止莫普大法官发起的司法改革，并有意遵循旧制重立最高法院——始终与政府机构进行斗争的一种机制。听闻这个消息，此时失宠的莫普大法官表示："我为国王陛下打赢了一场长达三十年的诉讼，但他宁愿再次输局，这果然是他最擅长做的事。"另有一些人认为他甚至还有更为不当的表述："陛下已无可救药。"

第七章　从生存的痛苦到理性崇拜

1775 年倒是有一项创举：阿图瓦伯爵效仿英国举办了一场赛马比赛。以玛丽·安托瓦内特为中心，形成了一个贵族小帮派：其中有朗巴勒公主、波利尼亚克伯爵夫人和利涅王子。洛赞公爵和贝桑瓦尔男爵这两名贵族甚至公开表示对王后的爱慕之意。于是流言蜚语便在男女贵族之间传开。1776 年的标志性事件便是任命新教的银行家内克尔为财务总管，人们在背后偷偷议论王后的恣意开销，毕竟那年夏天玛丽·安托瓦内特买了很多奢华的珠宝首饰。10 月 1 日，特蕾莎皇后写信给她说，当政者的堕落始于穷尽奢侈的排场，如果她再这么继续不计花销，迟早酿成大错。"我只看到了如此挥霍无度的你！"她在信中怒斥。玛丽·安托瓦内特还曾一度沉迷赌博，10 月 30 日至 31 日，她彻夜沉醉于一种纸牌赌博直至天明 5 点；第二天的诸圣节又重返赌场。她参加许多赛马比赛，为此总是花费很大赌注，而在这种场合，举止风度均不复存在……由此，她渐渐失去民心。

1777 年春天，约瑟夫二世①来到法国斥责他的妹妹。可惜他的训斥并没有多大效果，倒是有一些建议获得了采纳：8 月 18 日，冷婚七年的路易十六和玛丽王后终于有了实质性的进展……那年秋天的枫丹白露于是开始对新生命的降临充满期待。玛丽王后在她的寝宫里发现了她非常喜欢的建筑师里夏

---

① 玛丽王后的长兄。

尔·米克最新设计的土耳其式小客厅，里夏尔当时也在负责凡尔赛宫的修缮工作。梅西·阿让托也参观过该客厅，认为"这是个好兆头，让王后能有一处迷人的休憩之地，免于沉浸喧闹放荡的生活，让她有更多的时间操心国事，帮助国王陛下解决民生大计的问题。"整间小客厅生动再现了土耳其文化的色彩：此次枫丹白露之行还表演了《艾哈迈德与劳拉西潘》《穆斯塔法与泽安古》《苏利曼二世和三大苏丹后妃》《泽米尔与阿佐尔》《法特梅》和《斯麦那商人》等戏剧作品。

不过，玛丽·安托瓦内特其实曾向母后坦诚过，认为初入枫丹白露的那几年是她过得最恣意放荡的一段时光。在纸牌赌博中，她结识了很多赌徒，也输掉了大笔的金钱；她曾想过在赛马季的最后举办一场农民可以参加的赛驴，胜者可以获得上百埃居和一盒金币；她看过无数场演出，根据记录，《泽米尔与阿佐尔》、格雷特里的《两个守财奴》以及格鲁克的《在奥利德的伊菲革涅亚》等剧目重复上演了很多遍。当唱诗班吟唱出著名的颂扬之词时，整个宫廷都转向玛丽·安托瓦内特高呼：

世间最美，人中威仪！万千容丽，优雅无比！为我们的王后，歌颂吧！

后来美国独立战争爆发，举国节俭之风盛行。5年后，枫丹白露之旅就此结束。

1786 年
王朝的最后一次旅行

　　直到 1783 年与英国休战，法国才重新恢复了枫丹白露周遭的交通。尽管举国上下仍处在穷困当中，路易十六硬是下定决心启程前往凡尔赛行宫，以避免让人怀疑国力日下。那个时候，玛丽·安托瓦内特已变得老练成熟，对于奢侈和狂欢的热情也已转移到寡欲清修和身为人母的纯粹乐趣上，只是早年的痕迹依旧挥之不去罢了。在公众的眼中，这位王后不再有任何轻狂的言行。

　　怀着二胎的玛丽·安托瓦内特借道塞纳河前往枫丹白露，她于舒瓦西上船，在默伦上岸。她已习惯身着简约素袍，头顶草帽，往昔那些皱褶的裙摆、高贵的珠宝和插满金花的发髻头簪也只在盛大场面出现。1783 年 11 月 3 日，王后再度流产。这次出行安排了萨基尼和皮契尼的歌剧表演以及格雷特里的喜剧《开罗沙漠商队》，最后这部上演过两次。

　　两年之后，1785 年的出行被视为科利耶冲突事件的结果。玛丽王后坐在特制的、装有九间奢华内室的游艇前往枫丹白露，她的驳船还由 15 匹骏马牵拉；这样的奢侈排场让人们议论纷纷。时有秘密记载:"枫丹白露之行不并愉悦。"那是首次全国上下一致认为应当节俭。国王不再对大部分朝臣的府邸内饰进行资助,很多大臣也都没有跟随王室前往行宫。

然而那个时候,路易十六和玛丽·安托瓦内特对这座深埋森林中的城堡从未如此着迷。国王的御用建筑总监安吉维莱公爵和建筑师皮埃尔·鲁索向他们展示了部分修缮计划,他们决定予以实施。工地具体实施由加布里埃尔的合作商尼古拉·玛丽·波坦负责,城堡建筑的督察工作实际上由波坦的女婿皮埃尔·鲁索负责。

弗朗索瓦一世长廊的侧翼需要以狄安娜花园的一边为基础延长一倍,以便为国王修建一些新的宫殿。城堡中的森林里还立起了一座高达21米的尖方碑,是为玛丽·安托瓦内特及其子嗣而建。这个倡议来自于当时的水利土木大师谢萨克,建议用维护森林的余款修立。皮埃尔·鲁索则拟定纪念碑的图案:尖方碑由四个石制的海豚环绕,上方有奥地利之鹰盘旋,四面则分别刻有王后、王太子、诺曼底公爵和长公主的名讳。

枫丹白露宫的工程与凡尔赛宫的修缮自成体系,其实从路易十四统治末期开始,为主要王室寝宫的庭院门面改换的工程就已在断断续续地进行,其修建理念也最终被采纳。这项"伟大宏图"的具体实施需要历经多年,但是也让凡尔赛宫非常聒噪而难以居住。因此可能需要另寻他法,谨慎建造这座国家级庭院。这也是为何路易十六在1783年从庞蒂耶夫尔公爵手中重新买下朗布依埃城堡,并于次年下令扩建枫丹白露宫。

1786年,玛丽王后再次借道塞纳河前往枫丹白露。在这次出行期间,人们总是看到一个容光焕发的玛丽·安托瓦内特。正如埃泽克伯爵所描述的那样:"雍容华贵,端庄王后。"为凤仪所倾倒的肖像画师维热·勒布伦夫人也在她的回忆录中写道,"我看到了王后最华贵的一面,身镶钻石,犹如最璀璨的太阳洒落人间,令我晕眩。她高傲的面容裹在希腊式的立领里,她的目光所及之处似有一股压制人心的力量,那种威仪让人觉得仿佛见证了一群仙女中的女神。"在出行返回的途中,这位艺术家同王后分享了自己的震撼感觉,玛丽王后却说:"如果我不是王后,只怕人们会说我是傲慢无礼,是不是?"

抵达枫丹白露以后,路易十六与玛丽王后发现他们的行宫已有大改。如巴绍蒙所说:"看到所有的城堡美化工作都已圆满完成,这很值得赞赏。"在国王的新寝宫里,鲁索为他设计建造了一间书房、一座藏书馆和浴室;而在王后的寝宫内,有一间小客厅和大书房,还有两间囊括路易十六时期许多艺术瑰宝的房间。

根据巴绍蒙所言,那间新的小客厅墙面为矩形,装饰奢华,是整个工程里"最令人好奇的部分"。庞贝风格的白色与金色背景墙上,玻璃板与雕花细木板交错,这个设计来自巴绍蒙的创意。门廊上方是灰泥制的缪斯雕像。天花板上有让·西蒙·贝泰勒米创作的顶画《晨曦》。壁炉由大理石匠德罗普西修造，与细木护壁板的主色搭配的珠色细木镶嵌家具由高级细木匠里森纳于1786年完成，客厅的椅子则由巴黎金银器制造大师乔治·雅各布负责。最后在1787年，整座客厅由莫利托铺设的桃花芯木地板完美收工。

这个神秘之处激起了很多人的好奇和向往。有位时髦的女演员孔塔小姐想要一睹其风采，最后由国王内阁中的第一贵族迪拉斯元帅相助，被准许与演员莫莱一同参观，得偿所愿。孔塔在参观的时候突发奇想地在王后尚未完成的刺绣作品上加了一朵花，却引来了灾祸：没想到玛丽·安托瓦内特突然进来，并严厉地将冒失的宾客赶走。后来，那间屋的钥匙便只由玛丽王后一人保管，且不再对外开放。

玛丽王后也用类似的风格装饰了她的大书房，那是她寝宫的主要部分。不过，鲁索没有使用18世纪初以来严谨风格的雕花白色和金色细木板，却采用了庞贝主题怪诞风格的彩漆，但还是保留了客厅大门上端的那些灰泥雕塑。玻璃镜子下面放着贝内曼[①]做的梳妆台，点缀有圆形雕饰，与整个书房的装饰风格相得益彰。

在书房的天花板上，有画家贝泰勒米创作的《密涅瓦为缪斯戴冠》[②]。然而临近大革命时期，鲁索提议从整体上重新修整

[①] 纪尧姆·贝内曼（Guillaume Benneman）是路易十六和玛丽·安托瓦内特从1786年到1792年的主要御用细木匠。
[②] 罗马女神，即希腊女神雅典娜。

王后的寝宫，但总是会保留皮拉内塞重现的古代风格。

玛丽·安托瓦内特却未能在有生之年见到这些整修得以完成。1787年，在她的卧房新放置了一张镀金木质帐顶的灵床，如今还保留着的衬饰床架的挖花锦缎是直到1790年才买到的，因为整个王室都被迫在巴黎或圣克卢长住。这些整修最终都是为了取悦另外一位主人：约瑟芬王后。

当时没有人想到1786年的出游竟会是最后一次，但却一如往常地耀眼。路易十六总是充满激情地外出狩猎，所带队伍却也并非总是安然无恙：如法国宫廷的大法官，图尔泽尔侯爵在追捕鹿时因马摔倒而死亡。在枫丹白露城堡里，投机性赌博或者游戏是被禁止的，但却在某些侍从中比较流行。梅西·阿让托大使总是抱怨"这里有一种让人哀婉的涣散与嘈杂。"在《礼仪的精神》一书中，让利斯夫人令众人回想起在枫丹白露"生活的甜蜜"氛围：几番出行因那些聚宴、演出、与民同乐和满朝欢庆而显得异常迷人。这种精神如此强大，以至于有人说："如果关系不甚和睦的人在枫丹白露相遇，他们终将学会和谐相处。"

1786年11月10日，英法自由贸易协定在枫丹白露批准生效。路易十六将上议院的众位贵族如卡洛纳和米罗梅尼部长召来，意欲开展一系列的财政与行政改革。"王室革命"在秘密准备中，群情激昂。巴绍蒙上报说有一次阿图瓦公爵在森林狩猎中迷路，向一位年轻的牧者以"你"相称询问道路，结果却不被理睬，他甚至还骂小孩是聋是哑，反遭回嘴"我非聋非哑，但凡遇到与我讲话不恭敬之人，我便既聋又哑。""那好吧，先生，"阿图瓦表示退让，"我请您告诉我猎区在哪儿？"最后他还给了牧羊人一点小费作为"教训的代价"。

那时12个晚上就有17场演出；后来，玛丽·安托瓦内特废止了国王与王后在列观看演出期间众人不得出声的礼仪规制。王后庆生那天，本来应该表演萨列里的悲剧《奥拉斯兄弟》，但因演出次数过多，在格鲁克的《伊菲革涅亚在陶里德》和拉莫的芭蕾舞剧《野蛮人》《印度风情女子》对比之下显得有些索然无味。可惜其他剧目没有得到众人的青睐，如11月6日那晚，宫廷众人对玛丽·约瑟夫·谢尼埃的悲剧《阿泽米尔》不断喝倒彩。有一位演员台词没有背熟，说的是"法国人会说什么，上帝天父会说什么？"，但其实应该是"法国人会说什么？你的老父亲会说什么？"引发全场爆笑。后来有人把谢尼埃对国王的怨恨归结于这次羞辱，他还创作出反对王权的《查理九世》。

格雷特里的许多作品都被拿来表演，无论新旧；11月13日，最后一次演出选的是他以塞代纳所写脚本为基础创作的《阿尔贝公爵》，同时还表演了《狮心王理查》。此剧中有一曲著名的咏叹调"哦！理查！哦！我的国王！全天下都弃你而去"，没过多久，就成为流亡贵族归顺的表征。然而发生了一件事使演出终止。塞代纳不肯节省道具和服装成本，还说"国

第七章 从生存的痛苦到理性崇拜

王愿为了这些道具、服装和演员而不惜耗斥巨资",但实际上财政状况是紧张的。这话后来传到了帕皮永·德·拉·费尔泰总管耳中,他怒气冲冲地来到剧院,大喊道:"塞代纳何在?"有人听到并回复说:"总管大人,塞代纳先生在此,您找他何事?"于是当着众人的面,总管开始质问塞代纳。玛丽·安托瓦内特后来听说此事,笑着说:"我不知道费尔泰总管大人是否算过账,对于作者来说,那些道具、服装、演员和所有配饰所需的花费,但我相信他现在不会这样做。"而路易十六说帕皮永曾被视为盗取钱财的人,现在则必须澄清这一点。朝臣们纷纷指责这位总管拒绝"先生"进入法兰西学院,于是他申请觐见王后为自己辩解。玛丽王后安慰他说:"费尔泰大人,当国王与我对文人说话时,我们均以'先生'相称;至于你们之间的纠纷,我们确实不感兴趣。"

这轻飘飘的几句话便为那次出游画上了句号。第二年,上议院召开会议,开始商议君主制的混乱。大革命浪潮即将来临。此后路易十六和玛丽王后都没有再回到枫丹白露宫,城堡一直沉寂了15年。

1789—1799 年
不再完整的枫丹白露宫？

1789 年初，枫丹白露宫发生了一件不祥之灾：1 月 6 日晚上，城堡的橘园发生了火灾。然而寒冷使管道中的水冻结。火势蔓延，园里的建筑完全被烧毁，倒在橘树上。

正如凡尔赛市得益于凡尔赛宫，枫丹白露镇也因枫丹白露堡而形成气候，两者都靠王权支撑，因此只能谨慎接受那些威胁要夺走这个政权的动乱。10 月 15 日，枫丹白露市政府向国民议会请愿，抗议民事权力与军事权力混合——这可是有点革命的苗头了！路易十六与玛丽·安托瓦内特意识到了城中民意的变化，玛丽王后交给国王的首席侍从（名唤"于"）一项任务，命他下发给枫丹白露的穷人 8 000 里弗尔银币："陛下与我也是费尽心思地恩泽天下，希望这座城市的人民不会像其他地区的人一般忘恩负义！"虽然出于财政压力，王室被迫驱散了猎犬群，但还是有人铭记于心，四处收罗这些猎犬，并在恰当的时机交给国王。于将此事上奏，路易十六说："此事甚好。"

1790 年 2 月 18 日，新一届的市政府被选举出来。枫丹白露城区的百姓推选城堡的总管蒙特莫兰伯爵为新市长，算是他

第七章　从生存的痛苦到理性崇拜

们对旧政权的一种依恋。这位伯爵后来成为了外交部长，还签署了准许国王的姑姑们移居意大利的通行证。

1790年7月14日是欢度联盟节①的日子，政府在军务广场立起一块顶上覆盖着自由女神之帽②的方尖碑，上面写有两句碑文："法国国王路易十六万岁"和"首席公民国王路易十六"。那年夏天，枫丹白露一直处于民心统一、与民和解的状态里。1791年6月1日，国民议会投票通过一项法令，确立了枫丹白露的王室使命：与凡尔赛、默东、马利、圣日耳曼、圣克卢、朗布依埃与贡比涅等地一起承担服侍君王的责任。

三周以后，王室没能逃跑成功，他们在瓦雷讷被识破，并被强行带回巴黎。那个时候大革命正掀起一波反对君主政体的浪潮。7月7日，圣三会教士离开他们的修道院；1792年8月10日，巴黎的一场骚乱从宪政上抹去了君主制的色彩；8月14日，议会下令毁掉"代表傲慢、偏见和暴政而建"的众多纪念碑。9月21日，议会让位给宣布共和国成立的国民公会。

9月2日，身为枫丹白露市长的蒙特莫兰伯爵在巴黎遇刺身亡，12月13日，库尔坦被提名继任。自那以后，枫丹白露就逐渐变成了共和党人的营地。王室专用的厨房用品和餐具都

---

① 联盟节标志着君主专制的结束以及攻占巴士底狱一周年纪念。
② 也叫"自由之帽"，或称"弗里几亚帽"，是一种无边的圆锥形软帽，通常为红色。在名画《自由引导人民》中，自由女神就佩戴着弗里吉亚帽。

被拿到拍卖会上，池塘中的鲤鱼已消失不见，犬舍也变得残破不堪。新的翼楼分配给加斯科涅的国民志愿军，而办公庭院用来关押瓦尔密战役[①]的俘虏。市政府的首席建筑师索尔若拟定了一项城堡地皮租售的计划，这将为枫丹白露增添一个新的区域：王宫庭院都将变成广场，某些建筑将会被拆卸以打通街巷之间的通道，如白马庭院变成了共和国广场，与之相邻的建筑物将被分配给一个教育学院。为军人提供给养服务的建筑也会被改造为武器商店或者医院。巨大的花坛也被改造成圆形广场的新街区。

共和历二年的葡月30日（1793年9月21日），枫丹白露的人民公社组织一场盛大的集会以庆祝共和国的第一个生日。一棵自由之树被庄严地种在城堡的庭院，该庭院被重新命名为"山之广场"。在这棵树旁，革命党人组织了一场对君主制残余的火刑处决仪式：公民马塞兰作为盛会的女性组织领导者，率先点火开始了这场"爱国的祭献"。整个仪式有如下记录："火焰即将吞噬一切有关君主政体的腐朽残余，还有滑稽地用百合花装饰的国王与王后。"在被烧毁的国王肖像画中，有一幅还是菲利浦·德·尚佩涅画的《路易十三》。这场盛会以国民公会的请愿书收尾："我们从中至少能获得一种慰藉，那便是艺

[①] 1792年9月20日，法兰西革命军队为一方，奥普联军及企图扑灭革命力量恢复君主制度的保皇党为另一方，在瓦尔密（法国马恩省的村庄）地区进行的一次交战。

术作品从此不必再描绘和记录那些摧残人性的残暴君王,而使名誉遭受玷污。枫丹白露自此再也不是专制君主与朝臣们的行宫,而将成为一座小镇,行往之人皆为自由之身;那骄奢淫逸、被两千五百万子民的汗水滋养出来的游手好闲而又傲慢无比的宫廷自此便不复存在。"大概也是同时期,王族猎林更名为国家猎林,枫丹白露森林里的交叉路口也都插上了十字标识。

共和历二年的霜月20日(1793年12月10日),"理性之节"的活动在白马庭院的前庭举行。推车上有两个年轻女孩来回走动,一个代表理性,另一个代表自由。也是在这一天,共和政体的殉道者圣·法尔若的米歇尔·勒佩勒捷的上半身雕像落成。人们唱着颂歌,发表爱国演讲,提供"简约与友爱的"点心;一天的活动以舞会告终。这个爱国节日的故事由枫丹白露的雅各宾派协会记录下来并印制出来提交给国民公会,以粉碎对他们的诽谤,如担心城市"变成贵族、阴谋家和小人的巢穴"。

其实,枫丹白露的政治色彩要比这些游行活动所展现的弱得多,很多保皇主义的残余还是挥之不去。战俘与疑犯均被关押在城堡之中,直到罗伯斯庇尔时期结束他们才被释放出来,但是嫌犯们并没有遭到革命派法庭的审判,也没有任何人被处决。

共和历2年的牧月18日(1794年6月6日),从属于公共教育委员会的临时艺术委员会在默伦区区长和建筑师佩尔的帮助下，草拟了一份计划，意图将一些可用的材料运往巴黎并且用于建造其他纪念碑，如马蒂兰修道院和特立尼达小教堂的华丽装饰物便被运往巴黎卖掉以换成钱币。也在同一时期，被遣散的近卫兵被安置在鹿廊，他们便趁机到仓库中掠夺了一些待出库运走的雕塑。

到了共和历 3 年，伊索雷议员向国民公会提出申请，将枫丹白露城堡拆掉，改建成一座生产面粉的工厂；而派到枫丹白露的专员拉卡纳尔议员，则主张兴建公共教育事业设施。共和历 4 年的雾月 3 日（1795 年 10 月 24 日），多努议员推动立法，在每个省设置一个中央学校；共和历 4 年的雪月 3 日（1795 年 12 月 24 日），一项新的立法下令出售大革命时期国内贵族以及流亡亲王的宅邸，但不包括凡尔赛、贡比涅和枫丹白露。然而，在塞纳-马恩省，各城市之间有关中央学校的归属问题争论不休：普罗万与枫丹白露较劲，而后者其实具有压倒性优势，因为城堡内部就有很多基础设施可以立刻投入使用，更何况枫丹白露还有人与自然和谐共生的传统氛围。风月 16 日（1796 年 3 月 6 日），一项立法最终确认了中央学校设立在枫丹白露的事实；牧月 11 日（1796 年 3 月 17 日），直属塞纳-马恩省的中央学校在枫丹白露城堡开学，并未设在首府城市，如同其他主要社会职能。

学校的图书馆设立在圣三教堂，藏书有 8 000 册，多是来

第七章 从生存的痛苦到理性崇拜

源于流亡贵族与撤销的宗教机构的藏品。教学场地位于太后翼楼和弗朗索瓦一世画廊内。学校里还有一个自然历史陈列馆和物理陈列馆。寄宿生的宿舍安排在路易十五翼楼中。与旧时的学校不同,中央学校推行全科教学,注重数学和自然科学。学生人数第一年为 50 人,最高达到 120 人。他们中有一位叫西梅翁·德尼·泊松[①]的学生,在 1798 年首次被巴黎综合理工学院接收。

许多觊觎城堡的投机商人一直令执政者感到为难,共和六年的牧月 24 日(1798 年 6 月 12 日),一份呈交给督政府[②]的陈情书曾提议出售城堡,理由是"维护这座巨大的建筑使共和国耗费了巨大的成本,却没有从中得到任何利益"。一些重要的壁画可以转移至画布上,雕塑可以运送到中央学校。报告的作者还加上如此表述:"一项良好的政策或许应当在消灭这座非官方而且荒谬的城堡的同时,却又不伤及那些珍贵的艺术瑰宝,即使它们曾仅仅用来助长枫丹白露保皇党人的罪恶希望。"

之后的果月 3 日,国家税务员亚当对这份陈情书发表了自己的看法。他认为"那些贪婪又诡计多端的投机者随时做好了侵吞国家财产的准备",他提示说,该地区的收入能力足够承担保养城堡的经费,并反驳这份报告作者的审美判断:"凡是

---

① 法国数学家(1781—1840 年)。
② 这是法国大革命中于 1795 年 11 月 2 日至 1799 年 10 月 25 日期间掌握法国最高政权的政府,前承国民公会,后启执政府。

前来参观的外国人都认为它是整个欧洲最美的建筑之一"。至于共和党人对枫丹白露地区的热忱,这是无可指责的,这是全城民心所向和爱国情怀的证据。不过亚当也承认,很多外国人来到枫丹白露是为在"资产阶级革命的暴风雨"中寻求"安宁";他最后还提议在城堡里建立一所军校。

共和历5年的果月18日(1797年9月4日),发生了清除有复辟意向的议员的政变,在那之前,还一些枫丹白露人阿谀奉承路易十八,一度将他推上王座,期望重现王室秋日出游的荣耀。然而续写枫丹白露历史新篇章的并非是波旁后代,而是诞生于法国大革命的新领袖:拿破仑·波拿巴。

第八章

一个朝代的建立

1803 年
"为获胜而受训"

提到枫丹白露宫,法国人会联想到王室对文艺事业的投入,还会联想到艺术、文学与和平。但是他们却忘了在将近一个半世纪的时间里,由于拿破仑的一个决定,这座城堡曾担负过一部分军事使命,它也曾是法国主要的军事教育中心之一。

共和历 10 年花月 11 日(即 1802 年 5 月 1 日),第一执政①撤销了中央学校,代之以中学,其课程接近以前的学院课程,并创办"军事专科学校","旨在教导部分中学毕业生关于战争艺术的要素"。该学校坐落于枫丹白露宫,因为第一执政认为这些年轻的学生面对着充满诱惑的首都可能把持不住;另外,那里也没有充足的空间供射击训练使用。相反,枫丹白露宫有所需的空间进行军事训练,此外,这里略为偏僻,也有助于学生遵守纪律。

1803 年 2 月,建筑家方丹在战争部长和工兵的陪同下参观了枫丹白露宫。他发现这座城堡年久失修,几乎要被废弃了。

---

① 即拿破仑。

他们不仅在那里设立军事专科学校，还打算在那里建造一个法国荣誉勋章获得者的养老院和第一执政的寓所。方丹建议把白马庭院拨给军事学校，办公庭院拨给荣誉军团，而将城堡的剩余部分和椭圆庭院，王子庭院以及喷泉庭院留予第一执政使用。

在接下来的几个月里，军械师们修复了路易十五翼楼，军事专科学校的学生们也在这里安置下来。底层设有四间大教室和十二间自修室，而楼上是他们的房间。参谋部的军官们和教师们住在北翼楼或白马庭院的教士翼楼。而总督则居住在大馆中。图书馆被安排在了太后套间。昔日的池塘成了大家的泳池，在学校内也建起了许多"小花园"，加上在大革命期间被毁的猎犬棚和王后马厩的所在之处，都被改建成了射击场地。该省①的中央学校也迁到了王子庭院，这样的情况一直延续到共和历13年的葡月1日（即1804年9月13日）。有几个教师同时在这两所学校教书，而许多中央学校的学生在毕业后便去军事专科学校继续学习。

实际上，学生们在这个严苛的教学体制中也有些许自由。从1803年12月开始，有人发现有些学生私自翻墙进城，频繁出入咖啡馆、旅馆或其他一些不好的地方，或者因为厌倦了煮牛肉，偷偷带回来一些美味。一天晚上，饥肠辘辘的学生们在

---

① 即塞纳－马恩省。

将军为参谋部提供晚宴之际趁机"洗劫"厨房……还偷吃了长官们的餐食。

1803年，这所专科学校在时任总督贝拉维涅将军的领导下开始运转。贝拉维涅是在法国大革命时期发家而走运的士兵类型：1791年，他还只是一名骑兵，到了1796年，他就成了一名陆军准将，但在拉施塔特战役中后截去了一条腿。到1807年，他的军衔是陆军少将，并于1812年卸任军事学校督察使一职。

受拿破仑曾就读的巴黎前皇家军事学院启发，这所军事院校招收16—18岁的青年，学制2年，课程包括普通教育和军事训练两大类。学生们在那里学习数学、绘画、防御工事修建术、地理、历史、人文学科和军事管理的相关知识。学校的校服包括镶红边的蓝呢大衣、一件上衣、一条白色呢子及膝短裤，以及配有三色帽徽的黑色军帽，他们在战争中也佩戴这种帽子，但是在1807年，他们就改戴桶状军帽了。1805年1月30日，学校收到一面旗子，旗子的一面绣着"法国皇帝献给帝国军事学校学生"的题字，另一面则是"为打胜仗而受训"的校训。

军校生活相当严苛。学生们的寝室是八号房到十二号房，这些房间没有暖气。吃饭的时候，他们拿着军用饭盒站着进食，因为这里禁止使用碗盘。另外，他们的课程也被排得满满当当：这所学校规定学生每天要上13个小时的课。早上起床的时间是在凌晨5点，晚上9点就寝。初来乍到的新生通常会被捉弄，格斗是家常便饭。"他们能打起来再好不过了，"第一执政说，"他们都是我的好士兵。"参谋部深受腓特烈二世的普鲁士军队风格的影响，指挥官库哈曼——贝拉维涅将军的助手曾对手拿武器的学员们喊道："抬头！抬头！站好！站立不动是操练中最好的动作。"

这种突击培养军官的好处在于节省时间。战争随时可能发生，而帝国军队又占军费开支的大头，学生受训的时间经常会缩短为一年甚至半年。吉罗·德莱恩将军在他的《回忆录》中写道，"枫丹白露宫军校的学生们不怎么学习。其实我早就发现没有必要通过刻苦学习在老师那儿取得高分，因为我很快就适应了学校的所有课程。当务之急是训练。我手上的枪比我的块头都大，而且沉得不得了。"1805年11月1日，16岁的吉罗在此入学，一年后，也就是1806年11月1日，离开学校前往驻扎在荷兰的七十二军团担当陆军少尉。两个月后，拿破仑从华沙总部写信给时任战争部长的德让，信中写道，"如果枫丹白露学校、综合工科学校以及圣西尔军校（陆军子弟学校）有达到年龄又完成教育的学生，您尽管把他们送到我这儿来，我很乐意接收他们，因为没有比枫丹白露的年轻人更勇敢更能做榜样的了。"

学校和皇室行宫的周遭环境十分恶劣，鲤鱼池散发出难闻的臭气，贝拉维涅将军抱怨这是导致学生们身体糟糕的原因。

第八章 一个朝代的建立

1806年夏,整个参谋部的军官、部分教师以及1/3的学生都发烧了。于是贝拉维涅将军借机向战争部长贝尔蒂埃元帅提议填平这个池塘。建筑家枫丹反对填埋池塘,提出这是城堡中让人看着最舒服的事物之一,为游戏和节日提供了空间,而且耗资巨大。最终,人们想到了一个办法,清理出池塘的淤泥,挖一个下水道转移城市的污水,这片池塘由此得以保存。

根据方丹的表述,随着宫廷众人多次来枫丹白露游玩,这所军校的存在显得越来越突兀。拿破仑在1807年10月4日在写给迪罗克的信中写道:"离宫廷的人这么近,年轻人太容易分心了。"1808年6月,学校搬迁到了圣西尔,那里曾是曼特农夫人建的教育基地。这所军校在圣西尔存留了一个半世纪之久,之后被迁到了布列塔尼的科埃基当。如今在枫丹白露堡里,几乎一切关于军校的建筑痕迹都失去了踪影,幸运的是,那块供学生进行骑兵练习的奢华骑马场依旧保留在花园中,这个骑马场可能出自建筑家赫托特之手。而那由小木板拼接而成的巨大筒形拱顶则是由菲利贝尔·德洛姆发明的。

在五年间,2 121名作为先驱者的"圣西尔人"来到弗朗索瓦一世的这座城堡,为今后的帝国战争做准备。他们中有281人后来在战争中牺牲。

1804 年
教皇，皇帝的神甫

在弗朗索瓦一世统治期间，许多声名显赫的宾客接踵而至，比如国王和皇帝、流亡或在任的君主们、帝国的王子们、教皇特使们、教廷大使们，还有奥斯曼帝国的使臣们。但是除了 1533 年教皇克莱门特七世和弗朗索瓦一世在马赛的会晤外，之后在法国便再也没有接待过教皇，所以拿破仑两次吸引同一个教皇前来，需要他有疯狂的雄心壮志。

共和历 7 年的花月 28 日（即 1804 年 5 月 28 日），元老院法令宣布拿破仑为皇帝，一个新的王朝就此建立。他有一个想法，希望自己能够像从矮子丕平①以来的历代皇帝一样被加冕。但他希望自己像丕平和查理曼大帝那样，由教皇直接加冕，而非按照卡佩王朝的皇帝那样，由兰斯大主教为自己抹膏油。

教皇庇护七世很难拒绝新皇帝的这一想法。第一执政波拿巴于 1801 年签署了政教协定，经过十年的革命，恢复了教会

---

① 又称"丕平三世"，是公元 751 年至 768 年在位的法兰克国王，身材矮小。

第八章 一个朝代的建立

与国家之间的和平。法国人在意大利处于强势地位，并控制了一部分的教会机构。教皇离开永恒之城这样的事情可能很罕见，但也并非史无前例，之前就有这样一个例子：1782年，教皇庇护六世就游历了哈布斯堡的各个教区。1804年11月2日，经过周全的考虑，庇护七世从罗马启程前往法国。孔塞尔维的主教助理曾写道，"当他的主人让他主持弥撒时，教皇就像小神甫一样。"

加冕礼定于12月2日，随着这个日子的迫近，枫丹白露宫殿翻新工程加快了步伐。事实上，皇帝打算在这里接见罗马教皇。由于时间紧迫，负责翻新宫殿的方丹和迪罗克同时承担建筑师、设计师和室内装潢师的工作。他们将帝国家具殿里的老家具搬到了这里，并从商店里买了一些缺少的物品，又找巴黎的木匠订购了新的家具。由于缺少运输工具，迪罗克就借用炮兵队的手推车从巴黎运来家具。加冕礼正在紧锣密鼓的筹备当中，在短短的19天里，方丹成功地将40间主卧和200间客房恢复到可使用状态，另外，他还准备好了400间马厩。"真是不可思议，这些房间就像被施了魔法一般被装饰一新。"这位建筑师说道。

这一结果虽令人满意但整体不够协调。地面上铺着来自欧比松、萨伏纳里、图尔奈的地毯，但墙上挂满了不同时期的大幅挂毯。还有路易十五和路易十六时期的镀金木椅，旁边放着从巴黎匆忙购置的桃木梳妆台和小饰物柜。

枫丹白露宫

由于没有时间赶制窗帘，他们就从圣克卢宫①调来并挂在枫丹白露宫。他们甚至买下莫罗将军的整套家具，这位将军因为串谋反对第一执政刚刚被定罪。那些盆盆罐罐是塞夫尔②产的，摆在庇护七世面前的画要有"严肃的主题"，是中央艺术博物馆专为教皇而制。给教皇准备的套间富丽堂皇：这间房占了太后翼楼的整个二楼和加布里埃尔大馆，并把原来两个分隔的套间并为一个。

共和历12年霜月1日（即1804年11月22日），拿破仑和约瑟芬前往枫丹白露宫等待尊贵的教皇。三天后，霜月14日（也就是11月25日），庇护七世一行人即将到达城堡。拿破仑的接待细致入微。前一日，他已经知会国务大臣康巴塞雷斯"考虑到教皇的无上尊严，他想给予教皇一切荣耀，但他又觉得应该去掉庆典里显得听命顺从的做法，也不能做出什么让教皇看着觉得皇帝在滥用职权的事。"

"我明天外出打猎，"拿破仑说，"前方一旦来消息说教皇快到了，我会来到他面前，公开表达见到他本人以后的感激之情，以及我对宗教的深切尊重。"所以拿破仑就走到了教皇的前头，去枫丹白露的森林里打猎。但是他依旧身着狩猎服，似乎和教皇的见面是一场偶遇。他们的首次会晤定在圣赫勒姆十字架的交叉路口，这样教皇的马车就经过了内穆尔路。皇帝下

---

① 位于上塞纳圣克卢的一座皇家城堡，坐落在塞纳河畔。
② 巴黎西南郊区上塞纳省的一个镇。

第八章 一个朝代的建立

马,教皇也走下马车。他们两个只是稍作寒暄,并未深入交谈,因为教皇的白拖鞋掉进泥塘里去了。相互拥抱之后,两位进入皇帝的马车……马车上有一个主座,一个客座。这一天接下来的时间里,等随行人员都进入城堡,教皇就开始一一会见那些帝国的王公贵族和部长大臣。

11月27日,拿破仑邀请教皇参加军事专科学校学生组织的枪炮射击演习。教皇和皇帝来到了莫雷路,那里特别为他们立了一个亭子。枫丹白露宫里的人都赶到了这个地方,不幸的庇护七世不得不忍受连续一个小时的炮击声以及那些打在人肉靶子上的空弹声,靶子由学生们互相充当。

皇帝和教皇于翌日到达巴黎,为将于12月2日举行的大礼做准备。庇护七世在圣母院为拿破仑敷圣油……但是之后皇帝却反过来给自己戴上了皇冠。在典礼最隆重的阶段,地位至高无上的教皇被置于被动的地位。"大家本来期待看到教皇脸上庄严的神情,但是他的表情里只有屈从,其中还混杂着一丝焦躁。"康巴塞雷斯如是说道。共和历13年芽月(即1805年4月),也就是在庇护七世返回罗马前夕,他在巴黎小住一阵后又回到枫丹白露宫稍作停歇。"教皇对此行颇为不满,与皇帝也只是表面上融洽。"国务大臣写道。

第二年,拿破仑定制了18幅画来装饰杜伊勒利宫里的狄安娜长廊,意在使他上次战役的累累战果、他军事生涯中的光辉事迹以及他的君威不朽于世。卢浮宫馆长德农精心起草了方案，并在各种主题中选择了《教皇陛下到访枫丹白露宫以及首次会晤》，德农也建议选择亚历山大·亚森特·迪努伊和让·路易·德玛尔纳这两位艺术家，他们分别画风景和人物。这幅画在1808年的沙龙展出。从画中可以清楚看到教皇在征服者面前的顺从。在这些画中，正如在加冕典礼上一样，法国皇帝对宗教权力的附属无迹可寻。

1804 年
时代之形色

成为第一执政以后,拿破仑·波拿巴便居住在杜伊勒利宫,这是路易十六最后栖身的宫殿,拿破仑的掌权也标志着法国大革命和议会统治 10 年后个人专政的回归。4 年之后,波拿巴称帝,谋取王室遗产的举动延伸到法兰西岛的其他皇家宫殿,特别是枫丹白露宫。

如同对自己的其他住所一样,拿破仑依然任用大革命期间为政府效力的佩西耶和方丹两位建筑师。这对好友的实力在指挥马尔梅松堡重建工程中得到外界公认,并在 1801 年被冠以"政府御用建筑师"的名号。佩西耶在角落里创作绘画,方丹则在现场指挥,监督官方庆典的装饰工程以及国家宫殿和皇家宫殿的改造,特别是杜伊勒利宫、圣克卢宫和枫丹白露宫。现场施工实际上委托给了一位住房建筑师艾蒂安·勒鲁瓦进行管理,他于 1805 年至 1810 年担任凡尔赛皇家建筑的监查员。勒鲁瓦工作到 74 岁,之后由方丹的得力手下马克西米利安·赫托特接任。

波拿巴第一次造访枫丹白露宫是在 1803 年 11 月 20 日:

这个政府首脑过来视察新的军事专科学校。在他称帝后一个月，也就是1804年6月28日到6月29日，他又来了一次。如果说他的第一天是在视察学校，那么他的第二天则是在和方丹确定未来皇帝居所的改造方案。1803年提及的在枫丹白露宫建荣誉军团院的想法被摒弃，因为新皇帝"想把这座古老的皇家宫殿改造成可以让他在秋天小憩的乡间别院"，这也算是波旁式传统的回归。

这两位"帝国风格"的捍卫者几乎没有机会施展他们的才华。拿破仑确实下令为城堡重新添置家具，重新装饰城堡，但是这一过程涉及的重建工作不多。主要的建筑工程就是拆除通往城堡的白马庭院西楼，并于1810年在原地安装嵌上帝国徽章的巨型铁栅栏。拿破仑曾对此写道，"这样可以让这座宫殿更气派一点。"

对于已成废墟的狄安娜长廊，佩西耶和方丹重建的灵感来自于为卢浮宫长廊的改造：一个弧形拱顶，拱门的两端是两根圆柱，划定门廊的界限。这里的装饰需彰显皇帝的光辉事迹。但是在施工前，拿破仑帝国就已陨落，在王朝复辟时期，一项新的装修计划再次出炉，这一次，他们要在长廊的天花板上画出狄安娜的故事，还要在墙上绘出法国君主制的历史。

花园的装饰工程更为浩大，但佩西耶和方丹没有持续下去。在1810年至1812年间，赫托特在先前松林花园的原址上重建了一个大的英伦花园，种上许多外邦的树木，如印度的栗子树、紫红色的山毛榉、弗吉尼亚的鹅掌楸、美国木豆树、南欧紫荆①,此外,这座花园里还流淌着一条"英式"小河。最令人惊讶的是,这个庞大的工程似乎没有吸引到皇帝或他的首席建筑师的支持,原来方丹更青睐意大利式风格,而非英式。在1813年,方丹就已谴责赫托特"疯狂花钱建造英式园林"。同年,拿破仑自己也出面"反对无意义地修建英式园林,反对领主们耗费财力在巴加泰勒、穆索以及枫丹白露挖建小湖、假山和小河这种愚蠢行径"。拿破仑甚至还说:"这些蠢蛋都是有钱任性,我的英式花园可是在枫丹白露的森林里,我不想要其他的。"方丹也用差不多的语气斥骂他们是"一群英式花园的脑残粉。"

虽说拿破仑没来得及在这处居所留下属于他的深刻印迹,但是这位皇帝对于此地的看法有证可循。1816年8月4日,他在被流放的圣赫拿岛上对拉斯·卡斯说:"枫丹白露才是真正的帝王之所,世纪之宫;或许在建筑师看来这里称不上宫殿,但毫无疑问这是一处精心设计和完美适宜的住所,这可能是欧洲最舒适最快乐的地方。"城堡经常被人诟病的建筑风格不统一正是对这位皇帝的报答。有一天,拿破仑对方丹说:"建筑物没有完整的规律其实无关紧要,艺术家们只看到这些缺陷。

---

① 传说南欧紫荆花原本是白色的,因为出卖耶稣的犹大吊死在这种树上,树木感到羞耻,致使白花全部变成紫红色,这种树也因而被称为"犹大树"。

只有蠢货着眼于最小的瑕疵。可能建成才10年或20年的小型建筑物必须具有完美的对称性,但有几个世纪历史的古迹肯定会留下时间的色彩和形状。"枫丹白露宫——"世纪之宫",正应了这位皇帝的这句话,完美迎合了他的心愿,即让他的政权在历史长河中扎根,让自己成为查理大帝和第三王朝的继承者,拿破仑自称建立了第四王朝。这种新专制主义在城堡装饰上的体现随着帝国政权发展变得越来越多,直至最后灭亡。

佩西耶既是古典主义的爱好者,也推崇意大利文艺复兴运动,他原本想出版一部关于德特宫的专题著作,这座贡扎格家族在曼托瓦的府邸声名远播,佩西耶认为这个建筑是一件完整的艺术品,体现在建筑、绘画和雕塑协调统一。弗朗索瓦一世的枫丹白露也给他相似的印象:"在这个幸福的年代,三种艺术在公共建筑和私人建筑中完美结合,交相辉映。建筑通过自身布局的宏大与适度,为绘画与雕塑提供了空间,而后两者美化了建筑,永不褪色。"人们从这里重新认识到了"设计师"的气质,佩西耶和方丹在马尔梅松时证明了这种气质。

但是这两位建筑家追求更深层次的东西。他们认为,改建以往官家寓所的做法不但劳民伤财而且不尽人意。在1833年的《皇家住所》一书中这样写道,"这座宫殿的所有修复工作,无论哪一项,都是危险的,痛苦的,充满了陷阱。执意修复只能让自己声名扫地,后悔莫及。"但是这两位建筑家都希望能够建造出宏伟的建筑展现其抱负。他们的工程计划酝酿已久,

第八章 一个朝代的建立

希望能合并卢浮宫和杜伊勒利宫，也想在夏乐高地建一座"罗马王宫"，虽然还只是设计出了草图。拿破仑指派给他们的任务让他们有点沮丧，"我们再也无法建造宫殿了。"这对好友在皇帝的寓所哀叹。

方丹和佩西耶创造的风格为后世所诟病。路易·菲利普时代的布瓦涅伯爵夫人在叙述自己小住枫丹白露宫后的体会时，同时批评了路易十六时期和法兰西帝国时期。她也鄙夷地说"玛丽·安托瓦内特的雅致在路易十三、路易十四，甚至洛可可时期的路易十五的金碧辉煌面前，显得是那么平庸小气。"但是她立刻又补充说："这种优雅冲淡了法兰西帝国的僵直古板"。然而，20世纪后半叶以来，佩西耶和方丹的作品受到欢迎，他们为拿破仑装饰或陈设的房间成为枫丹白露最受瞩目的地方。

1810 年
从约瑟芬到玛丽·路易丝

当拿破仑率领他军事生涯中所集结到的最庞大的军队攻打俄罗斯之时，他还写信给皇后玛丽·路易丝："我也和你一样很想去枫丹白露宫，但今年是不能考虑了，明年去会更愉快吧。"他在1812年10月23日从博罗夫斯克给玛丽皇后写信说道："那样的时光总是美丽的；在枫丹白露享受阳光的美好日子。"

在为了接待罗马教皇而首次在枫丹白露宫小住后，拿破仑后来又到这儿来了几次。1805年4月他前往米兰，自己加冕为意大利国王，途中在此停留，7月返回时，也在这稍作歇息。在1806年一整年以及1807年的头几个月，忙于战事的拿破仑没能再来。但是在签署《蒂尔西特和约》①之后，这位皇帝终于可以组织第一次皇家旅行了，时间是1807年9月到11月。另外有两次按照旧时王朝的传统而组织的秋季出游，分别是在

---

① 拿破仑于耶拿战役中打败普鲁士和在弗里德兰打败俄国后，法国分别与俄国（1807年7月7日）和普鲁士（1807年7月9日）在蒂尔西特（今俄罗斯苏维埃茨克）签订的和约。

第八章 一个朝代的建立

1809年的10月至11月和1810年的9月至11月。

1807年的出行历时55天,有1 000人住在城堡,4 000人住在城里。平日的每个夜晚,在皇帝的行宫,或者这位与那位王公大臣或达官显要的住处都有舞会、戏剧(比如说高乃依的《熙德》、莫里哀的《伪君子》、格雷特里的《豪门之友》)、音乐会、杂技或游戏。但宫中诸人都是新人,有点冷漠和拘谨。陪伴约瑟芬的贵妇雷米萨夫人,说皇帝自己也意识到了这一点:

这件事情比较奇怪,我把许多人聚在枫丹白露宫,希望大家尽兴地玩,我也尽可能逗大家,但是大伙儿的脸还是拉得老长,不是看上去太累就是愁容满面。

塔列朗先生回答道:"这是因为大家不会在沉闷如鼓的地方找乐子,在这个枫丹白露宫里就好像在军队里一样,您的神情似乎在告诉大伙:冲呀,先生们,小姐们,向前进!"

枫丹白露宫变成了政府所在地,拿破仑于该年9月28日在那里签署了组织审计法院的法令,10月27日,又与西班牙签署了摧毁葡萄牙的秘密协议。

1809的逗留是在与奥地利交战凯旋后。从10月26日—11月14日,拿破仑在这儿住了20多天,他的生活起居也像在1807年在这里住的时候一样,在他的行程安排里,打猎占据了比上次更多的时间。那些观察仔细的人能够发现原来的国王寝宫被改造成了御座厅。早在1804年就为圣克卢宫打造的家具也由佩西耶和方丹绘好图案，上好漆了。两位艺术家在御座上方没有用皇室传统的方形华盖，而是建议用像是披风一样的帷幔，外红内蓝，帷幔的顶端王冠上嵌着鸵鸟羽毛和一个头盔，帷幔上大胆地采用交叉纹章点缀，两边是支撑的框架。皇帝御座的扶手椅采用木头和镀金青铜，由雅各布·德马特制成，也是由这两位建筑师设计的。

根据前朝的礼节，在房间里还有两把扶手椅，只可以给皇帝的母亲以及皇后坐，另外还有些折椅给达官显贵们坐。10月29日，这位法国皇帝首次在这里接见了意大利王国元老院的一名议员。

到达美泉宫的拿破仑，决定和没能为自己添后的约瑟芬离婚，然后再迎娶奥地利公主。这次的旅途有点阴郁：两人不时争吵，此外皇帝寝宫与皇后寝宫之间的通道也被封闭了。11月30日，拿破仑抵达巴黎，对约瑟芬说出了最后的决定，而具体的离婚手续则是在12月16日签好的。

1810年9月的枫丹白露之行就带上了4月成为新皇后的玛丽·路易丝，这是拿破仑时代最风光的一次出行。9月17日和18日，拿破仑在枫丹白露宫设立一条华美的通道，确保能够顺利迎接罗马皇帝的女儿①。皇家一行人于9月25日抵达，于11

---

① 玛丽的父亲是弗朗茨二世，神圣罗马帝国的末代皇帝，奥地利的第一位皇帝。

月17日离开,这也就是说他们在城堡里逗留了53天之久。在城堡内部,于4月动工的狄安娜长廊也已竣工,可谓工程浩大。这座城堡有将近600个套间,其中有35间给帝国的王公贵族和达官显要,46间设为荣誉套间,39间给秘书,59间给女仆和看管猎犬的仆人,86间给跟班的仆人,339间给另外的仆人们!另外,为办军事专科学校空出来的路易十五翼楼已经完全被改造成了荣誉套间,这位皇帝是这样说的:"这是为了使里昂的手工工场有事可干,因为战争摧毁了所有的外部市场。"(见康斯坦的《回忆录》)。在1804年重新添置家具以后,又经过匆忙改造,这座王宫的家具摆设有了很大程度的更新。从此以后,所有的家具都与套间的礼仪和等级相一致。

拿破仑花了很长时间陪伴玛丽·路易丝,1810年7月就宣布了她怀孕的消息。他们坐着南特进贡的威尼斯小舟在池塘上漫游,船上涂着清漆,挂满彩旗。这对帝王夫妇也会参加各种皇家日常活动,每周一、周三和周六,观赏由法兰西剧院呈现的戏剧表演;每周二、周四和周六,参加在亲王寓所举办的晚宴;周日则是参加在大套间里举办的杂技表演和音乐会。

皇帝在打猎、射击和围捕上花费的时间越来越多,完完全全遵照皇家的消遣方式,为了打猎还制作了一套蓝绿相间的皇家猎装号衣。狩猎季的必去之地是圣于贝尔。大家约好早上11点在猎犬队队长十字架碰头,猎人们在阿普勒蒙峡谷追赶野鹿,而拿破仑和两名骑马的随从跟在后面,漫游山谷,不用担心狩猎的事。这只野鹿被围赶到艾薇池塘，皇帝和猎人们在这里碰头，并一同观看猎犬们争夺猎物。这只野鹿最后被一个活结套住，血淋淋地被扔到皇帝的脚下。拿破仑顿生怜悯之心：在吹响逐鹿号放它走之前，还是先处理一下它的伤口吧。然后，女士们同猎人们一道吃点心去了。三天后还要打狼和兔子，此后打猎季就正式结束了。

1810年的这次枫丹白露之旅的标志性事件是荷兰国王路易和王后霍尔滕斯第三个儿子的洗礼大典，这位王子就是路易·拿破仑，也就是后来的拿破仑三世。庆典于11月4日在圣三教堂举行，同时接受洗礼的还有24个贵族孩子。拿破仑的叔叔红衣主教费什，担任法国宫廷大神甫一职。皇帝和皇后是这些新生儿的教父和教母。11月11日晚餐时间，皇帝寝宫里的一块玻璃从墙上脱落到地板上，摔得粉碎。拿破仑说："这该不会是不祥之兆吧？"之后，他就等着刚刚前往瑞士的贝纳多特传消息回来。

1811年拿破仑没有去枫丹白露宫，这位皇帝这一年都在荷兰。接下来的两年里也没有再去，而1814年的小住与他1810年的风光没法比。

1813年
枫丹白露政教协定

"滑稽！可悲！"庇护七世是否对拿破仑说过这些话？后人无从考证，就像大部分的"历史性话语"都是在没有证人的情况下冒出来一样。阿尔弗雷德·德维尼①在《军人的屈辱与伟大》一书中围绕这两个词构思了整个的争吵过程，在19世纪名声鹊起。这本书推广了这两个词，用来概述教皇和皇帝之间的冲突。

但现实情况没那么剑拔弩张，当然罗马教皇还是处于轻微的劣势状态。1805年4月，庇护七世在巴黎的逗留结束后，回罗马前夕，他又去枫丹白露宫歇脚，这也是有目共睹的。一别七年之后，庇护七世又回到这儿，但此时他并不是贵客，而是囚徒。

此后，教皇与皇帝的关系逐步恶化，直至决裂。法国军队占领了一部分教皇国家。罗马教廷抗议法国人征服那不勒斯王国，反对拿破仑任命他的兄长约瑟夫成为那不勒斯国王，却只

---

① 法国浪漫主义作家、剧作家和诗人（1797—1863年）。

是徒然。拿破仑毫不犹豫地写信给庇护七世说："教皇陛下，您是罗马最尊贵的人，但我是这儿的皇帝。"此外，他还要求教皇的对外政策与法兰西帝国的对外政策相一致。拿破仑也希望法国的红衣主教在神学院的数量得以增加。1808年2月，"永恒之城"罗马被皇家军队攻占。庇护七世觉得自己会遭受牢狱之灾，就躲到他的奎里纳尔宫①去了。1809年5月，拿破仑宣布帝国实行政教合一，而罗马成为它的第二首都。6月，庇护七世颁布御旨将拿破仑逐出教会。7月6日，教皇遭到拘捕，先是被送往格勒诺布尔，之后被送到前任教皇庇护六世逝世之地瓦朗斯，再之后到了阿维尼翁，又从那儿转到萨沃纳，最后又转至利古里亚，被监禁在那里的主教宫。

第二年，13名红衣主教拒绝参加拿破仑和奥地利公主玛丽·路易丝的婚礼。雷霆大怒的拿破仑禁止他们穿上绛红色的主教袍，这些庇护七世忠实的追随者们因此被叫做"黑主教"，剩下的就全是"红主教"。而没过多久，那些"黑主教"就像教皇那样被分别流放到帝国各个城市去了。

1812年5月21日，与沙俄交战的前夜，拿破仑下令将庇护七世押往法国。此时英国海军舰队已经迫近萨沃纳，皇帝害怕中途有人绑架。这次的押解任务由近卫兵队长拉戈斯指挥，规定十分严格：教皇只能穿着普通教士的便服，禁止其下车，

---

① 原教皇行宫，1871年改为意大利皇宫，现为意大利总统府。

第八章 一个朝代的建立

马车的车窗都是紧闭的。糟糕的行程导致庇护七世出现尿潴留，差点儿一命呜呼。于是押送队不得不在塞尼峰停留两日，好让教皇接受一场特别的临终涂油礼，但由于一位外科医生的介入而得到救治。6月19日，教皇的四轮马车终于驶到了枫丹白露，但是由于此行的保密工作做得太好，以至于守门人没有收到任何指令，所以拒绝打开城堡大门，教皇也只好在参议院度过了第一夜。

翌日，开门放行的命令从巴黎传来，庇护七世要求住进他八年前下榻的那个套间。但是这个套间在1805年以后被分配给了拿破仑的弟弟，荷兰国王路易和他的王后霍尔滕斯居住了，此外这儿还被皇帝羁押的其他囚犯居住过，另外查理九世国王和王后西班牙的玛丽·路易丝在1808年5月途径枫丹白露的时候也曾住过。

庇护七世一直承受着病痛之苦，警察部长萨瓦里找来的却是监狱的首席外科医生！刚刚开始与沙俄交战的拿破仑得知教皇的病情之后，对这位部长大发雷霆，他在给康巴塞雷斯的信中这样写道，"这也太不体面了，他竟然派了这么个外科医生，你们要不惜一切手段堵住那些可怕的闲言碎语，如果教皇来这死了，我们难辞其咎。"教皇在几个星期之内都卧床不起，之后的19个月里，他更是待在自己的屋子里几乎没有往外踏出一步。虽然教皇经常拒绝外出，但是他还是会在弗朗索瓦一世长廊里散一两个小时的步。也有一两次，他会去大花圃那儿看看。

在这个"金丝笼"里,庇护七世的生活十分困窘,他自己缝补衣物,拒绝除阅读以外的一切娱乐活动。跟随他的那些主教们被安置在了"大楼宫"的不同楼层以及路易十五翼楼。主教们吃大锅饭,教皇吃的是单独准备的伙食。庇护七世甚至都不出门做弥撒——他在奥地利公主安娜先前的寝宫举行这个仪式,那个时候这个房间里摆放着一个木制涂漆的方形祭坛。被严密监视的教皇只被允许接见"红主教",或者那些忠于皇帝极力说服他承认政教协定的主教们。皇帝想要教皇把教廷设在巴黎,然后强迫他宣布放弃给2/3的主教提名的权利。

但是法国对俄国之战失败,马莱将军又谋反,严重破坏了帝国政权。此时的拿破仑想要与教皇和解。1813年1月19日夜里,皇帝和皇后匆匆赶到枫丹白露宫。拿破仑离开巴黎,用的借口是参加贝尔蒂埃元帅在格罗布瓦办的狩猎派对。由于没有预先通报,也没来得及准备晚饭,拿破仑一行就径直睡下了。这座城堡的守门人这回重操旧业,做起了厨师。第二天,皇帝会见教皇,并和教皇进行了为期6天的艰难谈判。没人记得这些会谈的具体细节,而且传言教皇回应拿破仑威逼利诱的举动时说的"滑稽!可悲!"也几乎没有根据。有人声称皇帝已经忘乎所以,居然打了教皇,甚至还拉扯教皇的头发。庇护七世对主教帕卡说,拿破仑交谈时对自己"傲慢无礼",他也曾对另外一个好友提起过拿破仑扯着自己的衣领

第八章 一个朝代的建立

使劲摇晃的事。

1月25日,皇帝最终促使罗马教皇在和法国政府的政教协定上签字。庇护七世在这份政教协定里声明将主要神职人员的任命权转交给皇帝,除了6个称为主教府的主教辖区(靠近罗马),以及10个位于法国或者意大利的主教府。但是对于教皇的世俗统治权和他的住所只字未提。2月13日,皇帝下令将《枫丹白露政教协定》作为帝国的法律实行。

情势得到缓和。拿破仑对此甚是满意,他还给在场的主教们发了礼物。但是这些礼品就像烫手的山芋一样,主教们纷纷急着将他们分发给穷人们:主教鲁福也将枫丹白露镇的穷人们聚集在厨房的院子里,每人分到一法郎或者两法郎,总值2 000法郎。庇护七世为枫丹白露的居民们举办弥撒,意大利的高级教士们得以和教皇重聚,还有2月18日抵达枫丹白露的红衣主教迪·彼得罗以及帕卡。

亲信的更替让教皇陷入了真正的内部危机。"我们被玷污了。"他对主教帕卡透露出自己的不安。随即,教皇撤回政教协定:3月24日,教皇写了一封抗议书给拿破仑,由拉戈斯转交。此外,庇护七世还将这封信寄给神学院的成员。次日,拿破仑命令宗教部长比戈·普雷亚梅内要严格保守"教皇信中的最大秘密,对于是否公布有没有收到这封信,我会视情况而定"。

红衣主教迪·彼得罗被转移到郭艮第,教皇依旧被拘禁,

241

但是拿破仑一方面忙着在德国打仗，另一方面反对他的人越来越多，分身无术，就没有寻求立即利用宗教阵线。5月19日，教皇签发了一份涉及到未来教皇选举会的谕旨。根据拿破仑反对派的最新消息，庇护七世给奥地利皇帝弗朗茨二世①写了一封密信，要求归还其教会国家，并在即将召开的布拉格大会上由教皇来掌握罗马教廷的利益。

1813年11月，拿破仑试图进行新的谈判。他派皇后的贵妇侍女布里尼奥莱侯爵夫人去跟她叔叔孔萨尔维主教联系，安排此事。庇护七世被告知"此时此地不宜处理教会事务"。10天以后，轮到拉戈斯被派去当密使。看到拿破仑在德国战场上失利以后政权岌岌可危，教皇和他的几个参事们拒绝进行新一轮的谈判。最后一次商谈是在1813年12月，布尔日的大主教博蒙大人介入调解，同样未果。

直到帝国垮台，拿破仑才决定释放这些最显赫的囚犯。1814年1月20日，皇帝提出恢复教皇的世俗统治权。庇护七世拒绝签署任何条约，并且对博蒙大人说："您让皇帝尽管放心，我不是他的敌人，我的信仰也不允许我树敌。我热爱法国，等我回到罗马以后，会尽我的本分做我该做的事。"不久之后，拉戈斯将教皇送回意大利。为了掩饰自己的愧疚之情，拿破仑说自己准许"罗马大教主""返回他的教区"。

---

① 此处原文为François Ier，但根据原书索引和历史年表，应为神圣罗马帝国末代皇帝弗朗茨二世（Franz Ⅱ），他也是奥地利帝国第一个皇帝。

第八章 一个朝代的建立

1月28日，庇护七世举行了他生平最后一次弥撒，并对主教们说："我将要离开，将要和你们分离。我把你们召集起来就是为了告诉你们我的想法和打算。我们坚信，主教先生们，无论走到哪里，你们都会坚守自己的信仰，保卫自己的尊严。但我们还是要叮嘱各位，无论你们身处何地，你们都要通过自己的行动让别人知道，当你们看到教会发生了如此可怕和悲惨的灾难时，还有想到教会的领袖成为囚犯时，必定体验到的痛苦。你们对教廷的维护及忠心，我们深信不疑。"主教们对庇护七世表示了自己的忠心和服从，教皇站在马蹄形楼梯上向枫丹白露民众祝福挥别，然后登上马车启程前往伊比利亚半岛。意大利主教们不久便紧随其后。根据皇帝的指令，教皇一行的回国路线是十分曲折的，先后经过：奥尔良、利摩日、于泽尔克、布里夫拉盖亚尔德、卡尔卡松。他们于2月8日到达尼斯，随即又到了萨沃纳。拿破仑帝国覆灭后，1814年5月24日，庇护七世在流亡5年后回到罗马。

庇护七世在枫丹白露启程时，对诺利主教说过自己的态度是"既往不咎"。教皇后来在罗马接待了拿破仑被流放的家眷：皇帝的母亲、皇帝的叔叔费仕主教，还有皇帝的几个弟弟吕西安、热罗姆和路易。庇护七世不计前嫌，甚至动用自己的力量缓解拿破仑在圣赫勒拿岛的拘禁环境："在萨沃纳和枫丹白露发生的这些事不过是因为他们一时误入了歧途，或者受人类野心的驱使而犯了错。"1823年，也就是拿破仑皇帝去世两年后，教皇也去世了。

从此，庇护七世在枫丹白露宫住过的房间就被叫做"教皇套间"。那以后的两个世纪里，罗马教皇再也没有来过法国。直到1980年，继庇护七世之后，教皇让·保罗二世才首次穿过阿尔卑斯山脉来到法国。

1814 年
离别庭院

　　1814 年 4 月 20 日，星期三，拿破仑于枫丹白露宫启程前往厄尔巴岛。在他上车前，天下起了毛毛细雨，拿破仑又往回看了一眼他那些排在马蹄铁楼梯上和金色栅栏间的卫兵。他拿着他那顶著名的帽子走下楼梯。走下楼梯后，他把帽子戴在头上，在几个主要官员和四个联盟特使的陪同下走进了士兵的队伍里。进入院子以后，他让自己的老近卫兵们①在自己四周围成一个圈，然后发表了最后的演说："我的老卫兵们呀，今日一别，也不知何时才能再聚。这 20 年来，我看着你们在荣誉和胜利之路上奋勇前行……在场的各位以及千千万万像你们一样的勇士跟随我，我们永葆初心，勇往直前。但战争会没完没了，会变成内战，那将给法国带来更深重的灾难。我为国家的利益牺牲了自己的一切利益，我走了，可是你们，我的朋友们，要继续为法国效劳……如果说我同意苟活下去，那是要为

---

① 老近卫军第一次成立是在 1799 年 11 月 28 日，当时称"执政近卫军"，这支部队是原有的督政府近卫军与立法议会近卫军的混合体，跟随拿破仑经历过多次战役。

你们的光荣效劳。我打算把我们共同创造的伟大成就的历史写出来。再见了,我的孩子们!我多想把你们都拥抱在我的心头,可还是让我吻这个代表你们全体的军旗吧。"这是最后的演说。枫丹白露,这个专制皇帝上演自己大戏的剧院,成为他最后一次转变的舞台——这位皇帝将会再次成为大革命的首领,他才刚刚写下拿破仑传奇的第一章。

拿破仑此前书写的篇章显然更加悲惨。1812年,法国军队在对俄战役中溃败。中欧和德国在1813年失守,而且法兰西帝国的许多盟国也已倒戈。此后,战场转到"古老的法国"领土上。

1814年2月,法国人害怕敌军进入枫丹白露宫将其洗劫一空。王室家具总管火急火燎地将套间内最珍贵的物件装了10余个箱子运往巴黎,这些物件大至灯座、摆钟、花瓶、描绘意大利战争的水粉画、拿破仑的全身画像等……小至皇帝御座的翎饰!现在应该抢运那些价值连城的宝贝,但同时也应该拿走那些可能成为同盟军战利品的一切东西。时间紧迫。2月14日,那些哥萨克人在方尖碑露营,俄国军队则在枫丹白露的城堡内驻扎。但拿破仑出人意料地在尚波贝尔和蒙特米赖取得胜利,从17日开始,俄国军队撤离枫丹白露宫。

尽管拿破仑的军事才能出众,但这并不足以和规模巨大的反法同盟军抗衡,无法扭转法国军队的命运。3月31日,皇帝在放弃首都后来到枫丹白露宫,此时,他的手下仍有6

第八章 一个朝代的建立

万余兵。4月1日，他举行了阅兵仪式，然后又去科尔贝和埃松检阅了马尔蒙元帅的阵地。他还在那儿会见了从巴黎过来的法维耶上校；上校汇报了反法同盟军进入首都的情况以及沙皇拒绝与拿破仑商谈的申明。听到这个消息，拿破仑向马尔蒙重申了自己要不惜一切代价继续作战的想法："对于我来说这是必须的"。

4月2日，白马庭院举行了新的阅兵仪式。这位皇帝依旧以一种高昂的气势对他的士兵们致辞说："老皇帝向大家问好！"有一个阅兵仪式的见证者这样描述道："像这样，在充满辉煌和荣耀的日子里，我们在杜伊勒利宫、美泉宫、波茨坦都可以看到这样的拿破仑，如今在枫丹白露宫，他仍是这样出现的。"同一天，从巴黎办完事回来的科兰古神父告诉拿破仑沙皇要求他退位的消息。4月3日，拿破仑获悉，前一天，由塔列朗组建的参议院已经建立了一个临时政府，并宣布废黜拿破仑。

10点半，拿破仑在白马庭院召集弗里昂的老近卫军和昂里翁将军的青年近卫军，并对他们进行了较长时间的检阅，他与士兵们交谈，并授予他们勋章。在阅兵完成之际，拿破仑走到庭院中央，让他的军官和士官们围着自己，并致辞："军官们、士官们以及我老近卫军的士兵们，敌军已经夺取我们的三个边境地区。他们已经进入巴黎了。为了求得和平，我向亚历山大大帝做出巨大的牺牲换和平：保留法国原来的边境线，放弃我们曾经征服的领土，还输掉我们从大革命以来的所有战果。但是他不仅不同意，还得寸进尺，用那些流亡贵族的卑鄙提议来索要更多，我曾经给予他们生命与莫大的恩惠。他准许他们戴上白色的帽带，随即，他又要拿我们国家的帽带来代替。我们几天后就要攻打巴黎了，兄弟们，接下来就得看你们的了！"此话未了，庭院里的将士们一片热血沸腾，喊道："我皇万岁！进击巴黎！进击巴黎！"拿破仑结束他的话，说："我们要向他们证明，法兰西民族懂得如何做自己国土的主人，若在他乡久留，此处便是吾乡。我们懂得如何捍卫自己的帽带，如何捍卫我们的独立以及领土的完整。"随后，士兵们排起长队，皇家卫队的乐队奏起马赛曲和出征曲。

  在4日的晚会上，在皇帝和他的元帅之间发生了可怕的一幕——大家决定逼皇帝退位。奈伊、勒菲弗、蒙塞和乌迪诺突然闯进拿破仑的办公室，然后郑重其事地说："我们的处境可以用绝望来形容，如果不尽快和解，迎接我们的将是一场灾难。只有让您退位这一条路可选了。"谈话中闯进来的麦克唐纳比其他元帅更不敬："和您说实话吧，我们不想将巴黎置入莫斯科的虎口之中。我们的人已经被接纳，我们决定结束一切。"拿破仑再一次提及要向巴黎进军，但无论他怎么说，得到的回复都是士兵们不愿前行。"军队会服从我的！"皇帝大喊道。受挫的拿破仑遣散了他的副将们，身边只留下了科兰古一人。在与科兰古商议后，他同意让位给儿子，也就是罗马

第八章 一个朝代的建立

王,并由玛丽·路易丝摄政。奈伊、麦克唐纳和科兰古就把这个消息带往巴黎了。

第二天就上演了这样戏剧性的一幕:拿破仑收到了元帅马尔蒙大军叛变的消息。他的三个密使从巴黎赶回,拿破仑让位于罗马王的事没能成功。相比较拿破仑二世,塔列朗和临时政府此前已经说服沙皇选择波旁家族了,将军德索勒曾对沙皇说:"摄政者只是个传话筒而已,真正的王躲在幕后。"拿破仑思索半晌后决定退兵到卢瓦河。奈伊、麦克唐纳和科兰古就此事进行商讨,奈伊主张无条件投降。晚上 11 点半,奈伊写信给塔列朗:"皇帝由于将法兰西置于他自己都无法拯救的地步而受千夫所指,他本人已同意完全让出大权。我限他明早之前将明确正式的让权诏书交给我。"

6 日,拿破仑最后一次集结他的元帅们,仍试图说服他们随自己撤兵卢瓦河。但是对方又重演了前天的那一幕——他们拒绝在国内扩大内战。据说此时这位皇帝曾对他的士兵们说:"你们这是想要歇息了是吗?那就去吧。"随后,拿破仑就在让权诏书上签了字并把它交还给了元帅。这封诏书内容如下:"反法同盟势力早就把拿破仑皇帝视为阻碍欧洲和平建设的眼中钉,拿破仑大帝谨守他的誓言,在此宣布,为了他自己及其继承者,放弃法国和意大利的王座,本人还没有做好为法兰西的利益作出个人牺牲,甚至献出生命的准备。"随即这座行宫也一并让出。同一天,巴黎的议会将"上一任国王"路易十八拥上宝座。拿破仑曾经的那些元帅和将军们争相拥护这位新主。

接下来这位前任皇帝经历了痛苦的几个小时：他需要协商自己的出路，当他的密使们和反法同盟国商议之时，拿破仑在狄安娜花园乱转，狂躁不已。精疲力竭的同时又伴随着歇斯底里。

4月11日，拿破仑批准了一份协定，该协定赋予他终生统治厄尔巴岛的权力，并保证他每年都能够获得200万法郎的收入。另外，这一协定还保留了拿破仑皇帝的头衔和玛丽·路易丝的皇后头衔。玛丽·路易丝还拥有了帕尔马、普莱桑斯和瓜斯塔拉①的主权，她的儿子们则成了帕尔马的王子。这个皇室家族的王子和公主们同样也被授予了某种头衔并有一定的收入。1 200—1 500名皇家侍卫被临时调动，护送拿破仑到圣特罗佩②码头乘船前往厄尔巴岛。一支400人的侍卫队奉命看守这个遭遇流放的皇帝。该协定保证跟随这位皇帝的波兰军队可以带着武器拿着行李自由返回祖国。协定的双方之中，法方的签字代表是科兰古、麦克唐纳和奈伊，而反法同盟方面则分别是代表奥地利的梅特涅亲王，代表俄国的内斯尔罗德伯爵，代表普鲁士的哈登贝格男爵。同一天，法兰西临时政府发表了遵守协定所规定条件的宣言。5月31日，塔列朗以路易十八的名

---

① 这三个地名都在意大利。
② 尼斯西边一个小镇。

第八章 一个朝代的建立

义发表一份声明,规定由法国承担的条款将予以忠实执行。

从 12 日夜晚到 13 日凌晨,拿破仑很可能试图服用鸦片或者颠茄自杀。据科兰古所说,拿破仑自俄国战役以来,一直随身带着一剂毒药,并在那晚用水吞服。但是反复的呕吐降低了服用功效,"自杀"没能奏效。陪在他床边的外科医生伊万也拒绝给这位病人添加新药。天亮了,拿破仑也好多了,他对科兰古说:"我会活着的,因为死亡不愿在我卧病在床之际到来,我更适合战死沙场。我会有勇气在这些事发生以后活下去的。"

接下来的几天,就是打点这位即将被流放的皇帝的行李了:打包家具、书、花瓶、餐具以及其他为皇家流放所准备的物件儿。在与他的近卫队老兵们告别之后,这位皇帝又拥抱了佩蒂将军以及鹰饰勋章,然后登车启程,经过几个世纪这片白马庭院也就变成了离别庭院。拿破仑的套车由密使及其随从跟着。50 名精锐部队的骑兵组成了一支护卫队。他们于 1814 年 5 月 3 日到达厄尔巴岛。而 1815 年 1 月 14 日,这个皇帝就逃离此岛,去收夺他的宝座了。1814 年 3 月 20 日①,他在上午 10 点到下午两点的时间段于枫丹白露短暂停留,晚上 9 点的时候到达杜伊勒利宫,前一天路易十八已从这里逃跑。百日王朝开始了,最终由滑铁卢战役终结,拿破仑也因为这次的失利再次让出皇位,再次被流放。这一次,拿破仑被放逐到位于大西洋

---

① 此处时间有误,原文如此。

枫丹白露宫

的一座废弃的小岛——圣赫勒拿岛。

复辟的波旁王朝立刻将失势皇帝的标志从公共建筑中清除。那些"N"[①]、蜜蜂和雄鹰的标志被"L"[②]、王冠和百合花代替。但仍有一个地方留下了这个"篡位者"的痕迹——枫丹白露宫。1834年,当路易·菲利普邀请他的宾客们参观枫丹白露宫的时候,伯爵夫人布瓦涅曾这样描述:"我们此行看到一张普通的硬木独脚小圆桌,说是拿破仑就在这张桌子上签署了退位诏书,这张桌子也提醒我去读一读王朝复辟时期写下的铭文。我还看见一块皮革上刻着这样一句话:'波拿巴在国王的第二间办公室——陛下洗漱室的桌子上签署了让位诏书。'"其实,这张独脚小圆桌上真正记录这件事的铭文是这样的——"1814年4月5日,拿破仑·波拿巴于枫丹白露宫国王寝宫后第二间屋子的办公室签署了让位诏书。"皮革铭文的作者显然无中生有地给这件事抹上了污蔑的色彩。

---

① 拿破仑的首字母。
② 路易十八的首字母。

第九章

调解法国人

1831 年
路易·菲利普的工地

对在法国历史上臭名昭著的路易·菲利普来说，我们所见到的枫丹白露宫和凡尔赛宫一样，都像是他的孩子。没有这位法国国王，弗朗索瓦一世的城堡，还有路易十四的城堡都无法保存完好至今。王室家族也并非完全大公无私，路易·菲利普在意识到其政权的脆弱性之后，曾试图寻求民众的认可。他打算以文艺复兴的建筑品味和大型宅邸的历史记忆为出发点，将这座宫殿改造为博物馆。

在恢复枫丹白露宫作为王室第一行宫的过程中，这位法国国王走了和历史悠久的波旁王朝完全不同的路。路易十八只在 1816 年 6 月 15 日来过一次枫丹白露宫，还是为了接待两西西里① 国王的孙女，前来与贝里公爵成婚的玛丽·卡罗琳公主。他们的第一次会面与拿破仑和庇护七世的会晤一样，是在圣赫勒姆十字架那儿。是夜，在参观房间时，国王对阿图瓦伯爵说："一切都保持良好。但兄弟，我们要说好，我们不在这的

---

① 两西西里王国是拿破仑时期完结和 1816 年费迪南多一世恢复权力的时候，给予他的领地（包括南意大利和西西里岛）的新名字。

时候需要一个好的守护人。"后来，路易十八完成了狄安娜长廊的施工。查理十世，安古莱姆公爵以及贝里公爵都在打猎期间来这里小住过。枫丹白露宫只在查理十世统治时期接待过一次规模较大的皇家出行，那是在1827年的10月到11月。许多帝国军队的老兵已经退隐，络绎不绝的法国和外国游客前来探寻拿破仑时期留下的痕迹，这座城市再也不是那么正统了。

帝国时期的奢华艺术风格之后，是王朝复辟时期在艺术上的平淡无奇，枫丹白露城区的人已失去了对王室家族的好感，对这座城市也生出了颓废没落之感。时任枫丹白露宫图书馆馆长的诗人查理·雷马尔，在其1820年写成的《枫丹白露旅行指南》一书末尾，曾提出想要那个"正统君王"回来的心愿，他说："这座城市在多年的风雨飘摇中衰落了，城中一半的房门紧闭，一群工人没精打采，他们习惯了每年得到君主的命令开工干活，以此维持自己和众多家人的生计；我觉得这座城市会再次蓬勃发展：因为往后还会有很多家庭到来，为这个人口稀少的地方增添生机。它的繁荣会再次映照古老辉煌的墙壁，永远。"

1830年王朝复辟以后，一切都产生了变化。路易·菲利普在枫丹白露宫施工甚少，但是他对修复还是挺上心的。据建筑师方丹所述，这位国王对于修缮此宫的原则是"井然有序，顺应特定时代的风格特征"。1833年到1836年，舞厅大厅进行了彻底的修复，1846年到1847年，弗朗索瓦一世长廊修复完工。

第九章 调解法国人

工人们根据国王的女儿玛丽·奥尔良公主绘制的草图在圣萨蒂南小教堂安装了彩绘玻璃。各个套间里拿破仑时期购入的大部分家具仍予以保留，此外，在适当的位置搭配合适的物件儿，这些物件有些是买来的，有些是新做的。也正是由于这个原因，在路易·菲利普的时代，添置家具重新布置的曼特农夫人套间让人误以为是路易十四时期的风格。

文艺复兴时期的壁画得到修补，更准确地说，是被重新绘制。初衷不错，但结果却不尽人意，甚至可以说是一场灾难。研究普里马蒂乔的历史学家路易·迪米耶指出："色调突兀刺眼，比例与轮廓绝对不高明，极度粗糙的笔法把精美的作品变成了一堆荒唐混乱的不名之物：畸形的姿势，残缺的肢体，奇怪的动作，过度的错位，发红的肉体和苍白的帷幔。"

1834年，路易·菲利浦下令让方丹的学生欧仁·迪布勒伊在舞厅的地方建一个柱厅或者"路易·菲利普长廊"，用以替代帝国时期的传达室。迪布勒伊热衷于模仿他的师傅，将重点放在成对陶立克式柱子上。这个柱厅只有五个朝向花圃的五个窗子作为采光点，分别安装在那些用于反射光线的大玻璃柱之间。大门则是仿制保存在卢浮宫的文艺复兴时期的门型。在主门的上方则造了一个用于放置法国国王半身像的椭圆形壁龛。这种新古典主义风格或者说新式文艺复兴风格的装饰不招布瓦涅夫人的喜欢，这位伯爵夫人曾这样说："我不太喜欢一楼的路易·菲利普长廊，甚至不觉得他现在的品味能够让后代子孙欣赏我们时代的艺术。还有这些沉重庞大的柱子，根本没有承重，占地方还遮光，方丹先生就是浪费，在他负责的宫殿甚至行宫中都是这样。"

在枫丹白露堡，路易·菲利普突出展现了弗朗索瓦一世和法国文艺复兴时期的遗迹。他在马蹄铁扶梯上的凹槽处装上了马里尼昂战役胜利者①的半身雕像。他们在赛夫尔的手工工场定制了一个"文艺复兴时期的花瓶"，并在1838年把它放到了弗朗索瓦一世长廊，人们在那儿可以看到"弗朗索瓦一世在听音乐会时观赏列奥纳多·达·芬奇描画蒙娜丽莎"！七月王朝忘记了帕维亚战役②的失败者，那个总是被查理五世打得惨兮兮的对手，只记得那个支持文艺的君王，复兴了文学与艺术。

---

① 即法国国王弗朗索瓦一世。弗朗索瓦一世出兵征服米兰，于1515年与米兰公爵的同盟军瑞士人在米兰附近的马里尼昂交战，法军大获全胜。
② 1525年，查理五世和弗朗索瓦一世在第一次意大利战争期间的一次战役。法国战败，弗朗索瓦一世被俘。

1834年
"王座的魅惑"

1831年7月,也就是革命后登基一年之后,路易·菲利普先是自己一个人来到枫丹白露。1833年9月,他首次带王室家人来到这儿,但行程仅有四天。到了政局稍稍稳定之后,在1834年9—10月,这位国王才组织了一次真正意义上的出行。

为期十日的枫丹白露之行首次将客人分为三类,这种方式让人感受到第二帝国的巨大财力。布瓦涅夫人曾回忆到:"此次出行多少有点皇家气息,至少有个明显的倾向,在皇家威严方面上升了一步。"随行的仆人们都穿着复辟时期镶有银色饰带的蓝色制服。百合花徽饰[①]在队伍中随处可见。伯爵夫人补充道,"这是我自1830年那场革命以来头一次见到国王有勇气回忆他是亨利四世的孙子。"枫丹白露——这块贵族之地散发的品位让人回想起波旁王朝的血液里流淌的艺术气息。艾蒂安·雅曼在第二年出版了一本书名为《路易·菲利普统治时期的枫丹白露宫》,他在书中对此次规模浩大的出行也有

---

① 法国王室的象征标志。

描述:"自帝国鼎盛时期以来,皇家出行未有这般声势浩大,奢侈豪华。"

王室家族与宾客们于9月29日抵达,外交大使们也来了。众人先是由建筑师迪布勒伊和画师皮若尔陪同参观枫丹白露宫,之后拉开了此行的帷幕。是夜,在狄安娜长廊享受了一顿丰盛的晚餐之后,国王又点着火把带大家参观了修复好的套间。翌日早晨,布瓦涅夫人听到了在路易·菲利普十分崇拜的圣萨蒂南教堂举行弥撒的声响:王后和公主们已入座,一些女眷在底层就位,但是有一个涉及伏尔泰式反宗教行为的意味深长的现象——现场一位男士都没有。当天下午,众人在宫中池塘乘游艇观光。晚上,在狄安娜长廊用过晚膳以后,便是观看巴亚尔的喜剧《侍读女郎》和斯克里布的《眼镜》。接下来的几天里,他们乘着四轮敞篷马车漫游森林,在狄安娜长廊用晚膳,在王后宫里嬉戏或者看戏剧和音乐剧,比如说观看罗西尼歌剧,演奏贝多芬七重唱的片段。最后一天,大家在舞会大厅跳舞至午夜,又在凌晨一点左右于狄安娜长廊里进夜宵,此行才算结束。

路易·菲利普十分喜爱邀请他的宾客们来枫丹白露宫游玩,另外,他还爱给来宾介绍正在进行的修复工程。布瓦涅夫人因此得以一睹被拆除后搁在地板上的舞厅天花板,这块天花板是木质的,她曾对此表示:"但是我觉得这几乎就是一件按制造金银器件标准来打磨的工艺品,工匠甚为用心,其精巧度

第九章　调解法国人

可以媲美鼻烟壶。"这位贵妇还参加过国王和修缮普里马蒂乔画作的画家阿洛之间的讨论。当时，12岁的奥马勒小公爵也是在这位皇帝的陪同下游玩枫丹白露的。此外，国王还向参观者展示了弗朗索瓦二世被指定为"法国之王"的题词。

身为皇后玛丽·艾米丽老友的布瓦涅夫人在这儿受到贵宾之礼。她回忆："他们把我带到一个非常漂亮的套间，精心安排，方便舒适。壁炉里的熊熊火焰温暖了整间屋子和屋外的客厅。在我到那儿五分钟之后，这间房的一个仆人捧着一个装着水果、蛋糕，还有一瓶葡萄酒和冰水的托盘走了进来。"她知道玛丽并不赞成1830年的那场革命，并且发现皇后心情平静，于是布瓦涅夫人将皇后拉到一边，告诉她自己很高兴看到她适应自己的新位置。但是皇后却双眼噙泪地回答说："不，亲爱的，我没有一天是快乐的，每时每刻。"

布瓦涅夫人对于正统王座和奥尔良王朝的好感不分上下，她去拜访了梅尔基奥尔·德·波利尼亚克伯爵，即前任城堡的总管，他于1830年退离并回绝了在法国国王宫中任职。皇后玛丽·艾米丽赞同这一做法。但布瓦涅夫人的举动引起了一些奥尔良党人的担忧，他们希望能够调和新王朝与旧贵族的关系，所以，他们很高兴在宾客中看到拉·特雷穆瓦耶公爵及其夫人的身影。

至于路易·菲利普，他表现出双面性。作为革命后登基的皇帝，他在许多方面仍像是旧世纪的人，一个旧王朝的君王。

枫丹白露宫

雷米萨写到"因为他满脑子仍是凡尔赛宫的传统以及老君主制的规矩,所以不断地对靠近自己的大部分人欲迎还拒。七月革命将他置于无话可说的境地,人们不知道他想谈什么,有时候他还会来一句:'呜呼!吾民不解吾史!'"枫丹白露宫也由此成为了国王和公民试图解决这个矛盾的地方之一。

1837 年
奥尔良公爵与梅克伦堡公主

1837 年 5 月 29 日傍晚时分，路易·菲利普和他的家人以及他们邀请的贵宾一同现身于白马庭院的马蹄铁扶梯前。国民卫队的第六轻步兵团和第四轻骑兵团站在中央通道的两侧，手擎武器。庭院里国王的其他宾客则挤在庭院的窗前或者就在院子的四周观看。所有的人都在等待一位公主的到来，如同 150 年前勃艮第公爵夫人式的人物，诞下王位的继承人，并振兴一代王朝。

近几年来，这位法国皇帝希望他的长子费迪南·菲利普，也就是奥尔良公爵早日完婚。这样一来，他们就可以继续沿用 1830 年之前"沙特尔家族"的称谓，在那个时代，他们的头衔是沙特尔公爵。此时的欧洲大家族已经逐步衰弱了。然而路易·菲利普登上王座这件事仍具有革命性。费迪南·菲利普在 1830 年已有 20 岁，但是到了这个年龄他还没有跳出自己固有皇家交际圈的想法。1835 年，菲耶斯基的谋杀事件导致元帅莫尔捷在内的 18 人遇难，但国王奇迹般地毫发未损。这一事件说明奥尔良王位危在旦夕，因此路易·菲利普首要考虑的就是给儿子谋一桩婚事。因为后代的降生能够为一个新的王朝带来希望，同时这也可以让那些弑君者死心。然而符腾堡的国王拒绝将女儿许配给法国国王的儿子。之后，他们一直与维也纳宫廷交涉，想迎娶一位奥地利公主，但遭到梅特涅首相以及苏菲大公夫人[①]，也就是后来的弗兰茨·约瑟夫之母的反对。1836年的5月到6月，这件事依旧一筹莫展。

于是，比利时王后路易丝写信给一心想与奥地利联姻的母亲玛丽·艾米丽，说："我对您将所有的筹码都放在奥地利这边不甚赞同……在我心中，沙特尔家族有足够的实力迎娶与其门当户对的媳妇，比如说德国最小的公主；但是我得承认自己更愿意看到咱们的王子迎娶利佩家族或者瓦尔德克家族的公主，相对于可能给我们带来恶劣基因的奥地利公主，她们的更善良，更美丽也更健康……我们家族根基深稳，不需要用和洛林家族联合的方式来得到爵位。"

在出生高贵又健康美丽的公主门前几经冷落，又将那些丑的、有遗传病史的公主们通通筛去之后，就要听听路易丝王后的建议，降低标准，去那些等级更低一些的家族看看，比如说梅克伦堡－什未林[②]的伊莲娜。这个信奉路德教的女子不怎么

[①] 即后来的奥地利苏菲皇太后（1805—1872年），1824年与奥地利的弗兰茨·卡尔大公结婚，奥地利皇帝匈牙利国王弗朗茨·约瑟夫一世的母亲。
[②] 梅克伦堡－什未林是北德意志地区1348年建立的一个公国（1815年后为大公国）。

第九章 调解法国人

符合玛丽·艾米丽皇后以及那些右翼奥尔良党人的心意。相反，那些自由惯了的法国民众毫不在乎其未来皇后的出身。新教徒对此说道，"我们想让公主有充分的自由参与她的礼拜活动，而我们的目的是为了让她获得必要的条件"。路易·菲利普对此则是采用折衷的办法："我当然更希望她是天主教徒，你们觉得这没什么，但是那些从查理十世身边离开的卡洛斯派觉得必须这样。就我而言，我觉得既不是无所谓，也不是非得这样。"而对于奥尔良公爵①，路易·菲利普对神甫居维耶（5年前为路易丝公主与比利时国王即萨克森-科堡公爵列奥波德主持婚礼的神甫）说："我希望这位公主的宗教信仰是完全自由的，我的意思是不要让她有任何的转变。我希望我能够尊重我的妻子，如果她只是因为权宜之计，或者为着纯粹的世俗考虑而改变信仰，就不太可能再有这样的尊重。"

什未林公主临行去往革命的法国之前，亲朋好友表现出种种忧虑，但是早已被法国深深吸引的她回答："相比我终生透过窗户看外面，我更喜欢去法国到城堡的庭院里做一年奥尔良公爵夫人。"婚事就这么定了。斯塔埃尔夫人的女婿——思想开明的布罗格利公爵作为特别使节被派去接准新娘并将其带往法国。

1837年5月10日至12日间，路易·菲利普和玛丽·艾米

---

① 即路易·菲利普的儿子费迪南·菲利普。

丽首次来到枫丹白露宫监督下榻此地的准备工作。真正意义上的小住是从 5 月 27 日开始的,国王参观套间以检查是否一切都准备就绪,又检阅了国民卫队和驻扎在城里的军队。那晚,王室家族目睹了舞会大厅新照明系统的测试,为了迎接大日子的到来,一切都该妥妥当当。

翌日早晨,我们首先看到贵宾出席:比利时国王列奥波德在前,后边依次是神甫们、首席大法官帕斯基耶尔、议会议长、外交使臣。中午,奥尔良公爵和内穆尔公爵出发前往默伦,他们在那儿与伊莲娜公主和她的继母——梅克伦堡·什未林大公夫人汇合。这位公主在此易服——脱下她德国的行头,换上法国的服装。晚上七点,迎亲队伍返回白马庭院。双方首次接触还算成功。伊莲娜一下车就紧随国王与王后,给大家留下了极好的印象。"她的一眉一眼,言谈举止清新自然,无不散发出一股贵族气息,热情而又端庄谦逊,一点也不怕生,仿若已经适应了新环境,她简直就是那种为大场面而生的人。"(基佐[①])

这位公主并非是国王的亲生女儿,但这场婚礼还是按照 1697 年萨瓦公爵的女儿玛丽·阿德莱德与路易十四的孙子勃艮第公爵的那场著名婚礼的礼节来办。婚礼中,贵妇们都集中在皇后沙龙,晚餐在狄安娜长廊进行,有 250 人出席。餐后,在

[①] 基佐(Guizot,1787—1874 年),法国著名的政治家和历史学家,他在 1847—1848 年间任法国首相。

大花圃里有戏剧演出还有烟火表演。

七月王朝再一次于这座城堡以旧时之礼摆上这样阔大的场面。非常注重正统的马耶公爵夫人曾这样描写："整场仪式都在国王的宫中举行，仪式中，路易十四被奉为法国历史上地位最高的君主之一。一些人认为路易·菲利普这样做是犯了政治错误。但是我不这样认为，相反，这位国王的做法让来宾兴致大增，因为用他们的名字占据本该写上那些大人物名字的地方会让他们感到十分地不自在。路易·菲利普是一个平民选举出来的国王，公主很清楚这一点，但她对围绕着她的光芒觉得心满意足。如果他不寻求重振公主给他带来的王室风范，他的自尊就会受到伤害。盛宴的参与者看到路易·菲利普成为伟大的君王时，他们也会认为自己就是时代的佼佼者。"

婚礼在次日举行，由三个不同的仪式组成。晚上 8 点半，世俗的民事婚礼在舞会大厅举行，主婚人是帕斯基耶尔男爵，他两天前刚被任命为法国首席大法官。他还有一个路人皆知的身份——布瓦涅夫人的情夫，这也就可以解释为何这位贵妇在此次枫丹白露之行中仍受到盛情款待。奥尔良公爵会见了四位上议院的副议长——塞吉耶男爵、波塔利斯伯爵、布罗格利公爵以及巴斯塔德伯爵；众议院的议长和四位副议长——迪潘、卡尔蒙、德莱塞尔、雅克米诺、屈南·格里代纳；三位法国元帅——苏尔特、穆顿·德·洛博、热拉尔；还有塔列朗亲王、舒瓦瑟尔公爵以及法国派到柏林的部长布雷松伯爵。七月王朝的大人物们齐聚一堂——包括脱离旧政权投身自由主义的贵族们（布罗格利、巴斯塔德、塔列朗、舒瓦瑟尔）；因立下大功而受封的新贵们（波塔利斯、苏尔特、穆顿、热拉尔）以及那些上层资产阶级（迪潘、卡尔蒙、德莱塞尔）。

然后，来宾们返回圣三教堂，开始婚礼的下一环节——天主教婚礼，由莫城主教加拉尔大人主持。巴黎的大主教凯朗大人拒绝将自己的教堂用于举办一场世俗与宗教混合的婚礼。最后的环节是新教婚礼——新娘以新教徒的身份在名为"路易·菲利普长廊"的新柱厅举行了一场路德式的婚礼，由时任巴黎奥格斯堡教派红衣主教会议主席的居维耶神甫主持婚礼。基督像置于两把火炬之间，像身上盖着一块红丝绒布。晚上11点，盛会落幕。

翌日，大家到狄安娜长廊用午餐，去圣三教堂做弥撒，又到森林散步。夜间，法国的喜剧演员们演出了马里沃的《虚假秘密》和赛代纳的《意外赌注》。接下来的几天，大家通常都是午后散步，接着欣赏精彩的晚会：歌剧、芭蕾舞剧喜剧一应俱全。6月4日，王室家族离开枫丹白露宫前往圣克卢宫。

在婚礼后的这四天庆典中，枫丹白露宫十分出色地完成了它的历史使命。基佐在他的回忆录中曾这样写道："在枫丹白露宫里举办的这场典礼前所未有，这座宫殿给人的第一印象就是气势非凡。经历了这么多个世纪，如此多的君王在此建设改造，留下他们的印记，而它依然站立在历史长河中，可以说是

第九章 调解法国人

法国历史的缩影,新事物在这里与历史紧密相连,就像与祖先们相连……这座宫殿中四处的墙都在诉说着往事,仿佛逝者显灵,聚集起来迎接各自经过此地的生者。"死者就这样被召唤以赞同生者的决定,并奉献出奥尔良王朝的财富。

但布瓦涅伯爵夫人所祈愿的那种旧式奢华排场现在恢复了么?身为奥尔良保守派人士的基佐本人对此表示疑问。他在6月5日对洛尔·德·加斯帕兰说:"对于我们所处的这个时代,皇家生活过于肤浅,也过于矫揉造作。我们不再具有适合这种生活的缺陷与特质。我们经受过的动乱和负担太沉重,太深刻,我们已经受够了,在如此繁多的规矩和束缚中我们不知所措。我只看到不耐烦的人,因为无法享有更多的空间而愤怒,却又不知该如何能得到更多。"

为了弥补在枫丹白露宫宴会中过于浓厚的君主制氛围,路易·菲利普想在接下来的6月10日为凡尔赛宫举行揭幕仪式,一场全国的庆祝活动。这个新的庆祝活动是王子婚礼庆典的延续,但不限于权贵参加。在镜厅举办的宴会汇聚了1 500名宾客,另外有许多巴黎的记者们应邀而来,因为君主对布瓦涅夫人颇为不满。

枫丹白露宫举办的这场庆典永远地刻在了一组具有新文艺复兴风格的"婚礼柜"上,柜上装饰有让·查理·德韦利绘制的珐琅板画。五块大板分别描绘了公主到达城堡大门,国王在马蹄铁扶梯上接待公主,世俗婚礼,天主教婚礼以及新教婚礼的场景。这五幅椭圆画板还描绘出什未林城堡、梅斯①府、枫丹白露营地、星形广场凯旋门,还有巴黎市政厅。雕塑家雅莱还设计了一个代表美术与军事艺术的年轻男性浮雕、代表音乐和文学的年轻女性浮雕以及一些女像柱与儿童浮雕。

  1842年,奥尔良公爵②意外身亡,使得这个汇聚多种艺术形式的纪念性遗物变成现实的愿望变成泡影。费迪南·菲利普留下两个牙牙学语的婴孩——1838年出生的巴黎伯爵菲利普和1840年出生的沙特尔公爵罗贝尔。于是69岁的路易·菲利普只有独自等待历史的风暴。

---

① 法国东北部洛林大区首府。
② 指费迪南·菲利普因马车意外死亡。

1846年
刺杀法国国王

回顾过去，人们通常都认为路易·菲利普统治时期的法国内外局势都比较安定，经济繁荣，资产阶级也安分守己。法国人在开明君主的庇护下和好如初。然而一切都是假象。七月王朝的政权无时不刻不受到右派和左派的争议。对于一些人来说，路易·菲利普是亨利五世皇位的篡夺者；对于另外一些人来说，他是1830年七月革命成果的盗窃者，是法国共和路上的绊脚石。

1840年以后，法国政局趋于稳定。这些表象让人产生错觉——奥尔良王朝也并非那么软弱。苏尔特元帅是名义上的首相，而政府掌握在基佐手中。国王逐年老去。1842年，奥尔良公爵的死熄灭了七月王朝政权希望在短期或中期内复兴的一丝希望之火。这件事为内穆尔公爵打开了摄政之路，但他是家中的幼子，并没有接受过治国教育。

因为路易·菲利普经历过很多弑君事件，所以他在枫丹白露宫时，守卫总是森严。七号国道上正在施工的工程被停，好让国王的行走路线畅通无阻。王室家族到达枫丹白露宫的前几天，近卫兵们就开始在旅馆、乡间客栈、小酒馆和妓院搜查可疑人员。那些外国人，特别是那些非法居留在这儿的波兰人、意大利人和西班牙人都被赶出了枫丹白露。枫丹白露宫被近卫兵的巡逻队包围着，花园和森林也都布满他们的人。但是1846年4月16日，戒备森严的枫丹白露宫还是出现了刺客。

4月15日，路易·菲利普来到枫丹白露。16日中午至下午1点，他于林中溜达，一行有三辆车，国王乘坐一辆十分显眼的敞篷两轮马车在最前面——车漆成蓝色，画着印有国王姓名首字母的皇冠，车身顶棚是漆皮。陪同的有王室年俸大总管——蒙塔利维伯爵、王后、萨莱诺的王子和公主、阿德莱德公主、内穆尔公爵夫人以及符腾堡的菲利普王子。随从参谋、塞纳-马恩省省长、枫丹白露区副区长以及其他官员乘坐另两辆马车，没有护卫队随行。这次林间漫步也只是去森林里看看前来打野猪的王子们和格雷菲勒伯爵。

相反，车队在回程时多了几位骑兵跟随，他们取道金合欢林荫道，沿着一片被高墙封闭的土地，毗邻叫做"埃文市场"的公园。下午5点30分，当车经过高达四米的墙边，有人藏在墙后向国王开了两枪。第一声枪响过后，那人有一点犹豫，但王后趁这个空当迅速向护卫队下令避开，马车飞奔疾驰，躲过了第二枪。回到城堡后，他们才发现皮质顶棚已经被子弹打穿了一个洞，而当时洞的下方正好就是路易·菲利普的位置，枪手还差10厘米就打中国王头颅。国王自己显得很平静：这已经是针对他的第八次暗杀了，而他将继续在

第九章　调解法国人

晚上举行盛大晚宴。

晚上 11 点 30 分，内政部长发电报给各省省长说"上帝仍在拯救国王的生命"，这份电报的复件也在整个王国张贴。翌日，王室家族在圣·路易郊区的教堂齐颂《感恩曲》。

但是，他们还是抓获了埋伏的枪手，在被捕时他并没有反抗。他叫皮埃尔·勒孔特，身份竟然是原枫丹白露工冠森林的护林总管！他出生于 1798 年，于 1814 年入伍参加皇家护卫队，参与 1823 年西班牙战役，后晋升为士官，还因表现出色被授予了法国荣誉军团勋章。他在希腊独立战争做志愿军的时候一路晋升，从一开始的少尉到中尉再到上尉。1829 年，他的服役情况允许他进入奥尔良公爵的森林管理队伍，在那里他一直做到枫丹白露护林总管的职位。他的冷酷与傲慢给他带来了不幸。因为违抗了上级指令，勒孔特于 1844 年被解职。他没能拿到退休金，只能领一点微薄的救济金度日，之后，他来到巴黎谋生，并且给国王写了好几封信，信中各种抱怨而且语气蛮横，国王也从未给他回过信。

因此这次的刺杀活动只是纯粹的个人报复行为，并没有任何政治意义。但是在路易·菲利普周围的一些人倒是很想给他来上这么一击，好把责任推卸给保皇派或者共和派。基佐对此写道："说这件事无关政治真的是一件很蠢的事情，这'疟疾'式事件的影响是政治性的——到底是谁让一个愤怒的守林人绝望到要犯弑君之罪。"国王的姐姐阿德莱德夫人从刺杀事件中看到圣日耳曼郊区伸出的仇恨之手。

4月17日，国王签署文件，下令在议院组建贵族司法院或"上议院"，专门审理破坏国家安全的暴力活动，尤其是弑君活动。回到巴黎之后，路易·菲利普得到了政府机构和国民护卫队众人的关怀。由刺杀引起的舆论促使大家重新支持政权。

审讯即刻进行。勒孔特说道，在用尽一切方法抗议无果之后，他便开始了为期3个月的行刺计划："我当时怒火中烧，根本不会遵守上级的的命令，脑子里怎么想就怎么做了。现在我满子都是怎样拿到该得的退休金……那些无视我的权利而且不回复我的人比我有更大的罪过。"他确认自己没有同谋。

当时还在法国宫廷从政的维克多·雨果在《见闻录》中讲述了此事的主要经过，首先，我们看到的是勒孔特那种"天使恶魔"的神情——各方证据也表明这是一个冷酷、傲慢、孤僻，但品性安静坚忍的人。大家听到很多证词，来自王室居所的仆人和枫丹白露镇的居民。国王的二轮长椅马车甚至被运送到卢森堡的宫廷检查其舒适度。在诉状中，首席大法官帕斯基耶尔对勒孔特指出其所犯之罪毫无动机。这位原护林总管解释："怎么没有，我写信给国王一次没有回复，两次没有回复，到了第三次依然没有得到回复，哦，所以……"勒孔特的辩护人迪韦吉耶律师提出辩护说被告的勤恳、正直值得尊敬，指出刺杀并无预谋，并将被告的行为归结为"病态的自尊摧毁了道德自由"。

第九章　调解法国人

6月5日，232名贵族议员一致投票判定勒孔特有罪。在他的定罪辩论会上，维克多·雨果曾两次提议判其终生监禁，只有两个贵族——波瓦西侯爵和勒布沙格侯爵赞同雨果的观点。上议院的其他议员则用刑法第十三条谋反者弑君罪来为其定罪——被判刑者将穿着衬衣上断头台，不穿鞋，头套黑色纱布，宣告定罪判决时，也要把他绑在断头台上。

第二天，迪韦吉耶律师希望国王能够赦免勒孔特，他得到路易·菲利普的接见，路易对他说："我会仔细审查。这个案子事关重大。我的处境危险也就意味着整个国家陷入了危急的状态，我的命运和法兰西紧紧相连，出于这个原因我才如此惜命。"在写下对赦免一事的决定时，国王对勒孔特的案子注明说："我的原枫丹白露护林总管，我的议事大臣们都一致强烈地认为，在这种情况下，我肩上的责任不允许我干涉司法过程的自由，尽管我深感遗憾，但他们已为我做出决定。"这些大臣们讨论了如果国王遇害而由他人长期摄政的危害，并且申明有必要打击谋求弑君的后继者。路易·菲利普让人告知勒孔特的妹妹，她哥哥将会收到退休金，但她拒绝了。1846年6月8日，勒孔特于圣雅克城门被处决。

此后，路易·菲利普的安全护卫再次加强。1847年10月10日，他来到枫丹白露宫，这也是他最后一次在这里小住。三个月以后，巴黎爆发革命。而之前的勒孔特刺杀事件又何尝不是七月王朝覆灭众多前兆中的一个呢？

1848 年
福楼拜与《情感教育》

古斯塔夫·福楼拜 1869 年出版小说《情感教育》，并将其中一个章节的地点设置在枫丹白露宫，这部小说讲的是 20 年前发生的事，而这一章也是这部小说中最为著名的章节之一。1848 年 6 月，首都弥漫着内战的硝烟，这部小说的主人公弗雷德里克·莫罗和他的情妇——交际花罗萨奈特一起来到枫丹白露度假，但是当时的火车只能开到埃文，他俩在此下车。后来这对情侣在森林里漫步，惊叹于弗朗沙尔峡谷的奇观和阿普勒蒙的高地，并十分激动能一睹仙女湖和阿尔邦沙地的风貌。小说中这一幕设置的时间段比较模糊，因为福楼拜想要在小说中将这座森林描述成田园牧歌式的庇护所，其中的一切意象也只是在告诉世人此时的巴黎正在淌血。

弗雷德里克和罗萨奈特属于登记参加枫丹白露游之前的第一批游客，之后来的人络绎不绝。自十六七世纪以来，那些外国或者从外省来巴黎的游客，一定会去枫丹白露的法兰西国王城堡看看。而达恩神父和修道院院长吉尔贝分别于 1642 年和 1731 年出版的书也正好满足了这第一批观光者的好奇心。

那段时期，王室成员经常到这里小住，也吸引了大批朝臣还有商人涌向此地。这与复辟时期完全不同，那会君王们到来仅仅是为了短期的狩猎活动。

城堡的图书管理员查理·雷玛尔，在1820年出版了《枫丹白露旅行指南》一书。虽然此书的主题是宫殿，但是其他的东西也没有被作者遗忘，而且在这里也首次出现了艺术家们将作品与大自然紧密结合的案例，雷玛尔曾这样写道，"风景画师也可以到森林里来创作。姿态万千的树木和形态各异的悬崖峭壁会使他们灵感泉涌，让他们尽情地挥洒画笔或画刷，不管是单一的风景特写，还是组合的风景画。"

19世纪初的艺术以崇拜自然为标志，文人画家又重新探索枫丹白露森林。在《奥伯曼》（出版于1804年）一书中，塞南库尔首次对这座森林进行文学性的描写。接下来是19世纪30年代的圣伯夫，乔治·桑、阿尔弗雷德·德·缪塞、夏多布里昂以及维克多·雨果，这其中乔治·桑和缪塞曾于1833年到枫丹白露宫小住过。19世纪20年代，画家们为了艺术纷纷来到比耶尔地区的谢利安营，进行艺术创作，到了19世纪30年代则是去往巴比松①。其中最著名的一位艺术家——卡米耶·科罗就是于1822年在巴比松开始他的艺术创作的。

当时，枫丹白露与巴黎是通过皇家驿栈的方式进行连接

---

① 巴黎南郊约50公里处的一个村落，巴比松画派诞生于此，这个艺术小镇也因此闻名于世。

的。在19世纪初期，从首都到这座小城的蜿蜒小道长达67公里。坐马拉的驳船最舒适，但得花上一整天的时间。从巴黎来的游客在瓦尔万下船，在那儿会有车接他们去枫丹白露。在马拉驳船被蒸汽船取代以后，这船就可以自己动了——走完全程在1834年要耗费10个小时，到了1840年就是逆流花费8小时（去程），顺流只要5小时了（回程）。

枫丹白露的居民克洛德·弗朗索瓦·德纳古于1840年开始森林远足活动，并在那儿开辟了一些徒步路线。这座森林的主要功能不再是狩猎，它变成了描绘大自然的壮观景色或者秀美风景的特殊接触对象。如果说远足是毫无动机的，德纳古却因此发展出一项职业，出版他的指南和专辑图册，并取得了巨大的成功。1839年，他的第一本《枫丹白露森林旅行指南》问世。接下来几年，他又陆续出版了城堡和森林指南以及旅行地图和浪漫雕刻作品指南。同样在19世纪40年代，出现了"枫丹白露纪念品"，一种刻在柏木上的工艺品，给游客作为留念：小匣子、鼻烟盒、宗教物品等。德纳古还发明出精装画册。

19世纪40年代以来，这座城堡就允许游客在向导的引领下参观。国王或者王子们在此地的逗留甚至已经变成吸引旅游的亮点。在国王散步或者王子们狩猎期间，整座森林都挤满了前来一睹王室真容的徒步者，他们满是好奇心。期间，看客们追随狩猎队，呐喊助威，看猎狗分食猎物，听带领猎犬的狩猎者吹响逐鹿的号角。因此，1846年5月，在内穆尔公爵、奥马

第九章 调解法国人

勒公爵以及茹安维尔王子一同狩猎期间,随从奏起了一曲名为《茹安维尔》的逐鹿乐,大仲马作词如下:

> 吹起你无比嘹亮的号角,
> 狩猎侍从,为着王子而吹响,
> 你的号角一响,猎犬狂跑,
> 鹿群便会恐惧惊慌!
> 吹起来,狩猎侍,
> 充满活力;
> 号角回荡
> 在心上,
> 猎人的心上。
> 快,一次次地吹响
> 你的号角吧,勇敢的狩猎侍!

由此,王侯的娱乐也转变成为民众欢腾的表现。

此后直到1914年,枫丹白露一直都是巴黎郊野的度假胜地。1849年直达埃文的列车开通后,这座小镇就成了可以"一小时直达巴黎"的小镇,这也意味着小镇旅游时代的到来。据统计,1862年到此地的游客多达11.5万人,1863年是16万,到了1864年就高达17.5万人了。从1850年开始,有人就开始抱怨这些粗鲁吵闹的"徒步入侵者"了。画家泰奥多尔·卢梭指责德纳古的做法使枫丹白露森林遭受旅游业的破坏,并从此在这条路上一发不可收拾。1851年7月19日,另一位名为让·弗朗索瓦·米勒的画家写信给他的朋友马罗勒说:"巴比松已经变得令人厌恶。这里每天挤满了男男女女,在太阳底下展示你能想象到的最奢华最奇特的梳妆打扮,这一阵势会让你们觉得他们那样才最接近生活的本真。哎,冬天快回来吧。"有人出版《向德纳古致敬》,收藏家尚弗勒里就在《自然之友》中,嘲笑这个他认为虚伪的伟大人物。在《玛奈特·萨洛蒙》一书中,龚古尔兄弟[①]很遗憾地看到,曾经由诗人和艺术家不时光顾的地方变成了"资产阶级和半人怪兽的殖民地,为饥饿不堪的人设立的廉价度假村"。从第一次世界大战以后,枫丹白露不再是一个时尚的度假胜地,但其受欢迎的程度一直在增长:1923年坐车来此地的人多达70万人。

1848年,抱着对艺术珍宝的仰慕之心,特别是对狄安娜·德·普瓦捷的往事情有独钟,《情感教育》书中的主角(即弗雷德里克与情妇罗萨纳特)参观了舞会大厅:"他们被这富丽堂皇的天花板迷得眼花缭乱,天花板被划割成许多个八角形的格子,上面镶金嵌银,其精雕细刻的程度简直可以和珠翠的做工媲美;墙壁上挂满画作,从一个巨大的壁炉一直延伸到音乐家的演奏台上,在舞会大厅的另一边开阔处。壁炉上方有

[①] 法国自然主义小说家,兄弟二人。弟弟于1870年去世后,哥哥立遗嘱设立以他们名字命名的文学奖。

第九章 调解法国人

新月和箭筒的装饰图案环绕着法兰西的徽章。10个拱廊窗户全部敞开着；阳光照着墙上的画闪闪发光，画上蓝天连着海上无边无际的弧圈；还有在森林深处，地面雾气迷蒙，隐约传来罢猎时象牙号角的余音，以及神话芭蕾舞的乐声，仿佛是那些公主和王孙们在树荫下扮演着仙女和森林之神——这是一个科学纯朴，激情狂热，艺术豪放的时代，那时候的理想是把全世界带入赫斯珀里得斯三女神①的梦幻中去，那时候人们总是把国王的情妇比作星星。这些情妇中最美丽的一位被画在右边的墙上，以狩猎女神狄安娜的形象出现，甚至画成地狱中的狄安娜，大概是为了显示她死后仍具有的权力。所有这些象征都证明了她的荣耀；那里仍然留下了她的某种东西，一种模糊的声音，一种持续的光芒。"

福楼拜用散文诗的形式写作，他还写了《萨朗波》一书，或许他带着些许恶意，假意模仿那些追随德纳古出版旅行指南的人吧。其实这也是《情感教育》的奥秘所在——不停地暗语嘲讽，这也是缺少浪漫主义的体现。

---

① 是希腊神话中看守西方赫拉金苹果圣园的仙女，她们歌声嘹亮，是三姐妹。

第十章

皇家节日

1857 年
"分批"游览枫丹白露宫

推翻奥尔良王朝一天足够了。如 1830 年以来一样,巴黎的这场大动荡使这位年迈的国王手足无措,他周遭的群臣也都如惊弓之鸟,脑袋里只想着"逃跑"二字。1848 年 2 月 24 日,路易·菲利普退位,为宣布共和留出自由空间。

此后,枫丹白露收归国有。临时政府将枫丹白露堡交给临时官员——剧作家奥古斯特·吕谢管理。他首先签字批准在白马庭院的围栏上重新刻上拿破仑的雄鹰徽章。4 月,得益于原拿破仑军队的协作,帝国徽章纹样重新出现在了枫丹白露的围栏上。不久之后,弗朗索瓦·艾蒂安·佩舍·德艾尔宾维尔接替了吕谢的位置,并于 1848 年 9 月正式上任,他提议将这座城堡改建成军营或艺术家的住所。另外,他提议将狄安娜长廊改成"拿破仑长廊",以此为拿破仑的传奇贡献了一份力量。

年末,法兰西共和国第一次通过普选的方式推出了它的总统。他就是拿破仑一世的侄子,荷兰国王路易和王后霍尔滕塞的儿子,路易·拿破仑王子。1849 年 9 月 4 日,这位总统首次来到枫丹白露,参加连接巴黎和枫丹白露小镇铁路线的揭幕仪式。1850年5月14日，他带着自己的表妹——巴德大公爵夫人斯蒂芬妮·德·博阿尔内重游此地。

拿破仑的这个侄子并没有按照伯父的治国轨迹走。1851年12月2日，这位王子出生的共和国总统解散了国民议会，开始独揽大权。一年以后，路易·拿破仑称帝，号称拿破仑三世——因为拿破仑一世的儿子罗马王理应是"拿破仑二世"。

就像此前其他的皇家寓所一样，枫丹白露重新获得了王室津帖。这座城堡的管理权委托给了一些高级军官，他们分别是：让·巴蒂斯特·拉马尔将军、德索迪·德·博利厄将军和埃拉克利斯·德·波利尼亚克伯爵将军，他们都受皇宫的大元帅——瓦扬元帅统管。另外还指派了一位建筑师，即在路易·菲利浦时代负责建成凯旋门的纪尧姆·阿贝尔·布卢埃，其任职时间从1848年开始到1853年他去世。他死后，艾利克斯·帕加尔接任，后者当时是卢浮宫和杜伊勒利宫工程总管维斯孔蒂的助手。

1851年的秋天即11月，皇家首次入住枫丹白露宫，到了冬天还有几次狩猎派对，之后这座城堡渐渐地就少有问津。直到1857年，这里才以春夏行宫的身份重新启用。皇室成员通常会在5月到6月在这里小住，持续时间为一个月到六星期。最长的一次小住是在1861年，持续了两个月之久。

拿破仑三世延续了路易·菲利普时期发起的修复政策，弗朗索瓦长廊已然完工。1859年，狄安娜长廊被改造成了图书

第十章 皇家节日

馆,亨利四世的雄鹿长廊早先已改为寓所套间,1865—1868年又进行了重建。痴迷于玛丽·安托瓦内特的欧仁妮皇后希望在套间中安置一些路易十六时期的精美家具,或者一些风格相同的奢华器件;此外,她还添加了一些舒适的座椅、长椅和软椅。相反,拿破仑一世寝宫里的家具仍放在原处,只是又安放了具有新帝国风格的家具,这也是一种完美的改造方式。

枫丹白露的新居民希望尽可能靠近池塘和森林,面朝南方,这样比面朝狄安娜花园和椭圆庭院更舒服。因此,拿破仑三世对枫丹白露的改建主要集中在路易十五翼楼和大楼阁,具体包括:1854—1855年建的皇家戏院,1863—1864年建的中国馆,1863年建的吸烟室,1864年建的皇帝工作室,1864—1867年建的庆典长廊,还有1868年建的皇后工作室。

拿破仑三世将路易·菲利普于1834年到1837年发起的"分批邀请"的做法系统化,这个邀请的具体操作方式是这样的:当皇室家族在法兰西岛的城堡居住时,就会有几个团的宾客相继受邀参观枫丹白露。但是在当时的政治制度和时代背景下,这种方法还不明确。因为这座城堡既是古典宫廷生活的一部分,又是宣扬现代政治理念的场所。贡比涅这个秋日行宫自1856年开始成为这些"分批"到访的宾客所钟爱的场所,而枫丹白露宫作为夏日避暑胜地,一直保持着更为隐秘,更为庄重的风格,例如,在此举办盛大的典礼迎接大使或国家元首。

枫丹白露宫

在枫丹白露宫，每一"批次"受邀带着家眷前来的宾客容量在40—60人，停留一周的时间；但是在贡比涅，每"批次"的游客可以多达上百人。皇帝和皇后到来的场面总是无比盛大：猎人卫兵和皇后的龙骑兵排着整齐的队伍进入白马庭院，乐声响彻云霄，随后，由100名卫兵组成的骑兵队护卫的皇室马车驶入，这一精锐队伍是拿破仑三世模仿维多利亚女王的近卫兵团而组建的。皇帝和皇后在扶梯入口受到王宫总管的接待。

其他宾客进入枫丹白露宫就显得不那么正式了。奥地利大使的妻子梅特涅公主曾对此说：

这一场景非同寻常，绝无仅有，就好像巴黎城在迁移。家仆女佣们跟疯了似的在院子里尖叫争吵，只为争得一席之地来安置行李！从一开始，所有的家眷就互相争抢，互相憎恶。

皇后自己将这儿的套间分成四类，分别是：皇室家族专用套间，国内外政要套间（配有前厅、起居室、书房），已婚客人、女士和未婚贵宾的套间（配有一间沙龙、一个房间、偶尔有书房），以及未婚客人和王室官员的卧房。有些客房保留了下来：装饰简单而舒适，比如贴着壁纸，挂着大印花布，配着时髦耐用的家具以及软垫座椅。相比拿破仑第二帝国以来的装饰风格，此时枫丹白露宫更具有英格兰气息。

吸烟室的出现是英格兰对拿破仑三世宫廷影响的标志性事件。这位皇帝在英国长期流放的那段时间里染上了烟瘾，相反，他的皇后不能忍受烟雾和烟味。于是就在底层设了一个吸烟室，那时的吸烟室是男士的专属，男士们餐后可以到那里逍遥，女人们则在沙龙里闲聊。施工期间还发现了一块法式天花板，这部分空间按照 17 世纪的风格进行装饰，被视为更具阳刚之气：墙壁镶板，描绘阿尔忒弥斯故事的挂毯装在墙上，饰有皮革压花的椅子。但这个房间从来没有受到过追捧，因为它所暗示的社交形式与法国传统相抵触，而法国传统认为晚上是专门用来讨论两性交往话题的。

拉芒什海峡①彼岸大英帝国的贵族生活对法国皇室的影响在宾客的日程中可见一斑。众宾客在晨间自由活动，中午便在亨利二世长廊的卫戍厅集体用膳。梅特涅公主对此这样描述："午饭后，客人们移步花园，在池塘划船，那里有各式各样的船，甚至有配备土生土长的威尼斯船夫的贡多拉为客人服务。"拿破仑三世也在鲤鱼池上亲自执桨撑舟，但是有一天他在池里翻了船，不得不游泳上岸。皇太子自己有一艘微型护卫舰，于 1863 年在布雷斯特的军火库建造。舰身大约四米长，这是一艘能装 92 门大炮的舰船的微缩版，并且是路易·拿破仑年轻时

---

① 即英吉利海峡。

最喜欢的玩物之一。

有时,客人们会骑马遛弯或者乘车出行,午后则去公园散步,皇太子则是在玩伴的陪同下练习骑小马。他们有时会一直到索勒山谷的赛马场,有时也会在塞纳河岸停船转去默伦远足。遇到下雨天,大伙儿就会上二楼玩各种小游戏。这个时代,射击狩猎已取代了追逐打猎,第一帝国的绿色和金色狩猎服又重现。天气过热的时候,宫廷诸人就会在底层聚集。从1863年起,这些午后活动都在中国馆前的大型沙龙举办。

在亨利二世长廊用午膳是一天中最正式的时刻,有时巴黎或者枫丹白露的名流们也会在这里会客。晚会在大套间里举办,但是在1864年之后就改到中国馆办了。那里的气氛柔和,也不必过于在意礼节。人们偶尔伴着一位政要转动曲柄奏起的机械钢琴声翩翩起舞。这样大家就不必担心那些口风不紧的乐师们。梅特涅公主回忆了在贡比涅宫或枫丹白露宫举行的这些"分批游"晚会的氛围:

> 人们讲述着逗留期间最为有趣和最令人难以置信的事情,母亲也会毫不犹豫地讲给女儿听。罗伊斯王子和我知晓关于"贡比涅分批游"的一切传言,我们称之为"所多玛和蛾摩拉"。当皇后的内侍,面部僵硬、不苟言笑的勒扎伊·马尔内西亚,庄重却略显不耐烦地转动着著名的手摇曲柄,两对可怜的舞伴在客厅打转,而坐在长椅上的其

第十章 皇家节日

他人则一个劲儿地打哈欠时,我们不会忘记互相干杯,一边抬眼仰望天空,一边低声说着:"所多玛和蛾摩拉!"

一则著名的逸闻说明了这些逗留期间的良好氛围。有一天晚上,拿破仑三世被楼上一阵莫名的杂音吵醒,他派了一个随从去阻止喧闹。皇帝使者在楼上的房间里发现了一位情绪激动的军官,嘴里念叨着:

"我知道您想要什么,可我就是没法让她消停下来!"

随从答道:"可怜的伙计,你不该把她带到这儿来的,你应该在旅馆给她定一个房间的。"

那个军官又答道:"您这个办法好,可她就是不愿意自己待着呀!瞧,您也看到了,床在晃动。她跳起来了,我必须回到她身边。"

随后,这位军官掀起床帘一看:一条违规从池塘里捕来的巨型鲤鱼被装在一个木桶里,挣扎着要逃脱。两人决定在夜里将这条大鱼放回池塘,然后这位随从去禀告皇帝:

"陛下,现在一切问题都解决了,是有一条鲤鱼来拜访楼上的那位先生。"

睡眼朦胧的拿破仑三世回答道:"嗯?他们今天邀请鲤鱼了么?"

"分批邀请"的最后一次出游是在 1868 年,但此后还是有一些出于其他原因且更为隐秘的出行。1870 年春,皇太子就带着随行人员去枫丹白露宫住了几天。他在小范围内追捕雄鹿，并接待驻防在枫丹白露宫的近卫军狩猎团官兵。在这次几乎不为人知的小住期间，王子及其随行都住在路易十五翼楼，而不是在其他大套间。直到1870年5月8日公民投票想要推翻政府的前一天，他们才回到巴黎。四个月之后，法兰西第二帝国便不复存在。

作家普罗斯佩·梅里美[①]是王室的常客。结婚前，他是蒙蒂霍和欧仁妮家族的好友，那时梅里美受到了许多帝国殊荣：此前他已经是历史文物总督察和研究所成员，1853年被选为上议院议员，1866年获封法国荣誉军团大军官勋位。据史料记载，梅里美在贡比涅或者在枫丹白露宫举行了著名的"梅里美听写"，据波林娜·德·梅特涅回忆，听写结束后，这位作家宣布："尊贵的皇帝陛下犯了45个错误，而皇后陛下则犯了62个，梅特涅公主42个，大仲马先生24个，奥科塔夫·佛耶先生19个，梅特涅王子3个。"

成为皇家度假胜地后，枫丹白露宫并未就此对公众关闭。1848年五旬节[②]，佩舍·德艾尔宾维尔主动开放城堡，展出具有历史性意义的家具。帝国重建以后，此宫内的大套间、花园以及公园会在每周的周日和周四下午开放，而在1855年巴黎世

[①] 法国现实主义作家、中短篇小说家、剧作家、历史学家。
[②] 亦称圣灵降临节，被定于复活节后的第50天，为纪念耶稣复活后差遣圣灵降临而举行的庆祝节日。

第十章 皇家节日

界博览会①期间，枫丹白露宫对外展出的频率是每周三次。1861年7月，在枫丹白露宫独居的皇后下令开放城堡，而她自己则在大众游览期间隐居在鲤鱼池那边。所以，这座城堡既是宫殿，也是博物馆，而在这个倾向于民主政治的第二帝国君主政体中，枫丹白露的这两个功能几乎平分秋色。

---

① 1855年的世博会为第一届，是为了庆祝自滑铁卢战役以来欧洲大陆享受的40年和平，由拿破仑三世在1853年下令举行。

1857 年
拿破仑三世的剧院

路易十五翼楼在枫丹白露宫可谓是建筑上的一处惊喜：外立面展现出一种整体的住宅结构，而西面实际上是一座剧院，几乎占据了整个建筑的纵深。这座建于 1854 年的剧院取代了美炉翼楼那又小又窄的表演厅，那个表演厅于 1856 年 10 月 24 日被一场大火付之一炬。埃克托尔·勒菲埃尔就在路易十五翼楼内建起新的剧院，从此再未作调整。他十分巧妙地运用了由底层至顶楼的空间，拆除了墙壁并重构了屋架，使它们能够控制剧院的音量。他还建了一个长 41 米、宽 14 米的大厅，可容纳约 400 名观众。

1857 年 5 月 13 日，宫廷诸人和沙皇亚历山大二世的弟弟康斯坦丁大公都出席了剧院的落成仪式。克里米亚战争（1853—1856 年）结束一年后，这位大公来法国筹备法俄双方的和解问题，并受到了拿破仑三世国家元首般的接待。在巴黎，他和国王一起参加了战神广场上皇家近卫军和巴黎驻军的盛大阅兵式。在枫丹白露宫的逗留是他这次访问的延续：他于 5 月 11 日到达，第二天便去围猎，接着是 13 日的剧院落成仪式。表演之前，舞厅里举办了一场隆重的晚宴。晚上，法国喜剧团的艺术家们为皇室家族的军官和枫丹白露宫的守卫队表演了两场喜剧，巴亚尔和瓦利的《乡下老公》，又称《现代伪君子》，还有雷昂·戈兹朗的《水杯里的暴风雨》。第二天，大公离开法国返回俄国。

该剧场在法兰西第二帝国期间很少被使用，因为夏季在里面令人感觉窒息。13年间有十几部戏剧上演，基本上都是小型剧目。1857年5月18日，巴伐利亚国王到访，朝臣们观看了《女人的战斗》。关于斯克里布和勒古维为爱情而决斗的故事。第二年，为纪念荷兰女王，体育馆剧院的演员们表演了巴里尔和卡庞迪的喜剧《普吕梅先生的遗产》、歌剧《费加罗的婚礼》和埃米尔·奥吉耶的闹剧《母狮》(1858年5月24日)。一周之后，一场奇特的晚会上以独幕剧形式重新上演了洛朗桑和马克·米歇尔的闹剧《当爱已走》以及迪马努瓦尔的《可怕的女人们》。6月11日，上演了埃米尔·奥吉耶的五幕韵文喜剧《青春》，该剧在晚会后获得荣誉勋章。1860年6月的两场演出期间，拿破仑三世的宾客们也参演了维克多里安·萨尔杜的《苍蝇的脚》、迪马努瓦尔和克拉尼乌的《喜怒无常的让娜》以及马克·米歇尔和拉比什的闹剧《两个胆小鬼》。帝国时代的最后一场演出于1868年8月31日上演，以纪念阿格里真特，他是两西西里王国被废国王的弟弟，也是西班牙公主玛丽·伊莎贝尔的丈夫。人们在此听到阿尔弗雷德·德·缪塞的《莫把爱情当儿戏》以及勒古维的独幕喜剧《两个游戏》。

这座皇家剧院包含一个圆形剧场和三层包厢，包厢两边运用了一个变形的椭圆状穹顶。天花板上有关于诗歌、音乐、信息和艺术众女神的绘画。落成仪式后的第二天，新闻界将画家夏尔·瓦耶莫比作"现代版瓦托"。王室的座席在三楼楼座，之后是一个豪华富丽的八边形套间，又称"皇帝套间"，再后面是两个椭圆型的包间。

勒菲埃尔决定采用的方式是精明的，装饰的品位也不差。他选择将路易十五和路易十六这两种风格新奇地融合于此皇家剧院。这一混合倾向也令他成为继维斯孔蒂之后的卢浮宫建筑师，自如地将折衷主义转为巴洛克风格。虽说这位建筑师满足了拿破仑三世和欧仁妮的需求，却遭受到其他同辈人的怀疑，很明显是不满他的才能或嫉妒他的成功。普罗斯佩·梅里美抨击了他的"错误"和"俗不可耐"。卢浮宫馆长奥拉斯·德·维埃尔·卡斯泰尔于1858年写道，"我们的孙子总有一天会对勒菲埃尔的愚蠢目瞪口呆，我仍将此解释为一时的喜爱。"相反，对气氛更为敏感的梅特涅公主褒扬了"其中令人陶醉的舞台"，并称之"的确是我们所能想到的最漂亮最高雅的一部分"。她还补充道，"黄色锦缎更是令人赏心悦目，果真是精巧雅致。"

时间证实了这位大使夫人观点的胜利，这种黄色锦缎很快就带来一场雅致的复兴。

1861 年
暹罗①使团

1861 年 6 月 27 日在枫丹白露宫举行的这场皇家宴会可谓盛况空前：那一天，拿破仑三世和他的朝臣们在张灯结彩的舞会大厅迎接暹罗的使臣们。军装和黑色礼服与带有刺绣的亚洲礼服形成别致的对比，令人想到奥芬巴赫的一部轻歌剧，或阿尔方斯·都德一部小说中的某个场景；这场宴会实际上具有更为重大的意义。

自 1815 年以来，法国在欧洲就处于孤立的地位，不受各国信赖。波旁王朝复辟后如此，奥尔良王朝和拿破仑三世统治时期更是如此。殖民扩张是对法国在欧洲相对衰落的补偿：1830 年对阿尔及利亚，1840 年对大洋洲，然后是远东地区。

在世界范围内进行法式渗透早有先例。路易十五时期，法国人便试图在暹罗立足。1686 年，一位暹罗大使就在凡尔赛宫受到盛情款待，这种来自地球另一端的崇拜被誉为"世界最伟大的国王"的典范。19 世纪，暹罗人主动倡议建立新的外交关

---

① 暹罗是泰国的旧称。

系。1851年登上暹罗王位的国王拉玛四世遵循西方传教士的教训，希望平衡欧洲列强的影响力。他将缔结贸易条约的心愿告知驻新加坡的法国领事。中国的动乱①、克里米亚战争和两国之间的距离阻碍了谈判的进程，直至1856年，驻上海的法国领事敏体尼才到达曼谷，开启谈判。8月15日，两国签署一份友好商业航海条约，也确定了在法国设立暹罗大使馆的事宜。

由于法国的拖延和笨拙，直到1861年2月，一艘军舰才来接暹罗的特使们。与此同时，英国的维多利亚女王已经在伦敦接见了一个类似的大使团。这些暹罗人于6月2日在土伦下船，然后乘火车赶往巴黎，又一刻不歇地参观工业和军事机构或文化机构，对此新闻媒体十分详尽地进行了报道。他们还参观了马比耶舞厅，和一些姑娘们约会，去高级场所看康康舞，还去了一些不好的地方，但是报纸并未谈及此事。皇帝的隆重接见被定在6月27日。

据说那天，一列专车载着这些大使们从里昂火车站直抵枫丹白露宫。拿破仑三世和朝臣们在舞会大厅等待他们的到来：这场接见是根据1686年路易十四在凡尔赛大画廊举行接见的模式构想的。晚上五点，身着分体式将军服的皇帝手牵皇太子进入。过了片刻，皇后出现，身着宫廷大礼服，头戴镶钻后冠。

---

① 指当时的太平天国运动——译者。

第十章 皇家节日

第二帝国达官显贵中的要人都聚集在大厅里,他们中很多是第一帝国重臣的后裔。平台上站着的有热罗姆国王的女儿即国王的堂妹马蒂尔德公主,还有皇后的侍女们;御座的后面是大管家巴萨诺公爵,他是拿破仑的国务秘书马雷的儿子;拿破仑的私生子瓦莱夫斯基伯爵,像极了波兰的玛丽·瓦莱夫斯卡;元帅的儿子莫斯科瓦亲王埃德加·奈伊。大厅里有典礼官康巴塞雷斯公爵,第一帝国时期的司法大臣;还有塔契·德·拉帕热里公爵,他是欧也妮皇后的首席管家和约瑟芬皇后的表亲。当然也有1851年发动政变的军队同盟:皇宫大元帅和皇族大臣瓦扬、犬猎队队长马格南元帅。

皇帝夫妇入座之后,康巴塞雷斯公爵就请求召见暹罗大使。这位大使身着长袍和金色锦缎长裤,一进大厅就跪下,一直跪着前行至平台。这种敬拜仪式史无前例:1686年的大使在路易十四的觐见仪式上也只是鞠躬。这是暹罗宫廷所用的仪式,也是法国驻曼谷领事卡斯泰尔诺伯爵推荐的。首席大使捧着装有国王信件的金杯,叩首三次后站起身来,用暹罗语说了一段赞颂皇帝的祝词;陪同他的传教士在一旁逐句翻译。皇帝礼貌性地回应了祝词,这些暹罗人又叩首三次。之后,这位首席大使仍旧跪下来,费力地爬至御座旁,向拿破仑三世献上金杯。皇帝接过信,大使回到他原来的位置,最后还不忘三次叩首。

如果从亚洲风俗来考虑,外交使节的这种仪式应该会令人满意，可崇尚民主风范的拿破仑三世对此却感到荒谬。普罗斯佩·梅里美在两天后写给朋友珍妮·达坎的信中评论说"相当好的仪式，与《贵人迷》中描述的情景十分相似"。"我们把亚洲人想得过于幼稚，我相信，如果他们被准许行走，他们不会出错。"皇帝令整个使团都起身，并开始和一位暹罗外交官用英语交谈。在他一旁，皇后与副大使的儿子行了贴面礼。皇后的雅量弥补了皇帝的失态。"全程行跪拜礼的仪式感都被破坏了，"梅里美嘲笑道，"因为皇帝最终失去了耐心，自己起身后令使团也起身，并和其中一个人说了英语。"觐见仪式结束后，暹罗使团在底楼的餐厅吃了点心，还参观了套间。

  仪式期间大使赠予拿破仑三世的礼品并非随意选择。每件都以各自的方式体现出暹罗的君主制，其统治者被视为毗湿奴神的化身：暹罗国王拉玛四世将给国王的信写在金纸上；王轿上的遮阳伞有好几层，象征着众神之王因陀罗所在的神圣山峰；珐琅金冠则是拉玛四世的加冕皇冠的复制品。遮阳伞、佩剑和戒指都是皇室的象征。最后是一幅绘制了三尊玉佛的画像，玉佛是供奉于曼谷的神圣雕像，三尊雕像分别身着凉季、夏季和雨季的不同服装。"比仪式更美的，"梅丽美说道，"是他们赠送的礼品。其中包括令人无法想象的柔顺而轻盈的金银织物，犹如金色的云彩。还有非常漂亮的珐琅金杯、精致的金银丝镶嵌杯，都出自技艺非凡的匠人之手。最有趣的是献给国王的一件套装：镶着钻石纽扣的锦缎外衣，金红两色的裤子，

第十章　皇家节日

底部缀满珐琅花，可能是为了遮住脚踝，然后是金银丝织的尖顶帽子和镶有黄金和宝石的腰带，整套衣服的制成方式显得古怪而独特。"9月28日，使团在马赛重新登船。在罗马逗留之后，又经过10个月的航行返回亚洲，并于12月11日抵达曼谷。

在枫丹白露觐见仪式之前，欧仁妮皇后曾要求画家杰罗姆绘制其中盛况，以在凡尔赛历史性长廊中留下永久纪念。出席枫丹白露仪式的杰罗姆当场作了速写，并收集了大量相关资料，他于1863年初着手绘制。为了填满高1.2米、长2.6米的大型油布，他采用了略微上升的带状构图，显得轻巧，这种构图与1715年凡尔赛宫波斯使团觐见的画作有些类似。画中右侧是跪着向御座前行的暹罗人。皇廷的军官和政要们在文艺复兴时期的建筑背景下直立凸显。画面表现出首席大使站起身来将国王拉玛四世的信呈给拿破仑三世的一瞬间。杰罗姆描绘的人物栩栩如生，因此人们很容易认出拿破仑三世、欧仁妮皇后、皇太子、玛蒂尔德公主和瓦莱夫斯基伯爵。在众多政要中，有一位便是杰罗姆自己，还有康巴塞雷斯公爵、皇宫的军事指挥官波尼亚克将军以及身着参议员礼服的普罗斯佩·梅里美。

这幅于1864年完成的油画在1865年的沙龙上展出，获得了极大的关注，但遭遇了严重的挫败。只有泰奥菲勒·戈蒂埃在官方的《箴言报》中称赞其饱含"浓浓异域风情"："如此怪异的主题，很难有人能比杰罗姆处理得更好了。"其他人则嘲笑这幅画为"外交史诗"。"大使们的衣着和饰物拿捏得严谨准确，不过仅此而已。另外200个人物描绘得实在荒谬。所有人物都死气沉沉、毫无生机，包括站在梅索尼埃先生旁边的杰罗姆先生自己。"荒唐！与占据主导地位却仿佛大理石雕塑般生硬的朝臣们相比，跪着前行的暹罗大使似乎更加鲜活动人。借助均匀的青灰色，杰罗姆使朝臣们看起来痛苦不堪，好似幽灵，仿佛预示了第二帝国的衰败。

1864 年
欧仁妮皇后和中国馆

除了暹罗人馈赠的藏于枫丹白露宫的珍宝，第二帝国很快就增添了以非和平方式来到法国的其他宝贝。它们构造出城堡中最令人意想不到的景致：中国馆。

欧洲对亚洲的扩张并不仅仅停留在如暹罗、安南[①]这样的二线国家。甚至将矛头直指亚洲地区的最强势力：中华帝国。在两次鸦片战争中，英国人、美国人和法国人迫使天国开放贸易并特许通商口岸。首批开放的贸易口岸位于南方，这里是中国和欧洲商人之间例行的往来地带。但是随着中国军队的惨败，西方人变得野心勃勃。

1860 年 8 月，中国朝廷拒绝英国、法国在北京设立常驻使馆后，英法联军溯白河而上，出兵进攻首都。10 月 6 日，法英联军抵达为欧洲人所熟知的"夏宫"，这座位于紫禁城西北 8 公里处的皇家园林被中国人称作"圆明园"（圆满明亮的花园）。第二天，英法联军闯入园中并将其洗劫一空。10 月 18

[①] 安南是越南的旧称。

日，英国高级专员额尔金爵士在得知20名欧洲和印度囚犯遭受酷刑和处决后，下令放火烧毁该园以示报复。

在库赞·蒙托邦将军的倡议下，一部分战利品被赠送给欧仁妮皇后。他在自己的回忆录中说："军队自发宣誓，所有来自皇家园林的瑰宝都将作为礼物赠予支持远征中国的皇后陛下。她也曾为伤员和病人提供过必需物品。"11月初，一批珍宝被运往法国。回国之后，库赞·蒙托将军被封为八里桥伯爵（因其在中国北京八里桥获胜）。

这些大多可追溯至18和19世纪的珍宝于1861年初抵达法国，最初是在杜伊勒里宫的马尔桑馆展出。当时流亡于根西岛的维克多·雨果作为第二帝国的激烈反对者，对这个展览感到相当愤慨。1861年11月25日，这位作家向一位英国记者公开了自己写给巴特勒上尉①的一封信，抒发自己对远征的感受："在地球的某个地方，曾经有一个世界奇迹：它的名字叫圆明园……这个奇迹已不复存在。一天，两名强盗走进了圆明园。一个强盗洗劫财物，另一个强盗在放火。似乎得胜之后，便可以动手行窃了。他们对圆明园进行了大规模的劫掠，赃物由两个胜利者均分……我们欧洲人是文明人，中国人在我们眼中是野蛮人。这就是文明对野蛮所干的事情。将受到历史制裁的这两个强盗，一个叫法兰西，另一个叫英吉利。不过，我要抗

---

① 劫掠和焚烧圆明园的英法联军之法国的统帅，曾就这次远征征求法国著名作家雨果的意见。

议，感谢你们给了我这样一个抗议的机会！治人者的罪行不是治于人者的过错，政府有时会是强盗，而人民永远也不会是强盗。法兰西吞下了这次胜利的一半赃物，今天，帝国居然还天真地以为自己就是真正的物主，把圆明园富丽堂皇的破烂拿来展出。我希望有朝一日，解放了的干干净净的法兰西会把这份战利品归还给被掠夺的中国。"①

圆明园的珍宝到达杜伊勒里宫时，欧仁妮皇后正打算对枫丹白露宫进行大规模改造。在此之前，皇室下榻期间的晚会都安排在面向椭圆庭院的一楼套间，那里用纯矿物装潢，阴阴沉沉。为了重现阳光、触及大自然，皇后想要整修双面透光并朝向喷泉庭院、鲤鱼池和英式花园的大楼阁底楼。年底，建筑师艾利克斯·帕加尔呈上一份囊括吸烟室、台球房和大厅在内的工程预算表。

欧仁妮皇后为收纳圆明园运来的物品而对预算表进行了修改。这样就诞生了于1863年3月兴建的中国馆。帕加尔和皇后构思了一个集前厅、"沙龙画廊""大沙龙"和博物馆于一体的一套房间。

"沙龙画廊"里摆放着游戏桌和台球桌，并饰以温特哈尔特于1855年绘制的名作《欧仁妮皇后和她的侍女们》。"大沙龙"或"湖滨沙龙"如此宽敞，以至于必须合并两间由隔墙分

---

① 这段引文出自程曾厚译：《雨果文集》第11卷，《就英法联军远征中国给巴特勒上尉的信》，人民文学出版社2014年版。

开的房间，并改用金属结构来承重天花板。这里的西式家具与中国的帷幔和珍宝相得益彰。如同在"沙龙画廊"一样，色彩的和谐也是第二帝国所擅长的：绿色镶边的舒适座椅，分片的窗帘，绯红的墙面。但是皇后和她的装潢师也想重现"大楼阁"建造时期的模样。他们重新竖起路易十五时期的紫罗兰大理石壁炉，并挂上路易十五和玛丽·莱什琴斯卡的两幅大画像。这一连串的终点便是博物馆，里面藏有从圆明园掠夺来的各种珍宝，包括漆器、瓷器、玉器、武器、珠宝和织品。欧仁妮皇后还配备了与之相称的陈列室。墙壁上覆满产自拉库罗讷充当储藏柜屏风的金底涂漆护墙板；中式风格的陈列架出自高级木匠佛迪诺斯之手，枝形吊灯和枝状烛台由铜器铸造师巴伯迪耶纳铸造，其灵感来自一个香炉炉盖和几座掐丝珐琅花瓶。

  皇后亲自到工地巡视，该项工程的进展速度前所未有。6月1日，载有中国珍宝的箱子抵达枫丹白露宫。正值皇家宫廷在枫丹白露宫的夏季出游，中国馆便于6月14日开幕，7月4日的《世界画报》向公众做了相关报道。开幕仪式当天，拿破仑三世邀请了建筑师和工人们共同庆祝，以致发生了一个颇有意思的插曲。一位侍从走近国王：

  "陛下，我觉得我必须告诉您，工人们不太满意。"

  "他们为什么不满意，先生？"

  "天哪，陛下，这太荒唐了：工人们已经知道，陛下的随行人员喝的都是香槟，而他们却只能喝啤酒。"

第十章 皇家节日

于是，拿破仑三世摆弄了下胡须，朝着那些沉默不语的工人们走去：

"大家好，我的朋友们。"

国王佯装没有看到啤酒，并令人端来香槟与年龄最大的工人碰杯：

"大家随意些，我的朋友们，祝你们身体健康！"

在场的客人们为中国馆富丽堂皇的装潢和构造所深深震撼。奥科塔夫·弗耶在寄给妻子的信中写道："我们去了中国沙龙喝茶。里面的种种刺激着强烈的好奇心：黄金珐琅宝塔、宏伟的雕像和巨大的花瓶都在吊灯和烛台的微光下熠熠生辉。"

欧仁妮皇后一直丰富着中国馆的收藏品。1864年，她将安南大使馆馈赠的礼品存入其中。随后的几年，莫尔尼公爵去世之后公开变卖的东方藏品、皇帝送给皇后的私人礼物以及皇家国库里合法占有的都被收入馆中。1865年11月，在法国海军军官的提议下，中国政府向欧仁妮皇后赠送了两尊来自江苏省扬州高旻寺①的大理石巨犬像。第二年由法国海军送达枫丹白露宫，这两个被艺术管理部门称为"怪物"的巨像，犹如中国博物馆的看守者般立于喷泉庭院的大楼阁前方。

1868年，欧仁妮为枫丹白露宫的东方式风格改造收尾。她要求艾利克斯·帕加尔的接班人、建筑师德比松在路易十五翼

---

① 该寺位于扬州市南郊古运河与仪扬河交汇处的三汊河口，是驰名中外的清代扬州八大名刹之一。

楼底层靠近皇帝书房的地方再建一个"中国式"书房。墙上贴着黑底金漆护墙板,天花板上则是绣着中国主题的丝绸帷幔。皇后亲自过问室内装饰的所有细节:舒适的扶手椅、上漆的小桌子、产自士麦那①的巨幅地毯、巴伯迪耶纳设计的花瓶台灯、竹艺盆栽、置于托架上的塞夫尔工厂手工出品的珐琅花瓶。修缮工作一直持续到1869年5月,但普法战争和第二帝国的衰败却使欧仁妮皇后这项装饰杰作的圆满完成受到阻碍。

1873年,流亡于英国的欧仁妮皇后要求收回属于她的,尤其是存于中国馆的私人藏品。同年3月27日,经过多番争辩及维奥莱·勒·杜克的专业鉴定,国民议会宣布中国馆归国家所有。提交法院的这一案件直至1879年才得以解决。会客室家具被清点后,这些大厅就被改建为东方艺术博物馆,抹去了第二帝国的印记。直到20世纪80年代,一次大胆的修缮才恢复了拿破仑三世和欧也妮皇后时期的原始风貌,1991年中国馆以其原貌向公众开放。

1881年10月21日,失势的皇后匆匆参观了城堡。1914年7月10日,即第二帝国灭亡后的第44年,她最后一次到访枫丹白露宫。这位拿破仑三世的遗孀已88岁高龄,由普里莫利伯爵、瓦莱夫斯基伯爵和她的侄女阿尔布公爵夫人这几个忠诚的拥护者陪同着。两个小时的参观期间,她重新迈进圣三教

---

① 即现在的土耳其港口城市伊兹密尔。

堂、皇室套间、中国馆、鲤鱼池和椭圆庭院,却拒绝踏入皇太子儿时住过的狩猎套间。

6年之后,欧仁妮皇后去世,在世时得以看到法国战胜德国,还有1871年的失地复得。

第十一章

从宫殿到博物馆

1927 年
国家宫殿

在太阳王的荣耀之后，迎来了"太阳总统"的荣耀；在欧仁妮王后主政朝野之后，卡诺夫人的同党也便成了主角：第二帝国的结束与第三共和国的开始并没有立刻将枫丹白露变成一座博物馆。该城堡仍作为一座国家宫殿，具有普鲁斯特式戏剧情节的风味，在那，盖尔芒特公爵夫人的追随者们将与韦迪兰夫人的追随者们结伴同行。

1870—1871 年普法战争期间，普鲁士人攻占了枫丹白露。在他们到来之前，城堡总管布瓦耶命人将中国藏品馆和其他套间的贵重物品包装起来藏好，并派人快马加鞭将此消息传给巴黎。乌德里所画的一系列的路易十五狩猎图本是绝不可挪动的，但也还是被分散开来，包在灰纸之中，以迷惑敌人，让他们以为这些画作已被拿走；3 万瓶上好的红酒也被封存在地窖之中。1870 年 9 月 21 日，普鲁士的军队及其盟军抵达枫丹白露广场。犬猎队遭到掠夺，一些铜镀金的火炬被抢，计划给王室朝廷出行所用的织物被征用，所储备的红酒也都被抢空；普军还将池塘中的鲤鱼尽数捞走。1871 年 3 月，城堡迎来了普鲁士的腓特烈·查理王子，他时任普鲁士第二大军的指挥官，随行带了一些高级将领和参谋军官。3月21日，敌军撤退。虽然外战和内战已经摧毁了圣克卢城堡、默东城堡和杜伊勒利宫，但枫丹白露宫却摆脱了最糟糕的一劫。

待战争平息，拿破仑三世的年俸管理局将城堡还给了枫丹白露地区政府，并将保养维护的职责交给了法国美术管理部门。1882年，路易·卡里埃接替布瓦耶的城堡总管一职，两年后升任为城堡堡长。让·巴蒂斯特·阿尔博瓦兹（1902—1904年）和艾蒂安·帕吕·德·拉巴里埃是之后的继任者。这三位主要的保守派，都是文学家和政论家，对城堡的发展留下的痕迹很少。他们似乎都不约而同地将城堡的发展建设托付给一位名叫阿蒂尔·樊尚的老士官，他自1881年便是城堡的守卫，1897年更是升任为守卫总管。作为一位自学成才的历史学家，樊尚出版了非常实用的城堡和套间指南，并将旧家具恢复到原来的位置。

枫丹白露常年作为王室行宫，内部完善，园林秀美，只是屋体与屋顶结构有待提升。1877—1900年，作为城堡的建筑师，路易·布瓦特重新改造了"赛利奥"柱廊，并布置了一些文艺复兴时期的壁画。根据建筑师夏尔·吉罗建立的计划，1902年进行了一次重建，夏尔曾是1900世界博览会的大皇宫和小皇宫的建筑师。由于资源匮乏，工程费时数年。

1871年12月，本应离开梅斯的军事工程炮兵学院屈从于

第十一章 从宫殿到博物馆

新德意志帝国,在枫丹白露宫的养鹭场重设校舍。没过多久,它还吞并了办公庭院和王子庭院。1912年,炮兵学院与工程学院分立自治:前者留在枫丹白露直到1940年,后者则迁往凡尔赛。这才诞生了军队中的一个术语"Bleau",特指那些专门培养的注定成为火炮军官的工科学生。

如果说被吞并的建筑落入军队之手,而王室私人的狄安娜花园变成了枫丹白露地区的公共花园,城堡则仍然首先是国家宅院。曾有两位共和国总统于夏季来此小憩,其中首位便是萨迪·卡诺,他曾携夫人在1888—1893年间入住路易十五翼楼。共和国的总统延续了拿破仑三世的传统,仅是重新打开了朝臣的旧居,而没有住王室套间。卡诺夫妇两人住在二楼,早在20年前便开始为自己的后代做打算;他们的儿子和法律事务官员都住在三楼,秘书住在四楼,全体仆役住在五楼。卡诺夫人都是在欧仁妮皇后曾用的漆器书房接待来宾。在总统逗留期间,拥有许多雕塑和装饰性建筑的英式花园不对外开放,仅为国家元首使用。

一场"装饰丑闻"动摇了总统权威,导致卡诺的前任朱尔·格雷维辞职。因为这对总统夫妇热衷于将他们在枫丹白露的居所装扮得如同爱丽舍宫那般华丽。朱尔·格雷维当时负责组织花园装饰和晚夜烟花聚会,并重启了索尔山谷里的跑马比赛。总统则在城堡接见外国宾客:如1891年前去拜访的塞尔维亚亚历山大国王和1892年希腊的乔治国王。1894

年，萨迪·卡诺被无政府主义者卡塞里奥暗杀，枫丹白露市民为卡诺在城中广场上立了一座纪念碑，由雕塑家埃米尔·佩诺所制。

最后一次总统出行的主角乃是菲利·福尔，另一位担心自己声望的国家元首，被讽刺地戏称为"太阳总统"。这最后一次出行发生在其选举期间，即1895年9月和10月。当时的比利时国王列奥波德二世前往枫丹白露拜访，住在以前教皇的套间。之后，朗布依埃城堡替代枫丹白露宫，成为新的总统夏季行宫，直到勒内·科蒂时期。

第三共和国时期，枫丹白露接待的最后一位君王便是西班牙国王阿方索十三世，于1913年5月8日与普安卡雷总统会面。那天上午，两位国家元首出席了索尔山谷的阅兵式。在中午舞厅会餐之前，普安卡雷在曼特农夫人的套间休息，阿方索十三世则在拿破仑一世的套间小憩。接下来，两位元首在参观了城堡后，还观看了骑兵竞技表演和莫雷赛马场的机枪演练。官方日报记述说普安卡雷总统被西班牙国王授予金羊毛骑士勋章，法兰西共和国与波旁家族得以和解……因为当时的首要任务是与德国作战！柏林当局怀疑法国人希望在发生冲突时使用西班牙人作为援兵：他们本可以确保法兰西帝国的秩序，让殖民军队在法国大陆作战。

战争果然于第二年爆发。法国的首次失败导致城堡的家具和帷幔被迁至图卢兹，但在1914年9月末，马恩河谷战役奇

第十一章 从宫殿到博物馆

迹般地取得胜利，而在弗朗索瓦一世的寝宫发现了其珍藏的宝贝，同时该寝宫的部分被改建成了军队医院。随后，法国组织了一些音乐会和慈善晚会慰藉战争中受伤的人员与遗孤。1917年，那些在城堡进行康复的军人们被允许在大花园中开辟一些种菜的小园子，后来扩建成工人花园……一直持续到1962年。

冲突的阴影还在枫丹白露挥之不去。指挥美国驻法远征军的潘兴将军在上马恩省的肖蒙一带建立了一座军事音乐学院，由纽约爱乐乐团的团长瓦尔特·达姆罗施组织成立，由作曲家弗朗西斯·卡扎德絮管理；另外，他的参谋部也驻扎在肖蒙地区。休战以后，达姆罗施与卡扎德絮根据他们的经验，在法国政府的准许下，于枫丹白露城堡的路易十五翼楼建立了一所美国音乐学院。卡米耶·圣萨恩为名誉主席，管风琴演奏家夏尔·马里·维多尔为校长，卡扎德絮为技术总监。该学院旨在收录夏季前往法国攻读硕士项目的优秀美国青年音乐家。其中最著名的当属纳迪亚·布朗热——1921年出任该学院教授，并于1948年任校长，一直到1979年去世。1923年，音乐学院增设了涵盖绘画、雕塑和建筑的艺术学院。这座在枫丹白露建立的美国艺术学院请来的第一任院长是法国著名建筑师雅克·卡吕，他是后来夏乐宫[①]的建造者。

直到1927年，法兰西第三共和国的术语中，枫丹白露从

---

① 法国政府于1937年为国际博览会而兴建。

"国家宫殿"变成"国家博物馆",另外还有贡比涅、马尔梅松、波城和吉梅博物馆。1921年与1927年的两项法令确立了该地区的两头政治:城堡的首席建筑师隶属于建筑部和房屋、庭院与园林的警备与管理中心;博物馆馆长则隶属于国家博物馆和地产与艺术作品管理中心。1924年美国亿万富豪洛克菲勒·朱尼尔捐献了巨额资金为枫丹白露改造工程所用,重修了毁于一战的兰斯大教堂,还有作为"人类精神遗产一部分"的凡尔赛宫和枫丹白露的大教堂。捐献管理委员会将其中的900万分给了凡尔赛宫,500万分给兰斯大教堂,400万分给枫丹白露宫。这笔资金也会优先用于屋顶结构、顶楼与门面的重修,还有园林的保养与维护。美炉翼楼的屋顶结构在1856年的火灾中被毁,如今已修复;王室寝宫与狄安娜花园也用混凝土重新浇筑。

一个世纪以来,在那些对枫丹白露趋之若鹜的游客眼中,城堡中有两个作品最为惊艳:那便是弗朗索瓦一世和拿破仑一世的雕塑。乔治·埃斯帕贝斯于1905年至1930年期间任馆长,在他的支持下,众人对拿破仑一世雕塑的喜爱趋于狂热。1907年,这位被囚禁在圣赫勒拿岛的皇帝遗留下的圣物被隆重地运往枫丹白露市图书馆。这圣物中包括"皇帝棺木的一部分,挖掘墓穴的岩石碎片,以及从坟墓中取出的泥土,还有遮盖坟墓的柳树树干与枝条。"1925年,国家战士联盟在城堡组织了一场盛大的演出,名为"拿破仑一世与他的朝臣战士们——还原1809年的枫丹白露盛宴"。两年后,阿贝尔·冈斯①在白马庭院拍摄影片,那里曾是拿破仑告别的地方。

乔治·埃斯帕贝斯以其代表作《鹰之传说》《半饷军官》或《花边战争》等而出名,他曾是拿破仑主义宗派的大神甫。据布里萨克公爵回忆,乔治前往参观城堡旧居时正逢王朝落败之际,于是他的记叙有些夸张,表述方式却透露着相当确信的口吻:"这便是那个独脚小圆桌了,1814年的4月,拿破仑在此签下退位诏书。据悉这个圆桌当时价值50法郎,但现在一位美国人却愿为此出价200万。"又或是"作为诗人,喜欢诵读小说,我是个波拿巴主义者;作为理性之人,我当然是君主主义者;而作为枫丹白露城堡的馆长,或许我应该是个共和派。"每天早上,他都会打开窗户对外呐喊:"去死吧,英国佬!"

---

① 阿贝尔·冈斯(1889—1981年)法国导演、编剧、作家和演员。

1940年
德国占领时期

1940年5月10日，阿道夫·希特勒率军向西方国家发动了进攻，主要针对法国和保持中立态度的比利时与荷兰。5月14日，法军前线溃败。6月10日，法国政府离开巴黎迁往卢瓦尔河谷。15日，德国军队占领巴黎。

在枫丹白露和在巴黎，"奇怪的战争"①时期为向法国中部转移贵重物品提供了有利条件，使其免受战争炮火和侵略的损害。他们将议会厅的细木护壁板和房顶拆卸，将巨大的挂毯卷起，派了许多卡车队将这些东西从枫丹白露运往阿利埃省的孔特索勒城堡。德国入侵10天后，5月20日，运输工作完毕，开始有大批民众撤离法国北部。那些珍稀物品被保存在孔特索勒城堡的地窖之中直到1942年，之后便被转送至瓦郎赛城堡直到解放时期来临。

就在德军进占巴黎那天，枫丹白露地区陷入一片惊恐，民众和市政人员四处逃难。城堡的首席建筑师阿尔贝·布雷

---

① 指第二次世界大战初期，英法在西线对德国"宣而不战"。

第十一章 从宫殿到博物馆

与博物馆馆长夏尔·泰拉斯眼睁睁看着自己大部分的手下纷纷逃走。次日，枫丹白露的城区与城堡遭到了炸弹轰炸。泰拉斯用德语和法语写下一张布告贴于宫殿的栅栏之上："枫丹白露城堡受德国荣誉保护。"泰拉斯和布雷取得一致意见，派布雷转运他们最珍贵的档案资料至他处，以防被德军侵略毁去。可惜，布雷的汽车在沙伊附近爆胎，6月18日，他只好重返枫丹白露……却在那一天看到城堡上空已然升起德国国家社会主义的旗帜。19日，王宫的钟表被调成德国时间。德军在王宫花园里驻扎军营，并征用路易十五翼楼改为野战医院，后将其改造为德军高级指挥部的办公所在地。6月21日，德军旗下的报刊《西部前线》得意地昭告天下："枫丹白露已落入德国手中。"

6月22日，法德于雷通代签署停战协议。当时，法国五分之三的国土被德国占领。7月21日，德军于白马庭院组织了一场盛大的仪式，德国陆军总司令冯·布劳希奇被授予陆军最高统帅的权杖。庆典在舞会厅的一场盛大晚宴中进行，军官将士皆出席；之后是火炬游行与军乐会。

在接下来的几周里，冯·布劳希奇在枫丹白露宫举行了一系列活动：在画廊或守卫厅的晚宴，还有音乐会、讨论会、电影院，以及在拿破仑三世剧院举办的戏剧表演。众多德国纳粹军官或显贵在枫丹白露城堡络绎不绝，其中有德国陆军参谋长哈尔德将军、后来魏玛政府的陆军统帅和参谋长凯特尔将军、

321

后败于斯大林格勒的保卢斯将军、罗伯特·莱伊①部长、若干区长以及大使奥托·阿贝茨。军乐会与古典音乐会（如巴赫、亨德尔、莫扎特、海顿、贝多芬和舒伯特的音乐）交织在一起，由德国最著名的乐团柏林交响乐团演奏。9月12日，他们演奏了莫扎特的歌剧《后宫诱拐》；9月24日，乐团团长欧根·约胡姆举行了一场莫扎特演奏会。10月24日，阿道夫·希特勒本人也在晚会上停留了数小时，当时他刚在蒙杜瓦与贝当元帅结束会晤。在德军占领枫丹白露期间，其实并无太多损害，不过是有一些小偷小摸的事件，到处乱七八糟，细木护壁板和镶木地板也弄脏了，还有些士兵无视首席建筑师的抗议，在池塘中钓走鲤鱼，这倒是侵略时期很稀松平常的牺牲品了。

　　1940年10月，冯·施蒂尔普纳格尔将军接替冯·布劳希奇元帅成为德国驻法国的新统帅。德军的总参谋部也撤离枫丹白露，但只是虚晃一下假意离开。1941年5月，路易十五翼楼与亨利四世寝宫区（军事代号为"办公庭院"）再度被德军的一个参谋部占领，用来充当电话学校。掠夺与挥霍，莺歌燕舞再度上演。法国人曾一度想将大花坛的方形苗圃列为文化遗产，却遭到艺术管理中心的反驳，理由是可能"招致对国家荣誉的冒犯与讥讽"。1944年3月，战争伊始撤到尼斯的法兰西

---

① 德国劳工阵线（German Labor Front）领袖。

学院罗马分院落脚于枫丹白露。

1944年8月10日，德军从亨利四世寝宫区逐渐撤退，直到20日完全撤离。23日，美军进驻枫丹白露宫，法国的三色旗得以再度飘扬于铁蹄阁上。一位谨慎的馆长将换下来的象征德国的"卍"字旗收好，存在了城堡的档案馆中，直至今日。

1962 年
戴高乐的修复

由路易·菲利普决定的修复枫丹白露一事，是在重现文艺复兴时期风格的浪漫热情中，在有类似实现的条件下得以开展的：19 世纪所谓的修复往往是重建。随着艺术历史与技术知识的进步，建造过程中的错误与弱点变得异常显眼。在一个世纪的"王民共生"之后，枫丹白露的装饰迎来了新一轮的重大改变，被视为路易·菲利普工程的"反修复"。

理论上来说，枫丹白露城堡由首席建筑师与博物馆馆长两大官员管理，本应相互增益，但其实双方经常就一些问题争论不止，相互较劲。然而博物馆馆长通常为文学大家，忙于接待尊贵的来宾，详述历史典故，其与另一位官员的冲突通常在暗处，乔治·埃斯帕贝斯就是一例。1930—1937 年，艺术历史学家罗伯特·雷伊接替了他的职位，却没来得及青史留名。从 1937 年开始，夏尔·泰拉斯来到枫丹白露，一切都发生了变化。作为宪章学院的毕业生，泰拉斯拥有扎实的历史知识，也有鉴别建筑师作品的上佳能力。从 1922 年开始，他与首席建筑师阿尔贝·布雷的关系便一直异常冷漠，即使在城堡被德军占领时期，他们的关系也没有改善；不过，他们各自的小手段限制了冲突的焦点。

自从法兰西第五共和国戴高乐将军重新获得权力，一切就发生了改变。文化事务部的终身部长安德烈·马尔罗把修建枫丹白露宫当做他任职期间的旗舰工程。1960年6月，马尔罗想要重拾矫饰主义，便发起了对弗朗索瓦一世画廊其中一块面板的检查；这次检查的结论便是这些原来的壁画可以用19世纪的方式重新上漆。经过部长办公室的批准，检查范围扩大到一平方米，这个检验是决定性的，扩展到画廊的大量面板。于是，该画廊整体上的修复得到了授权，随之而来的也是政治权力的提升。1961年8月，戴高乐和他的文化部长来到城堡参观，尤其在弗朗索瓦一世画廊中流连。后来的每个月，首席建筑师都要向建筑部递交一份报告，而马尔罗也会在内阁会议后向戴高乐将军展示修复工程的照片。

1962年7月31日，在马尔罗的倡议之下，《规划法》的出台让城堡的整体修复变得明朗，因为修复过程可加速，免受年度预算决议的影响：城堡的修复将分批次完成，每批次计时五年，枫丹白露是政府选择集中资源的"七大国家遗产古迹"之一（其他六处是卢浮宫、荣军院、樊尚堡、凡尔赛宫、香波堡与兰斯大教堂）。1962年与1967年出台法令，城堡分别获得了4 000万与400万法郎的资助。在1962年投票之前的辩论中，马尔罗得意地宣称："尽管仍是意大利风格，我们的法令将会让枫丹白露完成欧洲最大的矫饰主义组画，它将成为西方国家第一座真正意义上的宫殿，也是第一个承袭佛罗伦萨贵族宅邸风格的皇室建筑，凡尔赛宫也是这一风格的承继者。"

修复工作由一个特殊委员会督导，每八天便召开会议，组织讨论。这其中有历史古迹督察长雅克·杜邦及他的同事让·费雷，1964年卸任的博物馆馆长夏尔·泰拉斯、1965—1970年上任的鲍里斯·洛斯基以及他们的同事皮埃尔·勒穆瓦纳与西尔维娅·普雷苏伊尔，还有城堡的首席建筑师罗加蒂安·德·西德拉克。这位建筑师曾在法国空军服役，战后在建筑行业颇有建树：曾任城市规划与复兴建设部的首席建筑师、海运部建筑师、1947年民用建筑和国家宫殿的普通建筑师等。西德拉克在第二次世界大战期间的经历令他内心深处对当局充满了好感，作为一名建筑师，他为枫丹白露的修复工程呕心沥血。

屋顶架构重新搭建，门面再经磨刷，中央电力与暖气重新恢复，最新的中央控制系统也在城堡主塔的一层建立起来。修复变成了解除修复的工程：在弗朗索瓦一世画廊里，路易·菲利普与拿破仑三世时期的壁画被修复者奥雷斯特·比嫩鲍姆重新上漆；于19世纪加高的屋顶被降低了。在马尔罗的支持下，这些工程其实早在1961年便开始，那时尚未出台法令。

舞会厅的细木护壁板在原先断片的基础上进行了改造，壁

第十一章　从宫殿到博物馆

炉台上的森林之神①男像柱也被重新竖起，它始建于大革命时期，在拿破仑帝国时期被两座灰墁制成的陶立克石柱取代。众所周知，文艺复兴时期的森林之神属于古代文物，意大利政府授权根据这些文物制作新的模型，后一直存放在罗马首都博物馆。埃唐普公爵夫人的寝宫中，根据普里马蒂乔的仙女塑像还原了第一尊裸体女像，虽然玛丽·莱什琴斯卡王后本是想装饰些衣物遮羞。花园里，戴安娜喷泉恢复了17世纪时的模样，从丹神父书中的一幅版画可以看到：从卢浮宫博物馆运回的猎犬通过"自然之力"喷出水源；花坛底部用黏土重做了防水层。西德拉克让人给他画了一幅他戴着农牧之神面具的肖像，装在鹿廊的画框中，展现出全新的维奥莱·勒·杜克②风格。画家让·保罗·勒德尔也是戴高乐与马尔罗这个修复团队的代表人物；当有人对这些修复者的工作表示担忧，他们二人却轻松大笑，文化部长对总统说："我的将军，我们至少可以传给下一代吧！"

但就在历史古迹管理处与罗加蒂安·德·西德拉克主张要重现文艺复兴时期的古朴之风时，博物馆的馆长们却希望可以保留七月王朝与第二帝国的王室遗迹，当时有一篇报告是这样据理力争的："枫丹白露城堡的一大特色便是能体现时代的叠

---

① 希腊神话中的森林之神是生着羊角及羊蹄的半人半兽神。
② 法国建筑师与理论家、画家。法国哥特复兴建筑的中心人物，并启发了现代建筑。他最有名的成就是修护中世纪建筑。

加"（于贝尔·朗代，1966年）。从1963年开始，夏尔·泰拉斯便开始忧虑，生怕为了风格统一的名义，弗朗索瓦一世厅中的壁炉被改造，或是路易·菲利普时期的装饰被尽数除去。然而，历史古迹还是成功保留了，装在国王塑像下的塞夫尔瓷板被拆除，以还原16世纪的风貌。

在改造圣三教堂的问题上，两派观点也异常针锋相对，西德拉克想仅仅根据一副版画还原至路易十三时期的样子，馆长们却坚持要还原至路易十五时期，文献依据更多。双方闹得不可开交。自那以后，馆长与首席建筑师之间的沟通便只通过西尔维娅·普雷苏伊尔来进行。1968年发生了很多风波，西德拉克将馆长们形容为"胆小怯懦之人"，洛斯基则写信给法国博物馆馆长称："我跟这位粗鲁的人总是无法直接交流。"

从马恩省的科隆贝莱斯·德埃格利塞退休后，戴高乐将军本人一直支持西德拉克的事业。1969年12月11日，将军给这位建筑师写了一封信，对他"圆满成功"的修复工作和"实现这一宏伟成果所进行的研究和工作"表示了敬意。但是，在第二年的一篇公开文章中，鲍里斯·洛斯基贬斥西德拉克把弗朗索瓦一世画廊的天花板拉低了，并未遵照原样。这番凌辱顿时引起了轰动。

1968年，为了褒奖修复工作，在城堡举办了一场专门介绍枫丹白露画派的大型展览。但由于缺乏妥当方法，且城堡离巴黎也较远，四年后这场展览才在大皇宫举行。《艺术评论》出了一期特刊，名为"枫丹白露城堡的弗朗索瓦一世画廊"，由安德烈·马尔罗作序，记述了艺术历史学家安德烈·沙泰尔向西尔维娅·普雷苏伊尔和卢浮宫馆长西尔维·贝甘对工程进展的汇报。其中有"时常有些故意的错误与疏忽"，西德拉克看到后倍感自尊心受损，便也发表了一篇名为《聚焦》的文章，分发给各方各派的人，尤其是支持安德烈·马尔罗的人。文章开头援引了皮埃尔·勒孔特·迪努伊的一句话："建立在谎言或者曲解之上的历史是危险的。"

建筑师被迫要忍受马尔罗的道德权威。在他看来，在马尔罗介入之前，有关弗朗索瓦一世画廊墙壁的问题就是"七月王朝时期的油画所运用的艺术手法和精神内涵与16世纪的意大利风格大相径庭"。他暗地里控诉这些馆长，先是夏尔·泰拉斯，然后是鲍里斯·洛斯基，在信息方面有所保留："我始终没有收到应该给我过目的文件""法国研究文艺复兴的专家对枫丹白露的修复工作真的丝毫不感兴趣。有一位甚至想当场阻止整个工程。"

1970年，鲍里斯·洛斯基退休，6年后西德拉克也退了。在两个人的性格冲突中，实则是两种政见在交锋。新生的第五共和国渴望创造秩序，可是其领导者想摒弃"愚蠢的19世纪"，想要恢复君主制伟大的历史风格。他们先将共和总统安抚在樊尚城堡，然后将大特里亚农宫整理布置了一番，以迎接戴高乐将军和外国宾客，枫丹白露便成了"伟大政治"的文化牺牲品。相反，保守主义者和艺术史学家开始恢复折衷主义，试图回归到七月王朝或第二帝国时期的风格，但为众人唾弃。他们的观点终于占了上风，在城堡居室翻新或修复的行动中，这一派人要求优先恢复有据可考的最近状态。此举废除了时代和风格层次的观念，从而揭开了艺术品位历史的新篇章。

1984 年
从越盟到"枫丹威吓"①

对于戴高乐将军而言,枫丹白露的艺术与装饰价值是唯一令他倾心的。其城堡仍然是权力的象征,军民融合的典范,并且是国际盛会与外交会晤的重要场地。

二战后,法国政府与越南独立同盟会曾在枫丹白露举行会议。1946 年 7 月 6 日,该会议于圆柱厅举行,在时任共和国议员的马克斯·安德烈的主持下,法国政府同越南方面派遣的代表范文同展开会谈,时任越南领袖胡志明也出席会议。8 月 1 日,谈判首度陷入僵局,因范文同对达让利厄元帅提出在中南半岛的大叻市开启会议和谈的想法表示抗议。

达让利厄元帅的目标本是创建一个"南圻共和国",仍归于印度支那联邦。然而双方意见始终不合:范文同坚持要东京②、安南与南圻"三城统一",拒绝将越南并入法属联盟。越南代表团自知被国内亲法的反对派控诉为"懦弱无力",于是

---

① 即法德总统在 1984 年欧共体谈判中对英国施加压力迫使其加入投资的事件。
② 越南北方地区的旧称。

便自行终止了与法国的谈判。双方签署了临时协定以后，胡志明返回河内。是年末，越南独立战争打响。八年后，法国在奠边府惨败，为该战画上句号。

1958年后，枫丹白露便作为新共和国大事记中的重要背景出现。1961年，戴高乐将军在此接见了比利时的国王与王后，该年6月，还接待了德意志联邦共和国的总统海因里希·吕布克：那是自德意志第二帝国时期以来，德国领导人首次访问法国。同年，西德拉克为在城堡中参加国际会议的国家元首们悉心规划，特意布置出一部分居室供他们使用。

1945年后，美军便一直驻扎于枫丹白露，于是此地也变为1949年建立的北约同盟的主要基地之一。当时，欧洲联盟军最高司令部先后驻扎于巴黎和罗康库[①]，枫丹白露则负责接纳欧洲中央指导部门下属各机构，如盟军中心设在办公庭院，陆军参谋部则安排在王子庭院。空军参谋部与海军参谋部驻扎于埃文镇上的吉内梅营，成为美军在法国驻地的一部分，其他盟军机关也驻扎在该镇的不同地方。

15年后，戴高乐将军决定从北约的联合指挥中撤出，盟军才撤离枫丹白露。殖民帝国就此瓦解：1962年，戴高乐虽通过法国首次普选再度当选共和国的总统，阿尔及利亚却在同时宣布独立。再一次出于对合法性与后方安稳的考虑，戴高乐决心

---

① 在凡尔赛地区巴黎市郊。

第十一章 从宫殿到博物馆

从此不再依赖美军的庇护。1966年3月7日，他写信给美国总统约翰逊："受到盟军常驻力量或常规训练的干扰，我国提议重新在本国领土上进行本国的军力整合与部署，并暂停我国在联合指挥中的作用，不再为北约提供军备武力。"1967年3月14日，时任欧洲盟军最高司令的美国将军莱曼·莱姆尼策连同驻欧的美军代表在圣日耳曼昂莱组织了一场告别仪式。1967年4月1日，美军从枫丹白露撤离。北约曾要求在法国部署相应的后卫部队，但被戴高乐强硬拒绝："3月31日，一切外国军力必须撤出法国，这与能否留下后卫部队予以清算的问题没有关系。"联军参谋部于是撤到比利时和联邦德国去了。

1984年，在弗朗索瓦·密特朗总统的主持下，枫丹白露仍作为商榷政治决议的重要场所。当时，法国是欧洲经济共同体每年会议的主办国，法国政府将共同体的国家元首峰会定在城堡的舞会厅举行。这为密特朗创造了机会，他与德国总理赫尔穆特·科尔结成联盟，以孤立对共同体财政制度提出质疑的英国首相玛格丽特·撒切尔，她对此发出著名的口号"我想要回我的钱"。6月25日，"铁娘子"进场后便宣称自己"论争好胜之心极强"；最终，撒切尔在争取到削减英国66%的贡献率的条件后，便安静地回到坐席。弗朗索瓦·密特朗略带嘲讽地说："我们真的是拜服于英国的魅力呀。"后来他还说："当时英国发现自己处在这样一种情形之中——要么我继续在站台等候，要么我登上大家都在的火车。"卢森堡首相让·克洛德·容克将此事件比作是"枫丹威吓"。在走廊讨论期间，十国同意由雅克·德洛尔担任未来欧共体委员会的主席。欧洲重新启动，并推进《单一欧洲法案》和《马斯特里赫特条约》。

由此，该世纪 1/4 的时间里，枫丹白露城堡在法国政治历史上发挥出自己的作用——至少暂时地。

1986 年
拿破仑一世博物馆

最后一位对枫丹白露有影响的君王便是拿破仑的曾侄孙、路易·菲利普的曾孙，这也算是对法国王室家族联盟的一个嘲弄吧。这位君王于 1914 年 1 月 23 日于布鲁塞尔出生，为维克多·拿破仑（即拿破仑五世）与比利时公主克莱芒蒂娜之子。在第一次世界大战期间，这位取名路易以纪念皇太子的王子在英格兰的法恩伯勒长大，跟随欧仁妮皇后身边。1926 年，拿破仑五世早亡，其子便于 12 岁登基，成为王国与波拿巴家族的继承者，被朝臣们拥为拿破仑六世。

1886 年，一项《流放法》曾禁止波拿巴家族中曾为君王者及其后代嫡子居留于法国国土，并禁止该家族中的任何男性在法国军队服役。这便是为何在二战初期，路易王子要使用化名"路易·布朗夏尔"参加外籍军团。战争结束后，他重获自由身，投身抵抗运动，被逮捕监禁，后遭软禁，于 1944 年逃出并争得一个游击队基地。因在解放战争中受伤，他受到军队嘉奖，授以荣誉军团勋章。

在这几年的战争之后，甚至在 1950 年《流放法》被废除之前，这位王子都在致力于保护拿破仑遗产的价值。他也的确继承了许多非常出色的珍品。作为热罗姆国王①的曾孙，热罗姆·拿破仑亲王的孙子，他拥有曾经昙花一现的威斯特伐利亚王国的许多遗物。他也从欧仁妮皇后那里继承了第一帝国时期拿破仑三世夫妇所囤积的奇珍异宝，还获得了许多其叔叔路易亲王与吕西安·波拿巴②后裔莫斯克瓦公主的宝贝。

自1949年起，拿破仑王子便着手将这些藏品转移至军事博物馆存放。之后15年间，它们一直放在荣军院的荣誉大厅，并在"鼓励拿破仑研究协会"每年组织的专题展览中呈现。

但是随着拿破仑一世的200周年诞辰临近，这位王子想要给他的家族遗产一份长远的交代。在他姐姐德威特伯爵夫人的帮助下，他创建了"拿破仑亲王基金会"，专门用于存管家族遗物。于是在第一时间，第一帝国时期的遗产被运往马尔梅松和布瓦·普雷奥城堡，第二帝国时期的则被运往贡比涅。然而，人们很快发现布瓦·普雷奥堡与拿破仑的传奇毫无关联，而且用于存纳第一帝国时期文物的空间显得非常狭隘。是否应当重新建造一座博物馆？

为圆满解决此事，拿破仑亲王与其姐姐，同总理雷蒙·巴尔、文化部长让·菲利普·勒卡和法国博物馆的馆长们如伊曼纽尔·德·马尔热里和于贝尔·朗代进行商榷，各方最终达成

---

① 拿破仑的幼弟热罗姆·波拿巴。
② 拿破仑的大弟。

第十一章 从宫殿到博物馆

了协议。1979年，家族遗物的一部分上缴国家，另有一部分选择合适的条件进行出让。紧接着，为了避免各大博物馆相互激烈竞争，于贝尔·朗代设想了一种四分法重新分配：马尔梅松成为约瑟芬皇后和领事馆的博物馆、贡比涅仍然是第二帝国遗迹的圣地、枫丹白露收纳1804年至1815年为皇帝及其家族服务期间的宝物、布瓦·普雷奥接纳拿破仑家族与圣赫勒拿岛的遗物。感谢这样如所罗门般睿智的决断，枫丹白露得以收纳拿破仑亲王最为珍贵的藏品。同时还有些是从马尔梅松、卢浮宫与凡尔赛宫得来的。

路易十五翼楼的房间可以用作建设新博物馆，其仍保留着帝国时期的建筑装饰，便于改造成具有浓厚历史感与代入感的博物馆。曾经占用了其中一部分空间的美国艺术学院也于1979年搬迁至办公庭院。1978—1982年，在博物馆规划法的帮助下，改建工作在首席建筑师贝尔纳·科莱特、城堡馆长让·皮埃尔·萨莫约及其夫人科隆布·萨莫约·韦尔莱的带领下有序开展，他们还着手编写博物馆志。考虑到物品和展厅的面积大小，他们决定只将拿破仑一世及其亲族的物品展示出来，而非第一帝国时期的全部珍品。

1986年6月10日，在长达六年的工程建设后，在拿破仑亲王见证下，拿破仑一世博物馆正式开放。开放仪式先从"家族画廊"开始，那里有皇室家族成员的肖像与半身雕塑。共有15间展厅摆放了拿破仑的许多物件，不乏其肖像、金银细器、装饰品、餐具、军服、朝服与私人收藏的纪念品。除了五间专供展示拿破仑生平的展厅外，另有一间专供玛丽·路易丝，还有两间是为罗马王。在一层，人们可依次见到有关其母、约瑟夫、路易、热罗姆、埃莉萨、波利娜、卡罗琳及夫婿若阿基姆·缪拉的展品。后来的几年里，博物馆又添置了许多珍稀的贵重物品：热拉尔亲手所画的罗马王年轻时的肖像、热拉尔工作室出品的朱莉·克拉里及其女儿们的肖像、一件罗马王婴儿时期的衣服，还有属于热罗姆王的荣誉军团勋章的大颈环。

确切地说，这座拿破仑一世博物馆的建立少不了对其他居室的改造。就在博物馆落成的同一年，1966年便开始的王后房间内丝织品的再编织工作也完成了。让·皮埃尔·萨莫约及其夫人便着手修复国王居室的内部构造（1989—1995年），因其从拿破仑三世起便没有整修过。他们热衷于还原那个时期的家具和织物风格——那是从1870年开始风行的一种碎布编织风格。再早些时候，中国馆已经恢复了在第二帝国时期的样子。

这座新建的拿破仑一世博物馆持续正常运作直到1995年。那一年的11月15日至16日的夜里，一群狂徒开了一辆小型卡车闯进白马庭院。警报虽响，但他们还是在保安到来之前成功抢走了十几件重要珍品，其中不乏几件摆钟、一些花瓶、两辆青铜两轮马车，尤其是热罗姆国王生前使用的两件武器——一件是威斯特伐利亚王室的御用宝剑，另一件是拿破仑赐予其

第十一章　从宫殿到博物馆

兄弟的一把双刃剑。

在这场盗窃发生之后，博物馆的一层便被封闭以开展安保工作。后来的十几年里，因担心会有新的强盗，展厅始终处于关闭状态。最终，2006年，这些展厅被改成了城堡的普通接待中心，大型器物和一部分画作都被收藏起来，那些艺术品被重新布局安排在二楼，并实施更为严谨的保管技术。

然而，那些被盗走的摆钟、花瓶与宝剑很难在艺术市场上估价，因此后来还是被找回了。展品得以重见天日，将占用路易十五翼楼二层的一部分空间，此事仍在研究之中。除却这些波折，拿破仑一世博物馆还是吸引了全世界范围内广大的游客，其中有一点很矛盾的是——那些对拿破仑家族传奇史最充满热忱的业余人士，往往却来自曾与拿破仑交锋最激烈的敌国。

终篇　时间的宫殿

与凡尔赛地区的发展类似，枫丹白露也逐渐向外扩大影响。2009 年，一项新的举措出台，枫丹白露将转变为公立资源。城堡成为法国历史上接待王室成员的处所之一，遗址设在办公庭院。2011 年，一场关于艺术历史的盛会在此召开。

如今，城堡拥有 1 530 间居室和 2 万平米的屋顶空间。其花园占地 115 公顷，其中单是花坛就占地 14 公顷。院落内藏有 4 万件艺术作品。每年，枫丹白露都会迎来约 45 万多名游客，这个数字与凡尔赛宫相比，还是逊色很多，但其中有很多游客仅仅在森林中赏玩，而这一数字被预估为 1 300 万人次。正当凡尔赛宫那边的游人熙熙攘攘、络绎不绝时，枫丹白露则如古斯塔夫·福楼拜在 19 世纪写下的那令人心神荡漾的文字一般，保持了独特的幽谧。"王室旧居，含着一种特殊的忧愁，"这位多愁善感的情感教育家如此写道，"也许是这广阔深宫面对不过寥寥数人的君主，显得有些落寞了。可令人讶异的是，几经浮沉起落，繁华却未因时光褪色，人们仍可透过它的沧桑看到朝代的更迭，万物永恒的痛苦。几个世纪过后，此处弥漫着一种昏沉而阴郁的气息，似是发自木乃伊身上所涂抹的香料，就连最简单的灵魂都能嗅到。"凡尔赛缺失的那几个世纪的光泽却被枫丹白露保存得甚好，或要归功于茂密的森林保护吧。这片森林连同周遭的市郊一起守护着巴黎地区的王室旧居。

因为，正如法国北部的许多城市和城堡一样，枫丹白露也遭受着被巴黎向外延伸扩展的"触手"的困扰，因此它需要在大众文化的经济潮流中找准一席之地。如何才能改善与巴黎的关联？数千平米的房屋居室若不开放参观，能有何用武之地？用作出租、宾馆、行政办公和教育场所？如今的这些问题大概早在1848—1871年法国大革命时期便已然存在。

在城堡复杂的发展历史上，有哪些事件和人物是首先被介绍给游客的呢？枫丹白露是文艺复兴的一座丰碑，但是在众人的记忆里，象征着那场文艺复兴运动的还是在埃库昂的文艺复兴国家博物馆、尚博尔以及卢瓦尔河谷的一众城堡。枫丹白露反倒被视为拿破仑家族的主要发迹地，但其实拿破仑并未来得及将枫丹白露进行修整，也未曾居住过多少时日。不过这样看来，枫丹白露却是陷入了一场令人惊异的竞争中：马尔梅松仅能代表波拿巴传奇的初期、杜伊勒里宫的身影消失在茫茫历史长河、荣军院的圆屋顶以相同的浓墨记叙着路易十四与拿破仑。但是谁应被摆在更前面一点的位置？弗朗索瓦国王还是拿破仑一世？枫丹白露那有关拿破仑三世的一系列故事能表明什么？其中那些桃花心木的家具、房间里彩釉制成的瓶瓶罐罐和画着硕大蓝花的纸张又能说明什么？

在很长的一段时间里，枫丹白露始终承担着两个相互矛盾的角色：既作为仅供消遣的行宫，又作为大型演出的住处。这在温特哈尔特的那幅名画中展现得最为突出，画的是被贵妇们拥簇的欧仁妮皇后：晚上，她与侍从女官们在华丽的梳妆台前打扮，颜色鲜艳的硬布衬裙撑起她们的裙子；白天，她们走到树林深处，坐在草坪上。枫丹白露由此成为卡佩王权神话的有力证明，这是一个封建父系的王朝，威严的同时又不乏平易。早在成为弗朗索瓦一世的城堡以前，枫丹白露属于"栎树下审判"的圣路易，他傲视世间群雄，被公认为是欧洲第一位君王与圣裁，是西方国家的万王之王。

不论是通过狩猎还是漫步，王室都在枫丹白露找到了与大自然和君主政治初步发展的那几个世纪之间的联系，甚至还找到了与充满幻想、被传奇故事美化的中世纪的关联。枫丹白露的庭院也找回了其在中古时代的模样——周遭皆是为王族狩猎所建。无论是弗朗索瓦一世、亨利四世、路易·菲利普还是拿破仑三世，他们都非常愿意与林中的行人或农人闲谈、拜访埃文的教堂和枫丹白露镇，以广施王恩。自枫丹白露建立以来，有森林环绕，秋狩春猎，城堡便始终沉浸在一片诗意之中。其森林是"4万阿庞大小的花园"，城堡是"20位国王的宫殿"。1645年，莫特维尔夫人曾言："秋季是最适合待在枫丹白露的"。从这个意义上讲，枫丹白露更胜凡尔赛宫一筹。对于法国王朝而言，在凡尔赛宫总有种恍然若失的感觉，在枫丹白露却重获一种踏实和舒心的快感。

因为与凡尔赛宫不同，枫丹白露是时间的宠儿。它不是哪一个国王的作品，它见证了许多国王的生命。枫丹白露不是某个人意愿的产物，它如同君主制和法兰西一样，是历史的积淀形成。当其他历史古迹由于太激进的修复而被永久改变时，枫丹白露却保留了本真。1855年，奥古斯特·卢凯将枫丹白露宫与凡尔赛宫进行对比，认为前者是"收纳王室奇珍的移动和静止的百科全书"，后者则是"看着有关战争的画作与腐烂的死水而让人变傻的偌大兵营"。

在枫丹白露停驻，便如远渡重洋般的时光，置身于路易七世和圣路易创造的历史之中。1889年，阿纳托尔·佛朗斯曾写道，"我请求我所有的同胞，都抽出一天的时间来这座宫殿看看，这些记忆标志着法兰西精神的延续，它曾历经所有我们认为互相矛盾的政治体制，但在这里，便会发现它们是很自然地、遵循历史必然发生的次序。我很确定的是，他们将在这里收获一种全身心的愉悦，尽情享受在这里的美妙时光，感受那种灵动的海纳百川，学着敬畏历史和这片丰饶的土地。"该城堡比凡尔赛宫更宽阔更优美，可以用来铭记"法兰西的一切荣耀"。

这城堡便是弗朗索瓦一世和亨利四世、路易十四和路易

十五、路易十六和拿破仑一世、路易·菲利普和拿破仑三世留下的历史宝藏,它是普鲁斯特式的宅邸,正如在吕利的《阿提斯》序幕中装饰的建筑物一样,枫丹白露是一座时间的宫殿。

大事年表

1060—1108 年：腓力一世统治时期。

1068 年：加蒂奈归属皇家领地。

1108—1137 年：胖子路易（路易六世）统治时期。

1137 年：国王路易七世的皇家记事录首次提到枫丹白露为皇家住所。

1160 年：一份皇家记事录中说到枫丹白露"宫"。

1169 年：坎特伯雷大主教托马斯·贝克特在圣萨蒂南教堂举行奉献礼。

1192 年圣诞节：腓力二世·奥古斯特下榻枫丹白露宫。

1197 年：弗朗沙尔隐修院建立。

1223 年 7 月 14 日：腓力二世驾崩；狮子王路易八世继位成为法国国王。

1226 年 11 月 8 日：路易八世驾崩；路易九世，后来的圣徒路易继位。

1239 年：圣路易在枫丹白露患病。

1248—1254 年：远征埃及。

1259 年 7 月：圣路易建立枫丹白露隐修院。

1268 年：后来的美男子腓力四世在枫丹白露宫出生。

1270 年 8 月 25 日：圣路易驾崩；勇敢者腓力三世继位。

1285 年 10 月 5 日：腓力三世驾崩；美男子腓力四世继位。

1289 年：后来的吵架王路易十世在枫丹白露宫出生。

1297 年 8 月 11 日：圣路易的封圣仪式。

1306 年 1 月：教皇克莱门特五世颁布谕旨，免除枫丹白露的圣三修道院受桑斯的大主教管辖。

1314 年 11 月 29 日：美男子腓力四世在枫丹白露宫驾崩；吵架王路易十世继位。

1316 年 6 月 5 日：路易十世驾崩；11 月 14 日：约翰一世继位[1]；11 月 19 日：约翰一世驾崩；高大的腓力五世（约翰的叔叔）继位。

1322 年 1 月 3 日：腓力五世驾崩；美男子查理四世继位。

1323 年：英国王后，法国的伊莎贝拉[2]到访枫丹白露宫。

1328 年 2 月：查理四世驾崩；4 月 1 日：瓦卢瓦家的腓力六世继位。

1332 年 1 月：法国的约翰（后来的约翰二世）与卢森堡的博纳[3]缔结婚约。

1338 年：英国人袭击比耶尔森林。

---

[1] 父王驾崩，作为遗腹子一出生就继位，数日后夭折，未实际统治。
[2] 腓力四世之女，英王爱德华二世之王后。
[3] 原名 Jutta（尤塔），其父为波西米亚国王瞎子约翰。

1348年：黑死病爆发。

1350年8月22日：腓力六世驾崩；好人约翰二世继位。

1364年4月8日：约翰二世驾崩；查理五世继位。

1380年9月16日：查理五世驾崩；查理六世继位。

1404年6月5日：查理六世将枫丹白露宫赐给王后巴伐利亚的伊莎博。

1422年10月21日：查理六世驾崩；查理七世继位。

1431年：巴伐利亚的伊莎博开始营建枫丹白露宫。

1435年9月24日：巴伐利亚的伊萨博去世。

1461年7月22日：查理七世驾崩；路易十一继位。

1474年：路易十一下榻枫丹白露宫。

1483年8月30日：路易十一驾崩；查理八世继位。

1498年4月7日：查理八世驾崩；路易十二继位。

1515年1月1日：路易十二驾崩；弗朗索瓦一世继位。

1525年2月24日：帕维亚之战。

1525—1526：弗朗索瓦一世被囚西班牙。

1528年3月15日，弗朗索瓦一世为了处理巴黎市政局事务，频繁地在首都或周边地区居住；4月28日：委托吉勒·勒布勒东担任枫丹白露城堡重建和扩建的砌筑工程。

1529年8月5日：签订《康布雷和约》。

1530年7月4日：弗朗索瓦一世迎娶查理五世的姐姐，奥地利的埃莉诺；10月：罗索到达法国。

1532年：普里马蒂乔到达法国。

1533年：普里马蒂乔开始为国王城堡进行装饰。

1535—1539年：为弗朗索瓦一世长廊进行装饰。

1536年12月4—27日：苏格兰国王詹姆斯五世到访。

1538年6月18日：签订《尼斯条约》。

1539年12月24—30日：查理五世到访枫丹白露宫。

1540年1月1日：为查理五世到达巴黎举行盛大仪式；11月14日：罗索去世；本韦努托·切利尼和塞巴斯蒂亚诺·塞利奥到达枫丹白露宫。

1541—1542年：建造后来命名为白马庭院的外部大庭院。

1543年：开始装饰金门的前廊；建造赫拉克勒斯喷泉柱。

1543—1544年：普里马蒂乔开始装饰埃唐普公爵夫人的卧房。

1544年1月19日：后来的弗朗索瓦二世在枫丹白露宫出生；9月：埃莉诺王后布鲁塞尔之行。

1544—1545年：建造松树岩洞。

1545年：赛利奥开始出版建筑书籍；本韦努托·切利尼返回意大利。

1546年：开始建造舞会大厅；开始装饰尤利西斯长廊；4月2日：后来的西班牙王后，法国的伊丽莎白在枫丹白露宫出生。

1547年3月31日：弗朗索瓦一世驾崩；亨利二世即位；埃唐普公爵夫人失势；11月12日：后来的洛林公爵夫人，法国的克劳德在枫丹白露宫出生。

1548年4月3日：菲利贝尔·德洛姆成为国王工事的总监工。

1551年9月19日：后来的亨利三世在枫丹白露宫出生。

1552年：尼科洛·德尔·阿巴特来到枫丹白露宫。

1555年3月18日：海格力斯，后来的安茹公爵，在枫丹白露宫出生。

1556年6月24日：亨利二世与凯瑟琳·德·美第奇的双胞胎女儿，让娜和维克图瓦在枫丹白露宫出生。

1557年：鲁杰罗·德·鲁杰里来到枫丹白露宫。

1558年：亨利二世寝宫的天花板施工。

1559年7月10日：亨利二世驾崩；弗朗索瓦二世继位；狄安娜·德·普瓦捷失势；7月12日：普里马蒂乔成为工事总监。

1560年3月：昂布瓦斯暴乱；8月21日至26日：枫丹白露召开名人会议[①]；12月5日：弗朗索瓦二世驾崩；查理九世继位；12月13日：三级会议在布洛瓦召开。

1562年3月1日：瓦西大屠杀。

1563年6月：查理九世成年。

1564年2月6—15日：凯瑟琳·德·美第奇在枫丹白露宫举行节日狂欢会；3月13日：王室诸人离开枫丹白露宫环游法

[①] 也叫显贵会议，是指由法国国王邀请的社会名流所组成的一个议会，其目的在于商讨国政。

国，历经两年。

1565年：普里马蒂乔主持在城堡四周建造沟渠。

1568年：开始建造被称为"美炉"的翼楼。

1570年：菲利贝尔·德洛姆去世；普里马蒂乔去世。

1574年5月30日：查理九世驾崩；亨利三世继位。

1578年12月31日：设立圣灵勋章。

1579年：雅克·安德鲁埃·杜·塞尔索公布城堡的平面图和立视图。

1589年8月2日：亨利三世驾崩；亨利四世继位。

1593年7月25日：亨利四世放弃新教。

1594年2月27日：亨利四世在沙特尔加冕；4月18日：订立池塘花园施工契约。

1597年：马蒂厄·雅凯开始建造"美炉"。

1598年4月13日：颁布《南特敕令》。

1599年4月10日：加布里埃尔·德斯特雷去世；12月14日至21日：萨瓦公爵查理·伊曼纽尔到访。

1600年5月4日：杜·佩龙与杜普莱西斯·莫尔奈举行枫丹白露会议。12月10日：亨利四世与玛丽·德·美第奇成婚。

1601年：狄安娜画廊的第一期开工；6月12日：孔西尼与莉奥诺拉·加丽盖在枫丹白露成婚。

1602年6月14日：比龙元帅因叛国罪被捕；11月22日：

法国的伊丽莎白，后来的西班牙王后在枫丹白露宫出生。

1605年：开始装饰圣三教堂。

1606—1609年：开凿大运河；建造办公庭院。

1606年9月14日：王太子路易和两个妹妹在枫丹白露受洗。

1607年：建造太子门；4月11日：在枫丹白露举行皇家晚宴。

1608年4月25日：安茹公爵加斯东，即后来的奥尔良公爵在枫丹白露宫出生。

1609年4月25日：枫丹白露的大运河通水；7月7日：塞萨尔·德·旺多姆与弗朗索瓦·德·洛林即梅克尔公爵夫人成婚。

1610年5月14日：亨利四世被刺身亡；路易十三继位。

1625年7月3日：接待教宗乌尔班八世的使节弗朗索瓦科·巴尔贝里尼红衣主教。

1626年5月：夏莱伯爵的阴谋。

1629年9月16日：与英国签订的和约获准。

1630年11月11日：愚人日事件。

1633年：特奥多尔·凡·蒂尔登雕刻尤利西斯长廊的画作；5月14日至15日：枫丹白露宫举行颁发圣灵勋章仪式。

1634年：让·安德鲁埃·杜·塞尔索在白马庭院建了一个新的马蹄铁形楼梯。

1638年：弗朗索瓦·苏布雷·德努瓦耶尔成为工事总监。

1642年：皮埃尔·丹神父公开枫丹白露宫皇家寝宫的奇珍异宝；10月17日：黎塞留在枫丹白露宫的最后一日。

1643年5月14日：路易十三驾崩；路易十四继位。

1644年9月9日—10月25日：路易十四首次莅临枫丹白露。

1645年9月25日：玛丽·路易·德贡扎格与波兰国王拉迪斯拉斯四世缔结婚约。

1656年9月4—6日：瑞典的克里斯蒂娜女王首次莅临枫丹白露宫。

1657年10月10日—1658年2月23日：瑞典的克里斯蒂娜女王第二次莅临枫丹白露宫。

11月10日：瑞典的克里斯蒂娜女王命令在鹿廊处死莫纳尔代斯基侯爵。

1659年7月17日：宫廷诸人从枫丹白露宫来到沃堡，受到尼古拉·富凯接待。

1660—1664年：路易·勒沃和安德烈·勒诺特建造大花坛。

1661年3月9日：马萨林大主教去世；3月10日：路易十四宣布亲政；4月22日至12月5日：王室久住枫丹白露宫；7月23日：芭蕾歌剧《四季芭蕾》演出，邦瑟拉德作词，吕利作曲；8月17—18日：沃堡庆典；9月5日：尼古拉·富凯在南特被拘捕。10月31日：在枫丹白露镇的教区建立教堂；11月1日：王太子路易在枫丹白露宫出生。

1662年：路易·勒沃在大池塘的小岛上建造一个八角亭。

1664年：巴里永·德阿蒙库尔调查枫丹白露森林；7月至8月：对富凯的公诉在枫丹白露的办公处举行；7月29日：在枫丹白露宫隆重接见教皇特使。

1666年6月2日—8月18日：王室出行；巡视驻扎莫雷平原的军队。

1677年9月9日：在枫丹白露为其子举行洗礼仪式时，吕利创作的《感恩颂》首次演奏。

1679年：为国务大臣建造府邸；8月31日：奥尔良的玛丽·路易与西班牙王国的查理二世在枫丹白露宫举行代理婚礼①。

1685年10月17日：颁布《枫丹白露敕令》，撤销《南特敕令》；11月9日：建造工事总监府；路易十四的女婿孔蒂亲王在枫丹白露去世。

1686年12月11日：大孔代亲王在枫丹白露去世。

1690年10月11—18日：流亡的英国国王詹姆斯二世与王后玛丽·德摩德纳下榻枫丹白露宫。

1696年11月5日：后来的布尔戈涅公爵夫人来到枫丹

---

① 查理二世未在场，由玛丽·路易的一个远房表亲代替。

白露。

1698年10月13日：洛林公爵利奥波德与路易十四的侄女、奥尔良的伊丽莎白·夏洛特小姐在枫丹白露宫举行代理婚礼①。

1700年：阿杜安·芒萨尔建造新的翼楼。

1702年6月9日：兵器馆和老式网球场起火。

1708年8月25日：让·巴蒂斯特·莫兰作曲的《猎鹿》在宫中表演。

1713年：池塘花园被毁。

1714年8月30日—10月23日：路易十四最后一次莅临枫丹白露宫。

1715年9月1日：路易十四驾崩；路易十五继位。

1717年5月30—31日：彼得大帝到访枫丹白露宫。

1723年12月2日：波旁王朝首相即奥尔良公爵菲利普去世；

1724年8月23日—12月2日：路易十五登基后初次莅临。

1725年："美炉"被毁；12月5日：路易十五在枫丹白露宫的圣三教堂举行大婚典礼。

1726年6月11日：波旁公爵失势；11月5日：弗勒里受封红衣主教，从路易十五手中接过主教的帽子。

1731年：吉尔贝修道院院长写成关于枫丹白露宫的《历史

---

① 洛林公爵未在场。

札记》。

1736—1738年：在王子庭院新建翼楼住宅。

1739年：开始建造路易十五翼楼；尤利西斯画廊被毁。

1739—1740年：在埃罗尼埃建造新的马厩。

1748年8月27日：让·菲利普·拉莫的芭蕾舞剧《皮格马利翁》演出。

1750年：火炉阁被毁。

1750—1754年：昂热·雅克·加布里埃尔建造大楼阁。

1751年：开始装饰议事厅。

1752年10月18日：让·雅克·卢梭的歌剧《乡村占卜师》演出。

1753年10月29日：让·菲利普·拉莫的英雄田园诗《达佛涅与埃格勒》演出；11月13日：让·菲利普·拉莫的芭蕾舞剧《西巴里斯人》演出。

1754年10月12日：让·菲利普·拉莫的芭蕾舞剧《欧西里斯的诞生》演出；10月23日：让·菲利普·拉莫的芭蕾舞剧《阿那克里翁》演出。

1765年12月20日：路易十五的儿子，王太子路易死于枫丹白露宫。

1768年10月至11月：丹麦国王克里斯蒂安七世莅临枫丹白露宫。

1770年5月16日：王太子路易·奥古斯特和奥地利的玛

丽·安托瓦内特成婚。10月8日至11月29日：玛丽·安托瓦内特首次下榻枫丹白露宫。

1771年11月9日：格雷特里作曲的歌剧《泽米尔和阿佐尔》在枫丹白露宫演出。

1774年5月10日：路易十五驾崩；路易十六继位。

1778—1783年：美国独立战争。

1785—1786年：弗朗索瓦一世画廊的翼楼加倍拓宽。

1786年：装饰王后寝宫和国王的新寝宫。10月10日至11月16日：王室最后一次出行到枫丹白露宫；11月10日：在枫丹白露宫批准与英国签订的《贸易条约》。

1789年1月6日：枫丹白露宫的橘园起火；5月5日：凡尔赛三级会议召开。

1790年2月18日：蒙特莫兰伯爵当选枫丹白露镇长。

1791年6月1日：国民大会确认枫丹白露宫作为皇家行宫的地位。

1792年8月10日：王国覆灭；9月2日：蒙特莫兰伯爵在巴黎被屠杀。

1793年1月21日：路易十六被处决；9月21日：共和国在枫丹白露城堡的庭院举行第一次庆典；12月10日：在白马庭院举行"理性"庆典；查理·佩西耶承担舞会大厅画作的复制。

1795年10月25日（共和历4年雾月3日）：法律决定设

立中央学校。

1796年3月6日（共和历4年风月16日）：法律规定把枫丹白露堡作为塞纳－马恩省中央学校的所在地；3月14日（共和历4年牧月11日）：塞纳－马恩省中央学校在亨利二世长廊落成。

1799年11月9日至10日（共和历8年雾月18日至19日）：发动"雾月十八"政变。

1802年5月1日（共和历10年花月11日）：法律规定发展公共教育，创办中学和军事专科学校。

1803年1月28日（共和历11年雨月8日）：执政官们下令组织军事专科学校，并决定把军事专科学校设在枫丹白露宫；2月23日（共和历11年风月5日）：建筑师枫丹第一次到访枫丹白露宫；3月10日（共和历11年风月19日）：执政官们下令把白马庭院拨给军事专科学校使用；8月21日（共和历11年果月3日）：法律要求在共和历13年葡月1日前撤销塞纳－马恩省中央学校；11月20日（共和历12年雾月28日）：拿破仑·波拿巴第一次到访枫丹白露宫。

1804年5月20日（共和历12年花月28日）：拿破仑·波拿巴成为法国皇帝；9月23日（共和历13年葡月1日）：撤销在枫丹白露堡的中央学校；11月25日至28日：教皇庇护七世首次莅临枫丹白露宫；12月2日：拿破仑在巴黎圣母院举行加冕仪式。

1806年8月3日：命令建造一个新的骑马场。

1806—1810年：在靠近原先犬舍的地方建造骑马场。

1807年9月21日—11月16日：帝国皇室第一次到枫丹白露秋游。

1808年3月24日：拿破仑决定把军事专科学校转移到枫丹白露堡外；5月至6月：西班牙国王查理四世和王后玛丽·路易丝以及他们的宠臣戈多伊莅临枫丹白露宫；6月30日：军事专科学校从枫丹白露转至圣西尔。

1809年10月26日—11月14日：帝国皇室第二次秋游。

1810年：第二个狄安娜画廊开工；在白马庭院的西翼安装一排巨大的栅栏；9月25日至11月17日：帝国宫廷第三次秋游；11月4日：路易·拿破仑王子（即未来的拿破仑三世）在枫丹白露宫受洗，一同受洗的还有拿破仑的24个教子教女。

1812年6月19日—1814年1月23日：庇护七世被囚禁在枫丹白露宫。

1813年1月19—27日：拿破仑在枫丹白露小住；1月25日：在枫丹白露宫签署政教协定；3月24日：庇护七世反对政教协定。

1814年1月23日：庇护七世启程返回罗马；2月14日至17日：城堡首次被俄罗斯军队占领；3月31日：拿破仑到达枫丹白露宫；4月6日：拿破仑退位；4月11日：签署条约，特许厄尔巴岛成为拿破仑的领地；12日或13日的晚上：拿破仑疑被下毒；4月20日：拿破仑告别白马庭院的卫兵。

1815年3月20日：拿破仑在返回巴黎途中经过枫丹白露；6月22日：拿破仑一世在巴黎第二次退位。

1816年6月15日至16日：路易十八生平唯一一次在枫丹白露小住。

1820年：查理·雷马尔写成《枫丹白露旅行指南》一书。

1823年：新的狄安娜画廊完工。

1824年4月16日：路易十八驾崩；查理十世继位。

1827年10—11月：王室出行到枫丹白露。

1830年：7月，七月革命；8月7日：路易·菲利普登上王位。

1831年7月2—3日：路易·菲利普登上王位以后首次到访枫丹白露。

1833年夏天：阿尔弗雷德·德缪塞和乔治·桑逗留枫丹白露宫；9月21—25日：王室一家人下榻枫丹白露宫。

1834年：建筑师欧仁·迪布勒伊建造"柱厅"；9月29日至10月8日：路易·菲利普首次在枫丹白露宫下榻。

1837年5月30日：奥尔良公爵与梅克伦堡的伊莲娜在枫丹白露宫成婚。

1839年：克洛德·弗朗索瓦·德纳古所写《枫丹白露森林旅行指南》一书出版；9月27日至10月10日：王室下榻枫丹白露宫。

1840—1844 年：制作《枫丹白露宫接待史》塞弗勒瓷器书，一共用了 133 个盘子。

1846 年 4 月 16 日：有人在枫丹白露宫意图行刺路易·菲利普未遂；6 月 8 日：处决行刺未遂者皮埃尔·勒孔特；12 月 15—16 日：突尼斯总督西迪·艾哈迈德到访枫丹白露宫。

1847 年 11 月 10 日：路易·菲利普最后一次出行到枫丹白露宫。

1848 年 2 月 24 日：路易·菲利普退位；3 月 12 日：在狄安娜画廊举行爱国宴会；12 月 10 日：路易·拿破仑·波拿巴成为共和国总统。

1849 年 9 月 4 日：从巴黎到枫丹白露的铁路开通。

1850 年 9 月 14 日：路易·拿破仑在巴德大公陪同下到访枫丹白露宫。

1851 年 12 月 2 日：路易·拿破仑·波拿巴发动政变。

1852 年 12 月 2 日：拿破仑三世宣布称帝。

1854 年：埃克托尔·勒菲埃尔建造帝国剧院。

1856 年 12 月 24 日：一场大火毁掉了"美炉"翼楼的展览厅；12 月 15 日至 16 日：普鲁士王室的王子到访枫丹白露宫。

1857 年 5 月 13 日：帝国剧院开幕；5 月 17 日至 24 日：巴伐利亚国王马克西米利安二世到访。

1861 年 2 月 23 日—4 月 10 日：在卢浮宫的马尔桑馆展出

夏宫①的战利品；4月13日：颁布法令指定枫丹白露森林的某些地块做为"艺术保护区"；6月27日：在枫丹白露宫接待暹罗大使。

1862年：城堡列入历史古迹名录。

1863年3—6月：修建中国博物馆。

1864—1867年：修建庆典画廊。

1865—1868年：修复雄鹿画廊。

1867年6月11日：拿破仑三世在枫丹白露宫接待沙俄皇帝和普鲁士国王。

1870年9月4日：法兰西第二帝国灭亡；第三共和国宣告成立；9月21日：普鲁士人到达枫丹白露。

1971年3月6—18日：普鲁士王子弗雷德里克·查理和他的参谋部占据了城堡；3月23日：普鲁士人离开；12月11日：在枫丹白露设立炮兵工程学院。

1873年：成立枫丹白露森林艺术保护委员会。3月27日：中国博物馆被宣布为国有。

1879年：冬季严寒，森林里的许多针叶树枯死。

1888—1893年：萨迪·卡诺前来小住。

1891年8月17日：萨迪·卡诺接待塞尔维亚的彼得一世。

1892年9月9日：萨迪·卡诺接待希腊国王乔治一世。

---

① 即中国的圆明园。

1895 年 9—10 月：菲利·福尔逗留；9 月 21 日：菲利·福尔接待比利时国王利奥波德二世。

1904—1930 年：乔治·埃斯帕贝斯一直担任枫丹白露宫的馆长。

1909 年：成立枫丹白露之友协会。

1913 年 5 月 8 日：西班牙国王阿方索十三世到访，受到雷蒙·普安卡雷接待。

1914 年 7 月 10 日：皇后欧仁妮来访。

1921 年 6 月 26 日：枫丹白露美国音乐学院落成典礼。

1923 年 6 月 25 日：在路易十五翼楼开办美国艺术学校。

1924 年：小约翰·戴维森·洛克菲勒捐赠。

1927 年 10 月 8 日：颁布法令赋予枫丹白露"国家博物馆"的地位；在白马庭院拍摄电影《拿破仑》的一个场景，导演是阿贝尔·冈斯。

1930—1937 年：罗伯特·雷伊任枫丹白露堡的馆长。

1937—1964 年：夏尔·泰拉斯任枫丹白露堡的馆长。

1940 年 6 月 18 日：德国军队占领城堡；7 月 21 日：冯·布劳希奇将军在白马庭院接受德国元帅权杖。

1944 年 8 月 22 日：最后一批德军撤离枫丹白露宫。

1946 年 9 月 6—10 日：法越会议在枫丹白露召开。

1949 年 1 月：中欧盟军司令部设在枫丹白露。

1950 年 3 月 1 日：政府决议下令使用亨利四世的住处部署

西欧的参谋部。

1958—1976 年：罗加蒂安·德·西德拉克成为枫丹白露堡的首席建筑师。

1961 年 8 月 4 日：戴高乐将军与安德烈·马尔罗将军参观枫丹白露宫。

1962 年 7 月 3 日：出台有关修复重大历史古迹计划的法律。

1965—1970 年：鲍里斯·洛斯基担任枫丹白露堡的首席馆长。

1967 年 4 月 1 日：北约组织各机构迁出法国。

1970—1994 年：让·皮埃尔·萨莫约担任枫丹白露堡的首席馆长。

1979 年：建立拿破仑一世博物馆。

1981 年：枫丹白露被列入世界文化遗产名录。

1984 年 6 月 24—26 日：欧洲经济共同体国家元首和政府首脑会议。

1986 年 6 月 10 日：拿破仑一世博物馆开幕。

1991 年：修复中国馆作品。

1994 年 8 月 1 日：阿莫里·勒费比尔担任枫丹白露博物馆馆长。

1999 年 3 月 3 日：建立城堡国家博物馆和枫丹白露国家领地，接受国家管辖。

2006年9月1日：贝尔纳·诺塔里担任枫丹白露博物馆馆长。

2009年3月11日：在枫丹白露堡设立公共行政机构；9月21日：让·弗朗索瓦·埃贝尔担任这个公共机构的主席。

2011年5月27—29日：举办第一届历史艺术节。

参考文献

综述

BOURGES (Ernest), *Recherches sur Fontainebleau*, Fontainebleau, Maurice Bourges, 1896.

CARLIER (Yves), *Fontainebleau en dates et en chiffres*, Paris, Gisserot, 2005.

CARLIER (Yves) et PERSONNE (Nicolas), *La Galerie de meubles du château de Fontainebleau*, Paris/Fontainebleau, Somogy-musée national du château de Fontainebleau, 2009.

CHATENET (Monique), *La Cour de France au XVIe siècle : vie sociale et architecture*, Paris, Picard, 2002.

DAN (P. Pierre), *Le Trésor des merveilles de la Maison royale de Fontainebleau*, Paris, Sébastien Cramoisy, 1642.

DENECOURT (Félix), *Guide du voyageur dans le palais et la forêt de Fontainebleau ou histoire et descriptions abrégées de ces lieux remarquables et pittoresques*, Fontainebleau, chez l'auteur, 1840 (rééditions en 1843 et 1845).

DEROY (Léon), *Les Chroniques du château de Fontainebleau*, Paris, librairie P. Roger, s.d.

DIMIER (Louis), *Fontainebleau, édition revue et complétée par Boris Lossky*, Paris, Calmann-Lévy, 1967.

DOMET (Paul), *Histoire de la forêt de Fontainebleau*, Paris, Hachette, 1873.

DROGUET (Vincent), *Les Jardins du château de Fontainebleau*, Paris, Nicolas Chaudun, 2011.

DURAND (Alexis), *Chronologie des fastes de Fontainebleau (1137-1850)*, Fontainebleau, Maurice Bourges, 1901.

GUILBERT (abbé Pierre), *Description historique du château, bourg et forest de Fontainebleau*, Paris, André Cailleau, 1731.

HERBET (Félix), *Le Château de Fontainebleau*, Paris, Honoré Champion, 1937.

HERBET (Félix), *Dictionnaire historique et artistique de la forêt de Fontainebleau*, Fontainebleau, Maurice Bourges, 1903.

LUCHET (Auguste) [dir.], *Hommage à C. F. Denecourt. Fontainebleau : paysages, légendes, souvenirs, fantaisies*, Paris, Hachette, 1855.

JAMIN (Étienne), *Fontainebleau ou notice historique et descriptive sur cette résidence royale*, Fontainebleau/Paris, S. Petit-Delaunay, 1834 (rééditions en 1838 et 1841).

PÉROUSE DE MONTCLOS (Jean-Marie), *Fontainebleau*, Paris, éditions Scala, 1998.

PÉROUSE DE MONTCLOS (Jean-Marie) [dir.], *Guide du patrimoine Île-de-France*, Paris, Hachette, 1992 (contribution de Jean-Pierre Samoyault sur Fontainebleau, pp. 268-308).

PFNOR (Rodolphe), *Guide artistique et historique au palais de Fontainebleau*, Paris, André, Daly fils et Cie, 1889.

RÉMARD (Charles), *Le Guide du voyageur à Fontainebleau ou nouvelle description historique abrégée de cette ville, mais principalement du château royal, des jardins et du parc qui en font l'ornement, de la forêt et de quelques lieux qui l'environnent*, Fontainebleau/Paris, E. Durant-Pigoreau et Masson, 1820.

SALMON (Xavier), *Le Château de Fontainebleau*, Paris, Musées et monuments de France, 2010.

SALMON (Xavier) [dir.], *Fontainebleau, vraie demeure des rois, maison des siècles*, Versailles, Artlys, 2011.

SAMOYAULT (Jean-Pierre), *Guide du musée national du château de Fontainebleau*, Paris, Réunion des musées nationaux, 1991.

SARMANT (Thierry), *Fontainebleau : la maison des siècles*, Paris, éditions Atlas, 2010.

TOESCA (Maurice), *Les Grandes Heures de Fontainebleau*, Paris, Sfelt, 1950.

THOISON (Eugène), *Les Séjours des rois de France dans le Gâtinais (481-1789)*, Paris, Picard, 1888.

VATOUT (Jean), *Le Palais de Fontainebleau (souvenirs historiques), son histoire et sa description*, Paris, Didier, 1852.

Le site Cour-de-France.fr est un outil extrêmement précieux pour les recherches sur la cour et les demeures royales.

森林与岩石犹如王冠

DEROY (Maurice), *Études sur le régime de la forêt de Fontainebleau au Moyen Âge et jusqu'à la Révolution,* Montereau, Claverie, 1937.

DOMET (Paul), *Histoire de la forêt de Fontainebleau*, Paris, Hachette, 1873.

HERVET (Jean-Pierre) et MÉRIENNE (Patrick), *Fontainebleau, une forêt de légendes et de mystères*, Rennes, éditions Ouest-France, 2009.

PASTOUREAU (Michel), *Une histoire symbolique de l'Occident médiéval*, Paris, Seuil, 2004.

SALMON (Xavier) [dir.], *Hommage à la forêt*, Dijon, Faton, 2012.

圣路易与修道院

BRAY (Albert), *Les Origines de Fontainebleau : Fontainebleau avant François Ier*, Paris, 1935. Extrait du *Bulletin monumental*, n° 2.

GRIMALDI-HIERHOLTZ (Roseline), « Les religieux trinitaires du château de Fontainebleau », *Les Cahiers de la Société des amis et mécènes du château de Fontainebleau*, n° 5, octobre 2001.

GRIMALDI-HIERHOLTZ (Roseline), *Les Trinitaires de Fontainebleau et d'Avon*, s.l., Centre d'études culturelles et sociales de Seine-et-Marne, 1990.

LE GOFF (Jacques), *Saint Louis*, Paris, Gallimard, 1996.

圣殿骑士的诅咒

AUTRAND (Françoise), *Charles V le Sage*, Paris, Fayard, 1994.

AUTRAND (Françoise), *Charles VI : la folie du roi*, Paris, Fayard, 1986.

BOVE (Boris), *Le Temps de la guerre de Cent Ans (1328-1453)*, Paris, Belin, 2010.

CASSARD (Jean-Christophe), *L'Âge d'or capétien (1180-1328)*, Paris, Belin, 2011.

FAVIER (Jean), *Philippe le Bel*, Paris, Fayard, 1978.

FUNCK-BRENTANO (François), « La mort de Philippe le Bel à Fontainebleau le 29 novembre 1314 », *Annales du Gâtinais*, 1884, pp. 83-129.

PETIT (Ernest), « Les séjours de Charles V », *Bulletin historique et philologique du Comité des travaux historiques et scientifiques*, 1887, pp. 197-266.

PETIT (Ernest), « Séjours de Charles VI (1380-1400) ». Extrait du *Bulletin historique et philologique du Comité des travaux historiques et scientifiques*, 1893.

PETIT (Ernest), « Séjours de Charles VIII (1483-1498) », *Bulletin historique et philologique du Comité des travaux historiques et scientifiques*, 1896, pp. 629-690.

VIARD (Jules), « Itinéraire de Philippe VI de Valois », *Bibliothèque de l'école des Chartes*, 1913, n° 74, pp. 74-128.

蝾螈为标志的时代

BÉGUIN (Sylvie), CHASTEL (André), PRESSOUYRE (Sylvia), ZERNER (Henri), « La galerie de François Ier à Fontainebleau », numéro spécial de la *Revue de l'art*, 1972.

BÉGUIN (Sylvie), GUILLAUME (Jean), ROY (Alain), *La Galerie d'Ulysse à Fontainebleau*, Paris, Presses universitaires de France, 1985.

BOUDON (Françoise) et BLÉCON (Jean), *Le Château de Fontainebleau de François Ier à Henri IV : les bâtiments et leurs fonctions*, Paris, Picard, 1998.

CLOUET (Thomas), « Fontainebleau de 1541 à 1547 : pour une relecture des Comptes des Bâtiments du roi », *Bulletin monumental*, n° 170-3, 2012, pp. 195-234.

DIMIER (Louis) [dir.], *Les Grands Palais de France : Fontainebleau*, Paris, Eggiman, 1910.

GUILLAUME (Jean) [dir.], *Architecture et vie sociale à la Renaissance : l'organisation intérieure des grandes demeures à la fin du Moyen Âge et à la Renaissance*, Paris, Picard, 1994.

参考文献

SMITH (Marc Hamilton), « La première description de Fontainebleau », *Revue de l'Art*, n° 91 (1991), pp. 44-46.

一个"新罗马"

CHASTEL (André) [dir.], *Actes du colloque international sur l'art de Fontainebleau, Fontainebleau et Paris, 18, 19, 20 octobre 1972*, Paris, Éditions du CNRS, 1975.

CORDELLIER (Dominique) [dir.], *Primatice, maître de Fontainebleau*, Paris, Réunion des musées nationaux, 2004.

DIMIER (Louis), *Le Primatice, peintre, sculpteur et architecte des rois de France*, Paris, Ernest Leroux, 1900.

FROMMEL (Sabine), *Sebastiano Serlio architecte de la Renaissance*, Paris, Gallimard, 2002.

JESTAZ (Bertrand), *L'Art de la Renaissance*, Paris, Mazenod, 2007.

查理五世的到访

BABELON (Jean-Pierre), *Paris au XVIe siècle*, Paris, Association pour la publication d'une nouvelle histoire de Paris, 1986.

JACQUART (Jean), *François Ier*, Paris, Fayard, 1981.

KNECHT (Robert), *Un prince de la Renaissance : François Ier et son royaume*, Paris, Fayard, 1998.

REDONDO (Augustin), « Un témoignage espagnol sur la cour de France en 1539 », *Mélanges de la Casa de Velasquez*, 1966, vol. 2, pp. 333-337.

金银匠与宠妃

CELLINI (Benvenuto), *La Vie de Benvenuto Cellini écrite par lui-même (1500-1571)*, Paris, Scala, 2001.

DESGARDINS (E.), *Les Favorites des rois. Anne de Pisseleu, duchesse d'Étampes, et François Ier*, Paris, Champion, 1904.

DESGARDINS (E.), « Rivalité d'Anne de Pisseleu et de Diane de Poitiers », *Conférence des sociétés savantes, littéraires et artistiques de Seine-et-Oise. Compte rendu et communications de la quatrième réunion tenue à Étampes les 13 et 14 juin 1909 sous la présidence de M. Maurice Croiset, membre de l'Aca-*

démie des Inscriptions et Belles-Lettres, et de M. Alfred Paisant, vice-président de la Commission départementale des Antiquités et des Arts de Seine-et-Oise, Étampes, Librairie Flizot, 1909, pp. 100-109.

JESTAZ (Bertrand), « Benvenuto Cellini et la cour de France, 1540-1545 », Bibliothèque de l'école des Chartes, 2003, pp. 71-132.

MICHON (Cédric) [dir.], Les Conseillers de François Ier, Rennes, Presses universitaires de Rennes, 2011.

TRÉBOSC (Delphine), « Le décor de Primatice pour la chambre de la duchesse d'Étampes : une œuvre réflexive ? », Seizième siècle, n° 3, 2007, pp. 37-60.

狄安娜之箭与赫拉克勒斯之柱

ANDROUET DU CERCEAU (Jacques), Les Plus Excellents Bastiments de France, Paris, s.n., 1576-1579.

L'École de Fontainebleau, catalogue d'exposition, Paris, Réunion des musées nationaux, 1972-1973.

FROMMEL (Sabine) [dir.], Primatice architecte, Paris, Picard, 2010.

SAMOYAULT (Jean-Pierre), « Le château de Fontainebleau sous Charles IX », Hommage à Hubert Landais, s.l., Blanchard, 1987, pp. 116-124.

枫丹白露议会

CROUZET (Denis), La Sagesse et le malheur : Michel de L'Hospital chancelier de France, Seyssel, Champ Vallon, 1998.

LA BARRE-DUPARC (Nicolas-Édouard de), Histoire de François II, Paris, Tanera, 1867.

PICOT (Georges), Histoire des États généraux, Paris, Hachette, 1872.

凯瑟琳太后的嘉年华

BOUTIER (Jean), DEWERPE (Alain), NORDMAN (Daniel), Un Tour de France royal. Le Voyage de Charles IX (1564-1566), Paris, Aubier, 1984.

CHAMPION (Pierre), *Catherine de Médicis présente à Charles IX son royaume, 1564-1566*, Paris, Bernard Grasset, 1937.
CLOULAS (Ivan), *Catherine de Médicis*, Paris, Fayard, 1979.
Recueil des triumphes et magnificences qui ont estez faictes au logis de Monseigneur le duc d'Orléans, frère du roy, estant à Fontainebleau au festin qu'il feit le lundy gras dernièrement XIIII jour de febvrier, Troyes, François Trumeau, 1564.
SIMONIN (Michel), *Charles IX*, Paris, Fayard, 1995.

缔造者亨利

DROGUET (Vincent) [dir.], *Henri IV à Fontainebleau : un temps de splendeur*, Paris, Réunion des musées nationaux, 2010.
FRÉVILLE (Ernest de), « Ambassade de don Pedre de Tolède et satire sur l'entrée de ce seigneur à Fontainebleau », *Bibliothèque de l'école des Chartes*, 1845, vol. 6, pp. 344-366.
JESTAZ (Yvonne), *Henri IV à Fontainebleau : un grand bâtisseur*, Versailles, Artlys, 2002.
LURIN (Emmanuel), « Les "basiliques et palais du roi" : architecture et politique à la cour de Henri IV », *Bulletin monumental*, n° 170-3, 2012, pp. 235-258.
SAMOYAULT (Jean-Pierre), et SAMOYAULT-VERLET (Colombe), *Le Château de Fontainebleau sous Henri IV*, « Petit journal des grandes expositions », n° 61, Paris, Réunion des musées nationaux, 1978.

"胡格诺派教皇"

BABELON (Jean-Pierre), *Henri IV*, Paris, Fayard, 1982.
BARBICHE (Bernard) et DAINVILLE-BARBICHE (Ségolène de), *Sully : l'homme et ses fidèles*, Paris, Fayard, 2005.
DAUSSY (Hugues), *Les Huguenots et le roi : le combat politique de Philippe Duplessis-Mornay (1572-1600)*, Genève, Droz, 2002
LALOT (J.-A.), *Essai historique sur la conférence tenue à Fontainebleau entre Duplessis-Mornay et Duperron le 4 mai 1600*, Paris, Fischbacher-Grassart, 1889.

加蒂奈的孩子

BASSECOURT (Claude de), *Le Triumphe et cérémonies du baptesme de Monseigneur le Daulphin et de mes dames ses sœurs*, Paris, Fleury Bourriquant, 1606.

BASSOMPIERRE (François de), *Mémoires*, Paris, Éditions du commentaire analytique du Code civil, 1837.

CARMONA (Michel), *Marie de Médicis*, Paris, Fayard, 1981.

CHEVALLIER (Pierre), *Louis XIII roi cornélien*, Paris, Fayard, 1979.

HÉROARD (Jean), *Journal*, Paris, Fayard, 1989.

主教的胜利

CARMONA (Michel), *Richelieu*, Paris, Fayard, 1983.

HILDESHEIMER (Françoise), *Richelieu*, Paris, Flammarion, 2004.

HOZIER (Pierre d'), *Les Noms, surnoms, qualités, armes et blasons des chevaliers et officiers de l'ordre du Saint-Esprit créés par Louis le Juste, XIII du nom, roi de France et de Navarre, à Fontainebleau le 14 mai 1633*, Paris, Melchior Tavernier, 1634.

PIEYRE (Clément), « La légation du cardinal Francesco Barberini en France en 1625 », thèse de l'école nationale des Chartes, 2005.

官方旅游业的开始

DAN (P. Pierre), *Histoire de Barbarie et de ses corsaires*, Paris, Pierre Rocolet, 1637.

DAN (P. Pierre), *Le Trésor des merveilles de la Maison royale de Fontainebleau*, Paris, Sébastien Cramoisy, 1642.

LE FUR (Erwan), « La renaissance d'un apostolat : l'Ordre de la Trinité et la rédemption des captifs dans les années 1630 », *Cahiers de la Méditerranée*, 2003 [en ligne].

MÜNTZ (Eugène), MOLINIER (Émile), « Le château de Fontainebleau au XVIIe siècle, d'après des documents inédits », *Mémoires de la Société de l'histoire de Paris et de l'Île-de-France*, t. 12, 1885, pp. 225-358.

RANUM (Orest), *Les Créatures de Richelieu*, Paris, Pedone, 1966.

WILSON-CHEVALIER (Kathleen), « Le père Dan et le Trésor des merveilles », *XVIIe siècle*, 1975, n° 106-107, pp. 31-42.

"枫丹白露游" 的诞生

BOTTINEAU (Yves), « La cour de Louis XIV à Fontainebleau », *XVIIe siècle*, 1954, n° 24, pp. 697-734.

BOTTINEAU (Yves), « De Van der Meulen à Pierre-Denis Martin le Jeune », *XVIIe siècle*, 1955, pp. 241-248.

COJANNOT (Alexandre), *Louis Le Vau et les nouvelles ambitions de l'architecture française, 1612-1654*, Paris, Picard, 2012.

GADY (Alexandre), *Jacques Lemercier, architecte et ingénieur du roi*, Paris, Éditions de la Maison des sciences de l'homme, 2005.

LEVANTAL (Christophe), *Louis XIV : chronographie d'un règne*, Gollion, Infolio, 2009.

MOTTEVILLE (Françoise BERTAUT, Mme de), *Mémoires*, Paris, Foucaut, 1819-1829.

ROSTAING (Aurélia), *Les Jardins de Le Nôtre en Île-de-France*, Paris, Éditions du Patrimoine, 2001.

SARMANT (Thierry), *Louis XIV homme et roi*, Paris, Tallandier, 2012.

鹿廊的瑞典女王

FRANKLIN (Alfred), *Christine de Suède et l'assassinat de Monaldeschi au château de Fontainebleau d'après trois relations contemporaines*, Paris, Émile-Paul, 1912.

Journal d'un voyage en Paris en 1657-1658, Paris, Benjamin Duprat, 1862.

QUILLIET (Bernard), *Christine de Suède*, Paris, Fayard, 2003.

天之子

Ballet des saisons dansé à Fontainebleau par Sa Majesté le 23 juillet 1661, Paris, Robert Ballard, 1661.

JESTAZ (Yvonne), *Louis XIV à Fontainebleau : portrait d'une demeure royale*, Étrepilly, Presses du village, 1999.

LAHAYE (Mathieu), « Le fils de Louis XIV : réflexion sur l'autorité politique dans la France du Grand Siècle », thèse de doctorat de l'université de Paris VIII, 2011.

对教皇特使的听审

BARBICHE (Bernard) et BARBICHE (Ségolène), « Les légats *a latere* en France et leurs facultés aux XVIe et XVIIe siècles », *Archivum historiae pontificiae*, t. 23, 1985, pp. 93-165.
BLET (P. Pierre), *Les Nonces du Pape à la cour de Louis XIV*, Paris, Perrin, 2002.
ORMESSON (Olivier d'), *Journal*, Paris, Imprimerie impériale, 1860-1861.
PETITFILS (Jean-Christian), *Louis XIV*, Paris, Perrin, 1995.
REY (François), LACOUTURE (Jean), *Molière et le roi : l'affaire Tartuffe*, Paris, Seuil, 2007.

废除《南特敕令》

GARRISON (Janine), *L'Édit de Nantes et sa révocation : histoire d'une intolérance*, Paris, Seuil, 1985.
MARAL (Alexandre), *Le roi-soleil et Dieu : essai sur la religion de Louis XIV*, Paris, Perrin, 2012.
SARMANT (Thierry) et STOLL (Mathieu), *Régner et gouverner : Louis XIV et ses ministres*, Paris, Perrin, 2010.
Le Temple de la Paix. Ballet dansé devant Sa Majesté à Fontainebleau, Paris, Christophe Ballard, 1685.

勃艮第公爵夫人

BRUNEL (Yvonne), *Marie-Adélaïde de Savoie, duchesse de Bourgogne, 1685-1712*, Paris, Beauchesne, 1974.
MELCHIOR-BONNET (Sabine), *Louis et Marie-Adélaïde de Bourgogne, la vertu et la grâce*, Paris, Robert Lafont, 2002.
SAINT-SIMON (Louis de ROUVROY, duc de), *Mémoires*, Paris, Hachette, 1879-1930.
VOGÜÉ (marquis de), *Le Duc de Bourgogne et le duc de Beauvillier : lettres inédites, 1700-1708*, Paris, Plon, 1900.

参考文献

路易十五行猎肖像

ANTOINE (Michel), *Louis XV*, Paris, Fayard, 1989.
COSSÉ-BRISSAC (comte Jean de), *Fontainebleau cynégétique sous Louis XIV et Louis XV*, Fontainebleau, E. Bourges, 1913.
OPPERMAN (Hal), *Catalogue de l'exposition Jean-Baptiste Oudry*, Paris, Galeries nationales du Grand Palais, 1982-1983.

国王该成婚了

FLEURY (André-Hercule de), *Harangue faite au Roy par S. É. Mgr le cardinal de Fleury, à Fontainebleau, le mardi 5 novembre 1726, après la cérémonie de la barrette*, Paris, veuve Mazières et J.-B. Garnier, 1726.
GAUTHIER-VILLARS (Henry), *Le Mariage de Louis XV d'après des documents nouveaux et une correspondance inédite de Stanislas Leczinski*, Paris, Plon, 1900.
LHUILLIER (Th.), *Le mariage de Louis XV à Fontainebleau : notice historique suivie d'une relation manuscrite du temps*, Fontainebleau, Maurice Bourges, 1881.
SALMON (Xavier), *Parler à l'âme et au cœur : la peinture selon Marie Leszczynska*, Dijon, Faton, 2011.

加里布埃尔父子的"宏伟计划"

BOTTINEAU (Yves), *L'Art d'Ange-Jacques Gabriel à Fontainebleau*, Paris, De Boccard, 1962.
SALMON (Xavier) et FABRE (Côme), *Sculpter pour Louis XV : Jacques Verberckt (1704-1771) ou l'art du lambris à Fontainebleau*, catalogue d'exposition, Dijon, Faton, 2012.
SAMOYAULT (Jean-Pierre), « *Fontainebleau* », *Les Gabriel*, catalogue d'exposition, Paris, 1982, pp. 34-41 et 214-231.

卢梭与拉莫之争

BOURGES (Ernest), *Quelques Notes sur le théâtre de la cour à Fontainebleau (1747-1787)*, Paris, librairie historique des provinces, 1892.

Droguet (Vincent) et Jordan (Marc-Henri), *Théâtre de cour : les spectacles à Fontainebleau au XVIIIe siècle*, Paris, Réunion des musées nationaux, 2005.

Rousseau (Jean-Jacques), *Confessions*, Paris, Cazin, 1782-1789.

王太子之死

Hours (Bernard), *La Vertu et le secret : le dauphin, fils de Louis XV*, Paris, Honoré Champion, 2006.

Proyart (abbé Liévin-Bonaventure), *Vie du dauphin, père de Louis XVI*, Paris, Veuve Hérissant-Théophile Barrois, 1782.

玛丽王后在枫丹白露宫

Carlier (Yves), *Le boudoir de Marie-Antoinette à Fontainebleau*, Paris/Fontainebleau, Somogy-musée et domaine nationaux du château de Fontainebleau, 2006.

Daguenet (Patrick), *Les Séjours de Marie-Antoinette à Fontainebleau (1770-1786)*, Fontainebleau, éditions de Belleombre, 2011.

Daguenet (Patrick), « Le yacht de Marie-Antoinette », *Neptunia*, n° 258, juin 2010, pp. 29-37.

王朝的最后一次旅行

Mêmes références que pour la section précédente.

Samoyault-Verlet (Colombe), « Les travaux de Pierre Rousseau à Fontainebleau », *Antologia di Belle Arti*, n° 2, juin 1977, pp. 157-169.

不再完整的枫丹白露宫？

Bray (Albert), « Un projet de lotissement du Palais de Fontainebleau en 1792 », *Annales de la Société historique et archéologique du Gâtinais*, 1934, pp. 1-5.

Herbet (Félix), *Fontainebleau révolutionnaire : liste des personnes mises en arrestation au ci-devant château (1793-1794)*, Fontainebleau, Maurice Bourges, 1907.

LHUILLIER (Th.), *L'École centrale du département de Seine-et-Marne (11 prairial an IV-1er vendémiaire an XIII)*, Paris, Charavay frères, 1886.

Précis historique de la fête de la Raison et de l'inauguration du buste de Michel Lepelletier à Fontainebleau, Melun, Tarbe et Lefèvre-Compigny, an II.

RÉGIS (Alfred), *Le Vandalisme révolutionnaire au château de Fontainebleau : documents inédits*, Paris, imprimé pour les amis des livres, 1894.

STEIN (Henri), *Le Château de Fontainebleau à l'époque révolutionnaire*, Fontainebleau, Maurice Bourges, 1912.

"为获胜而受训"

RICHON (Albert), *Une école, un empereur, un château, 1803-1808*, Paris, Berger-Levrault, 1958.

教皇，皇帝的神甫

BEYELER (Christophe), *Le Pape et l'Empereur : la réception de Pie VII par Napoléon à Fontainebleau, 25-28 novembre 1804*, Paris/Fontainebleau, Somogy-Château de Fontainebleau, 2004.

BOUDON (Jacques-Olivier), *Napoléon et les cultes. Les religions en Europe à l'aube du XIXe siècle (1800-1815)*, Paris, Fayard, 2002.

CAMBACÉRÈS (Jean-Jacques Régis de), *Mémoires inédits*, Paris, Perrin, 1999.

DURAND (Alexis), *Napoléon à Fontainebleau*, Fontainebleau, E. Jacquin, 1850.

MASSON (Frédéric), *L'Impératrice Marie-Louise*, Paris, Goupil et Cie, 1902.

SAMOYAULT (Jean-Pierre) et SAMOYAULT-VERLET (Colombe), *Un ameublement à la mode en 1802 : le mobilier du général Moreau*, Paris, Réunion des musées nationaux, 1992.

SAMOYAULT-VERLET (Colombe), « Les deux appartements du Pape à Fontainebleau », *Archives de l'art français*, t. 24, pp. 212-239.

VIAL (Charles-Éloi), « Les chasses impériales de Napoléon Ier », thèse de l'école nationale des Chartes, 2011.

WELSCHINGER (Henri), *Le Pape et l'empereur, 1804-1815*, Paris, Plon, 1905.

时代之形色

FONTAINE (Pierre-François-Léonard), *Journal, 1799-1853*, Paris, école nationale supérieure des Beaux-Arts, 1987.
GARRIC (Jean-Philippe), *Percier et Fontaine, les architectes de Napoléon*, Paris, Belin, 2012.
SAMOYAULT (Jean-Pierre), « Le château de Fontainebleau sous Napoléon Ier », *Médecine de France*, 1974, pp. 25-40.

从约瑟芬到玛丽·路易丝

CARLIER (Yves), DROGUET (Vincent), LEFÉBURE (Amaury), VÉRON-DENISE (Danièle), *Napoléon à Fontainebleau*, Paris, Réunion des musées nationaux, 2003.
RICHON (Albert), *Une école, un empereur, un château, 1803-1808*, Paris, Berger-Levrault, 1958.
SAMOYAULT (Jean-Pierre), « Les séjours de Napoléon et de la cour impériale de 1803 à 1810 », *Souvenir napoléonien*, septembre 1974, pp. 9-13.
TERRASSE (Charles), *Napoléon à Fontainebleau*, Paris, Grasset, 1952.

枫丹白露政教协定

LOSSKY (Boris), « Une voyage pontifical Savone-Fontainebleau et le retour », dactylographié.
MAYOL DE LUPPÉ (comte Henri de), *La Captivité de Pie VII d'après des documents inédits*, Paris, E. Paul, 1912.

离别庭院

HERBET (Félix), « Le cabinet de l'abdication à Fontainebleau », *Bulletin de la Société de l'histoire de Paris et de l'Île-de-France*, t. XL, 1913, pp. 182-186.
HOUSSAYE (Henry), *1814*, Paris, Perrin, 1893.

LACOUR-GAYET (Georges), « Napoléon à Fontainebleau en 1814 », *Revue des études napoléoniennes*, juillet-août 1922, pp. 41-60.

SAMOYAULT (Jean-Pierre), *Fontainebleau. Musée national du château. Meubles entrés sous le Premier Empire*, Paris, Réunion des musées nationaux, 2004.

THOISON (Eugène), « Le palais de Fontainebleau de février à avril 1814 », *Bulletin historique et philologique*, 1904, pp. 5-28.

WARESQUIEL (Emmanuel de), *Talleyrand, le prince immobile*, Paris, Fayard, 2003.

路易·菲利普的工地

ANTONETTI (Guy), *Louis-Philippe*, Paris, Fayard, 1994.

JAMIN (Étienne), *Fontainebleau sous le roi des Français Louis-Philippe Ier ou compte rendu des principales additions et restaurations faites depuis le mois de novembre 1833 jusqu'à ce jour*, Fontainebleau/Paris, S. Petit-Delaunay, 1836.

"王座的魅惑"

BOIGNE (Adèle d'OSMOND, comtesse de), *Mémoires*, Paris, Mercure de France, 2006.

DROGUET (Vincent), *Séjours de Louis-Philippe et de la famille royale à Fontainebleau (1830-1848), chronologie établie en mars 2001*, dactylogramme.

JOINVILLE (François d'Orléans, prince de), *Vieux Souvenirs, 1818-1848*, Paris, Mercure de France, 1970.

MARTIN-FUGIER (Anne), *La Vie élégante ou la formation du Tout-Paris, 1815-1848*, Paris, Fayard, 1990.

奥尔良公爵与梅克伦堡公主

GUIZOT (François), *Mémoires pour servir à l'histoire de mon temps*, Paris, Michel Lévy, 1858-1967.

JANIN (Jules), *Fontainebleau, Versailles, Paris, juin 1837*, Paris, Dépôt central des galeries historiques de Versailles, s.d.

« Mariage luthérien à la cour de France, 1837 », *Alliance nationale des églises luthériennes de France. Almanach 1957*, pp. 42-47.

刺杀法国国王

COUVÉ (Michel), *L'Attentat du 16 avril 1846 à Fontainebleau*, Fontainebleau-Avon, chez l'auteur, 2003.

VENET (I.), *L'Opposition dynastique et l'attentat de Fontainebleau*, Paris, Comptoir des éditeurs réunis, 1846.

福楼拜与《情感教育》

BEYELER (Christophe), *Souvenir de Fontainebleau : album d'estampes éditées à l'époque romantique par Claude-François Denecourt, créateur des sentiers de la forêt*, Paris-Fontainebleau, Réunion des musées nationaux-Éditions Michel de Seguins, 2007.

BIASI (Pierre-Marc de), *Carnets de travail de Gustave Flaubert*, Paris, Balland, 1988.

BORIE (Jean), *Une forêt pour les dimanches : les Romantiques à Fontainebleau*, Paris, Grasset, 2003.

BROMBERT (Victor), « Lieu de l'idylle et lieu du bouleversement dans *L'Éducation sentimentale* », *Cahiers de l'Association internationale des études françaises*, 1971, n° 23, pp. 277-284.

FLAUBERT (Gustave), *L'Éducation sentimentale*, Paris, Michel Lévy frère, 1869.

NOTTER (Annick) [dir.], *Fontainebleau, son château et sa forêt : l'invention d'un tourisme (1820-1939)*, Paris, Réunion des musées nationaux, 2007.

POMARÈDE (Vincent) [dir.], *L'École de Barbizon : peindre en plein air avant l'impressionnisme*, catalogue d'exposition, Paris, 2002.

"分批"游览枫丹白露宫

ANCEAU (Éric), *Napoléon III, un Saint-Simon à cheval*, Paris, Tallandier, 2008.

ESPINASSE (Jules), *Souvenirs d'enfance et de jeunesse auprès du prince impérial*, s.l., 1928.
GRANGER (Catherine), *L'Empereur et les arts : la liste civile de Napoléon III*, Paris, Droz, 2005.
LACOUR-GAYET (Georges), *L'Impératrice Eugénie*, Paris, A. Morancé, 1926.
LA RUE (Adolphe de), *Les Chasses du Second Empire, 1852-1870*, Paris, Firmin-Didot, 1882.
LOLLIÉE (Frédéric), *La Vie d'une impératrice, Eugénie de Montijo, d'après des mémoires inédits*, Paris, F. Juven, 1907.
MAISON (Françoise), *La Dictée de Mérimée : la réalité du mythe*, Compiègne, Atlantica-Séguier, 2003.
MAUDUIT (Xavier), « Le ministère du faste : la Maison du prince-président et la Maison de l'empereur (1848-1870) », thèse de doctorat de l'université de Paris I, 2012.
MAUPAS (Charlemagne-Émile de), *Mémoires sur le Second Empire*, Paris, E. Dentu, 1884.
METTERNICH (Pauline, princesse de), *Souvenirs*, Paris, Plon, 1922.
Napoléon III et Eugénie reçoivent à Fontainebleau : l'art de vivre sous le Second Empire, catalogue d'exposition, Dijon, Faton, 2011
PERSONNE (Nicolas), « Les fumoirs de Napoléon III aux châteaux de Compiègne et de Fontainebleau », diplôme de recherche appliquée de l'école du Louvre, Paris, 2005.
PFNOR (Rodolphe), *Monographie du palais de Fontainebleau*, Paris, Librairies-imprimeries réunies, 1863-1865.

拿破仑三世的剧院

VIEL-CASTEL (Horace de), *Mémoires sur le règne de Napoléon III : 1851-1864*, Paris, Robert Laffont, 2005.
YON (Jean-Claude) [dir.], *Les Spectacles sous le Second Empire*, Paris, Armand Colin, 2010.
« Napoléon III's Forgotten Theatre. Réalités brings to light », *Réalités le magazine de France*, n° 60, novembre 1955, pp. 82-85.
La Presse, 14 mai 1857, « Le grand-duc Constantin à Fontainebleau ».

暹罗使团

BEYELER (Christophe), « Spectacle à Fontainebleau : l'ambassade du Siam de 1861 peinte par Gérôme », *Revue du Souvenir napoléonien*, janvier-mars 2012, p. 46-54.
LE BAS (Dominique), « La venue de l'ambassade siamoise en France en 1861 », *Aséanie*, 3, mai 1999, pp. 91-112.
SALMON (Xavier) [dir.], *Le Siam à Fontainebleau : l'ambassade du 27 juin 1861*, catalogue d'exposition, Paris, Réunion des musées nationaux, 2011.

欧仁妮皇后与中国馆

AUTIN (Jean), *L'Impératrice Eugénie ou l'empire d'une femme*, Paris, Fayard, 1990.
SAMOYAULT-VERLET (Colombe), DESROCHES (Jean-Paul), BÉGUIN (Gilles), LE BONHEUR (Albert), *Le Musée chinois de l'impératrice Eugénie*, Paris, Réunion des musées nationaux, 1994.
SALMON (Xavier) et DROGUET (Vincent), *Le Musée chinois de l'impératrice Eugénie*, Paris, Artlys, 2011.

国家宫殿

Archives du château.
BOYER, « Invasion de 1870 : journal inédit de M. Boyer, régisseur du palais de Fontainebleau », *Revue rétrospective*, juillet-décembre 1884, pp. 169-189.
BRISSAC (Pierre de COSSÉ, duc de), *En d'autres temps*, Paris, Grasset, 1972.
Documents diplomatiques français, 1966, t. II, Paris, Ministère des Affaires étrangères, 2006.
Le Monde illustré.

德国占领时期

Archives du château.
Jestaz (Bertrand) [dir.], *Le Journal de l'Occupation (1940-1944) d'Albert Bray, architecte en chef, conservateur du palais de*

Fontainebleau, Fontainebleau, Société des Amis et Mécènes du château de Fontainebleau, 2012.

戴高乐的修复

Archives du château.

BRICHET (Robert), « Lois de programme et restauration des monuments historiques : le palais de Fontainebleau », *La Construction moderne*, 1969, n° 3, pp. 52-61.

CIDRAC (Rogatien de), *Maison royale de Fontainebleau, La restauration de la galerie François Ier*, Aurillac, s.n., s.d.

CIDRAC (Rogatien de), « La restauration du palais de Fontainebleau », *Les Monuments historiques de la France*, 1970, pp. 3-40.

KHEMIRI (Moncef), « André Malraux et le maniérisme, suivi d'un entretien avec M. Jean-Paul Ledeur à propos de la restauration des fresques de Fontainebleau, janvier et avril 2002 », article publié sur le site des Amitiés internationales André Malraux.

LAURENT (Xavier), *Grandeur et misère du patrimoine : d'André Malraux à Jacques Duhamel, 1959-1973*, Paris, école des Chartes-Comité d'histoire du ministère de la Culture, 2003.

LOSSKY (Boris), « Les activités du musée national du château de Fontainebleau entre 1965 et 1970 », *Bulletin trimestriel de l'Association générale des conservateurs des collections publiques de France*, 1971, n° 1, pp. 7-10.

LOSSKY (Boris), « « Conjecture sur l'aspect des stucs de la galerie François Ier à Fontainebleau avant sa restauration au siècle dernier », *Revue du Louvre*, 1970, n° 4-5, pp. 203-208.

从越盟到"枫丹威吓"

Archives du château.

SAINTENY (Jean), « La conférence de Fontainebleau avec le Vietminh : la fin d'une grande espérance », *Historia*, n° 297, août 1971, pp. 126-141.

拿破仑一世博物馆

Archives du château.

SAMOYAULT-VERLET (Colombe), « L'appartement intérieur de Napoléon : aménagements et restauration », *Revue du Louvre et des musées de France*, n° 2, 1996, pp. 67-76.

SAMOYAULT (Jean-Pierre), « Château de Fontainebleau, ouverture du musée Napoléon Ier », *Revue du Louvre et des musées de France*, n° 5-6, 1985, pp. 421-425.

SAMOYAULT (Jean-Pierre), « Fontainebleau, musée Napoléon Ier : dix ans d'acquisitions », *Revue du Louvre et des musées de France*, n° 2, 1996, pp. 49-65.

SAMOYAULT (Jean-Pierre), « Le prince Napoléon ou le devoir de l'histoire », *Le Souvenir napoléonien*, n° 413, juillet 1997, pp. 50-54.

SAMOYAULT (Jean-Pierre) et SAMOYAULT-VERLET (Colombe), *Le Musée Napoléon Ier*, Paris, Réunion des musées nationaux, 1986.

译名对照表

Abel Gance 阿贝尔·冈斯
Abraham Bosse 亚伯拉罕·博斯
Achille de Harlay 阿希尔·德·阿尔莱
Adrienne Grandpierre-Deverzy 阿德里安娜·格朗皮埃尔·德伍兹
Agrigente 阿格里真特
Aiguillon 安吉永
Aix 埃克斯
Alaux 阿洛
Albe. 阿尔布
Albert Bray 阿尔贝·布雷
Albert de Gondi 艾伯特·德·贡迪
Albret 阿尔布雷
Alexandre Dumas 大仲马
Alexandre Ⅶ 亚历山大七世
Alexandre-Hyacinthe 亚历山大·亚森特·迪努伊
Alexis Paccard 艾利克斯·帕加尔
Alexis Peyrotte 亚力克西斯·佩罗特
Alfred de Musset 阿尔弗雷德·德·缪塞
Alfred de Vigny 阿尔弗雷·德·维尼
Alfred de Vigny 阿尔弗雷德·德维尼
Allier 阿利埃省
Alphonse 阿尔方斯
Alphonse Daudet 阿尔方斯·都德
Alphonse ⅩⅢ 阿方索十三世
Amaury Lefébure 阿莫里·勒费比尔
Amboise 昂布瓦斯
Ambroise Bosschaert 安布罗斯·博斯查尔特
Ambroise Dubois 安布鲁瓦兹·迪布瓦
Anatole France 阿纳托尔·弗朗斯
Ancy-le-Franc 昂西勒弗朗
André Campra 安德烈·康普拉
André Chastel 安德烈·沙泰尔
André Destouches 安德烈·德图什

385

André Le Nôtre 安德烈·勒诺特
André Malraux 安德烈·马尔罗
Andrea del Sarto 安德烈·德尔·萨托
André-Hercule de Fleury 安德烈·赫卡尔·德·弗勒里
Ange-Jacques 昂热·雅克
Angelot 安热洛
Angiviller 安吉维莱
Angoulême 安古莱姆
Anjou 安茹
Anne de Pisseleu d'Heilly 安娜·德·皮瑟勒·德艾丽
Annibal Carrache 阿尼巴尔·卡拉西
Antin 安坦
Antoine Caron 安托万·卡龙
Antoine de Bourbon 安东尼·德·波旁
Antoine de Clermont 安东尼·德·克莱蒙
Antoine Sanguin 安东尼·桑甘
Apremont 阿普勒蒙
Aquitaine 阿基坦
Argenson 阿尔让松
Arioste 阿里奥斯特
Arques 阿克斯
Arthur Vincent 阿蒂尔·樊尚
Artois 阿图瓦

Ascanio 阿斯卡尼奥
Aubusson 欧比松
Augsbourg 奥格斯堡
Auguste de Thou 奥古斯特·德·图
Auguste Luchet 奥古斯特·吕谢
Auguste Luchet 奥古斯特·卢凯
Aumale 奥马勒
Aumont 奥蒙
Avignon 阿维尼翁
Avon 埃文
Ayne 阿延
Azzolino 阿佐利诺
Bachaumont 巴绍蒙
Bade 巴德
Bagatelle 巴加泰勒
Bal Mabille 马比耶舞厅
Barbarie 柏柏里
Barbedienne 巴伯迪耶纳
Barberini 巴尔贝里尼
Barbier 巴尔比耶
Barbizon 巴比松
Barillon d'Amoncourt 巴里永·德·阿蒙库尔
Barrière 巴里尔
Barthélemy Tremblay 巴泰勒米·特朗布莱
Bas-Bréau 巴斯布雷奥
Bassano 巴萨诺

译名对照表

Bassompierre 巴松皮埃尔
Bastard 巴斯塔德
Bavière 巴伐利亚
Bayard 巴亚尔
Bayonne 巴约讷
Béarn 贝阿恩
Beauce 博斯
Beaumont 博蒙
Beaumont 博蒙
Beauvais 博韦
Bellavène 贝拉维涅
Bellevue 贝勒维
Bellevue 贝尔维
Benneman 贝内曼
Benserade 邦瑟拉德
Benvenuto Cellini 本韦努特·切利尼
Béringhen 贝灵恩
Bernadotte 贝纳多特
Bernard Collette 贝尔纳·科莱特
Bernard Notari 贝尔纳·诺塔里
Bernard Palissy 贝尔纳·帕利西
Bernard Saisset 贝尔纳·赛塞
Berry 贝里
Berthier 贝尔蒂埃
Besenval 贝桑瓦尔
Béthune 贝蒂娜
Bière 比耶尔
Bigot de Préameneu 比戈·普雷亚

梅内
Biron 比龙
Blanche 布兰奇
Blanche de Castille 布朗歇·德卡斯蒂利亚
Blois 布卢瓦
Boigne 布瓦涅
Bois-Préau 布瓦·普雷奥
Boissy 波瓦西
Bolonais 博洛尼亚
Boniface VIII 卜尼法斯八世
Boris Lossky 鲍里斯·洛斯基
Borovsk 博罗夫斯克
Bouchage 勒布沙格
Boucher 布歇
Boufflers 布夫莱尔
Boulogne 布洛涅
Bourges 布尔日
Bourgogne 勃艮第
Bourreau de Béthune 布罗·德·贝蒂纳
Bouthillier 布蒂利耶
Bouthillier de Chavigny 布蒂利耶·德·夏维尼
Boyer 布瓦耶
Bramante 布拉曼特
Brantôme 布朗托姆
Bresson 布雷松

387

枫丹白露宫

Brest 布雷斯特
Bretagne 布列塔尼
Brézé 布雷泽
Brienne 布里耶纳
Brignole 布里尼奥莱
Brionne 布里奥纳
Brissac 布里萨克
Brive-la-Gaillarde 布里夫拉盖亚尔德
Broglie 布罗格列
Butler 巴特勒
Calmon 卡尔蒙
Calonne 卡洛纳
Cambacérès 康巴塞雷斯
Camille Corot 卡米耶·科罗
Camille Saint-Saëns 卡米耶·圣萨恩
Camillo Guidi 卡米洛·圭迪
camp Guynemer 吉内梅营
Capendu 卡庞迪
Caprara 卡普拉拉
Carcassonne 卡尔卡松
Carle Van Loo 卡尔勒·梵鲁
Carlin 卡尔林
Carnot 卡诺
Caserio 卡塞里奥
Cassiano del Pozzo 凯西亚诺·德尔波佐
Cassini de Thury 卡西尼·德·图里
Castelnau 卡斯特诺
Castelnau 卡斯泰尔诺
Castres 卡斯特尔
Catherine de Médicis 凯瑟琳·德·美第奇
Catherine Opalinska 凯瑟琳·奥帕林斯卡
Caulaincourt 科兰古
Cérès 刻瑞斯
Cerfroid 塞弗鲁瓦
César de Bourbon 塞萨尔·德·波旁
César de Vendôme 塞萨尔·德·旺多姆
Chabot de Brion 沙博·德·布里翁
Chaillot 夏乐
Chailly 沙伊
Chalais 夏莱
Châlons 沙隆
Chambord 尚博尔
Champaubert 尚波贝尔
Champfleury 尚弗勒里
Chantilly 尚蒂伊
Charles de Marillac 查理·德·马里亚克
Charles de Montigny 敏体尼
Charles de Valois 查理·德·瓦卢瓦
Charles du Cambout 查理·杜·康布

Charles Girault 夏尔·吉罗
Charles Ⅱ 查理二世
Charles Ⅸ 查理九世
Charles Joseph 查理·约瑟夫
Charles Le Brun 夏尔·勒布伦
Charles Percier 查理·佩西耶
Charles Quint 查理五世
Charles Rémard 查理·雷马尔
Charles Terrasse 夏尔·泰拉斯
Charles Ⅵ 查理六世
Charles Ⅶ 查理七世
Charles Voillemot 夏尔·瓦耶莫
Charles Ⅹ 查理十世
Charles-Marie Widor 夏尔·马里·维多尔
Charles-Maurice 查理·莫里斯
Charleval 沙勒瓦勒
Charolais 沙罗莱
Chateaubriand 夏多布里昂
Châteaubriant 沙托布里昂
Chateauneuf 沙托纳夫
Châtillon 沙蒂永
Châtillon 查狄伦
Chenonceau 舍农索
Chenonceu 香波
chevaliers de l'ordre de Saint-Michel 圣米歇尔骑士团
Choiseul 舒瓦瑟尔

Choisy 舒瓦西
Chrétienne 克雷蒂安娜
Christian Ⅶ 克里斯蒂安七世
Christine 克里斯蒂娜
Cité 西岱
Claude 克洛德
Claude de Bullion 克洛德·德·比利翁
Claude Le Peletier 克洛德·勒佩勒捷
Claude-François Denecourt 克洛德·弗朗索瓦·德纳古
Clément Ⅴ 克莱门特五世
Clément Ⅶ 克莱门特七世
Clément Ⅷ 克莱门特八世
Clémentine 克莱芒蒂娜
Clermont 克莱蒙
Coëtquidan 柯埃基当
Colbert 科尔贝
Colette 科莱特
Coligny 科利尼
Colin 柯林
Collet 科莱
Colombe Samoyault-Verlet 科隆布·萨莫约·韦尔莱
Colombey-les-deux-églises 科隆贝莱斯·德埃格利塞
Compiègne 贡比涅

389

comte de Blois 布卢瓦伯爵
Concile de Trente 特兰托宗教会议
Concini 孔奇尼
Consalvi 孔塞尔维
Constantin 康斯坦丁
Constanza 康斯坦扎
Contat 孔塔
Contresol 孔特索勒
Cosme de Médicis 科西莫·德·美第奇
Courtin 库尔坦
Cousin-Montauban 库赞·蒙托邦
Coutras 库特拉
Coysevox 柯塞沃克
Croissy 克鲁瓦西
Croÿ 克洛伊
Cunin-Gridaine 屈南·格里代纳
Curée 屈雷
Cury 库里
Cuvier 居维耶
Cuvilier 屈维利耶
Dan 达恩
Dandino 丹迪诺
Dangeau 当若
D'Argenlieu 达让利厄
Daunou 多努
Dauvergne 多韦涅
de Créqui 德·克雷基

de Gondi 德·贡迪
de Witt 德威特
Dejean 德让
Delessert 德莱塞尔
Denecourt 德纳古
Denon 德农
Desbuisson 德比松
Desgranges 德格朗热
Deshorties de Beaulieu 德索迪·德·博利厄
Desportes 德波尔特
Dessolles 德索勒
Deux-Siciles 两西西里
Di Pietro 迪·彼得罗
Diane de Poitiers 狄安娜·德·普瓦捷
Dijo 第戎
Dreux-Brézé 德勒·布雷泽
Dropsy 德罗普西
Du Barry 杜·巴利
du palais Farnèse 法尔内塞宫
Dubois 杜布瓦
duc d'Alençcon 阿朗松公爵
duc d'Elbeuf 埃尔伯弗公爵
duc de Guiche 吉什公爵
duchesse d'Étampes 埃唐普公爵夫人
Duclos 杜克洛
Dumanoir 迪马努瓦尔

Dupin 迪潘
Duras 迪拉斯
Duroc 迪罗克
Duvergier 迪韦吉耶
Edgar Ney 埃德加·奈伊
Egmont 艾格蒙
Éléonore 埃莉诺
Éléonore de Médicis 埃莱奥诺尔·德·美第奇
Elgin 额尔金
Élisabeth-Charlotte 伊丽莎白·夏洛特
Émile Augier 埃米尔·奥吉耶
Émile Peynot 埃米尔·佩诺
Emmanuel de Margerie 伊曼纽尔·德·马尔热里
Enghien 昂吉安
Enguerrand de Marigny 恩格兰·德·马里尼
Épernon 埃佩农
Essonnes 埃松
Étienne Jamin 艾蒂安·雅曼
Étienne Leroy 艾蒂安·勒鲁瓦
Étienne Pallu de La Barrière 艾蒂安·帕吕·德·拉巴里埃
Eugen Jochum 欧根·约胡姆
Eugène Dubreuil 欧仁·迪不勒伊
Eugénie 欧仁妮

Évées 艾薇
Évreux 埃夫勒
Fabvier 法维耶
Fantuzzi 凡图齐
Farnborough 法恩伯勒
Félicie de Fauveau 菲利斯·德·福沃
Félix Faure 菲利·福尔
Ferdinand-Philippe 费迪南·菲利普
Ferrare 费拉拉
Fesch 费什
Flamands 弗拉芒人
Flavio Chigi 弗拉维奥·奇吉
Fontaine 方丹
Fontaine-le-Port 方丹乐港
Fontarabie 富恩特拉比亚
Fourdinois 佛迪诺斯
franc-comtois 弗郎什-孔岱
Francesco Barberini 弗朗索瓦科·巴尔贝里尼
Franchard 弗朗沙尔
Francis Casadesus 弗朗西斯·卡扎德絮
François Clouet 弗朗索瓦·克卢埃
François Couperin 弗朗索瓦·库伯兰
François d'Orbay 弗朗索瓦·奥尔巴伊
François de Lorraine 弗朗索瓦·洛林
François de Vignerot 弗朗索瓦·德·

维涅罗
François Ier 弗朗索瓦一世
François II 弗朗索瓦二世
François Mitterrand 弗朗索瓦·密特朗
François Pithou 弗朗索瓦·皮图
François Ravaillac 弗朗索瓦·拉瓦亚克
François Sublet de Noyers 弗朗索瓦·苏布雷·德·努瓦耶
Françoise de Lorraine 弗朗索瓦兹·德·洛林
François-Étienne Pescheux d'Herbinville 弗朗索瓦·艾蒂安·佩舍·德艾尔宾维尔
François-Joseph 弗朗茨·约瑟夫
Frédéric Moreau 弗雷德里克·莫罗
Frédéric-Charles 腓特烈·查理
Frémin Roussel 弗雷曼·鲁塞尔
Fronsac 弗龙萨克
Gabrielle d'Estrées 加布里埃尔·德斯特雷
Gallard 加拉尔
Gascogne 加斯科涅
Gaston 加斯东
Gâtinais 加蒂奈
Genlis 让利斯
Geoffroy Paris 杰弗里·帕里斯

George Sand 乔治·桑
Georges Barré de La Renaudie 乔治·巴雷·德·拉勒诺迪
Georges d'Armagnac 乔治·德阿马尼亚克
Georges d'Esparbès 乔治·埃斯帕贝斯
Georges Jacob 乔治·雅各布
Gérard 热拉尔
Gérôme 杰罗姆
Gian Rinaldo Monaldeschi 吉安·里纳尔多·莫纳尔代斯基
Gilles de Pontoise 吉勒·德蓬图瓦兹
Gilles Le Breton 吉勒·勒布勒东
Girod de l'Ain 吉罗·德莱恩
Gluck 格鲁克
Godoy 戈多伊
Goncourt 龚古尔
Gonzague 贡扎格
Gramont 格拉蒙
Grand Ferrara 大费拉拉
Grenoble 格勒诺布尔
Grétry 格雷特里
Grosbois 格罗布瓦
Guastalla 瓜斯塔拉
Guermantes 盖尔芒特
Guernesey 根西岛
Guilbert 吉尔贝

译名对照表

Guillaume-Abel Blouet 纪尧姆·阿贝尔·布卢埃
Guise 吉斯
Guizot 基佐
Gustave Flaubert 古斯塔夫·福楼拜
Gustave-Adolphe 古斯塔夫·阿道夫
Guy de Senlis 盖伊·德桑利斯
Halder 哈尔德
Harcourt 阿尔古
Hardenberg 哈登贝格
Harlay de Champvallon 哈雷·德·尚瓦隆
Harny de Guerville 阿尔尼·德·盖维尔
Haute-Marne 上马恩省
Hector Berlioz 埃克托尔·贝廖兹
Hector Lefuel 埃克托尔·勒菲埃尔
Heinrich Lübke 海因里希·吕贝克
Hélène 伊莲娜
Héliodore 赫利奥多罗斯
Helmut Kohl 赫尔穆特·科尔
Henri II 亨利二世
Henri III 亨利三世
Henri IV 亨利四世
Henriette-Marie 亨利埃特·玛丽
Henrion 昂里翁
Héraclius de Polignac 埃拉克利斯·德·波利尼亚克
Héricy 埃里西
Héronnière 埃罗尼埃
Hézecques 埃泽克
Hippolyte d'Este 伊波利托·埃斯特
Höckert 赫克特
Horace de Viel-Castel 奥拉斯·德·维埃尔·卡斯泰尔
Hortense 霍尔腾斯
Hubert Landais 于贝尔·朗代
Hugues Capet 于格·卡佩
Hugues de Champfleury 休·德尚弗勒里
Hurtault 赫托特
Huxelles 宇克塞勒
Isaac Casaubon 伊萨克·卡索邦
Isabeau 伊莎博
Isoré 伊索雷
Ivry 伊夫里
Jacqueminot 雅克米诺
Jacques Androuet du Cerceau 雅克·安德鲁·杜·塞尔索
Jacques Carlu 雅克·卡吕
Jacques Davy du Perron 雅克·戴维·杜·佩龙
Jacques de Molay 雅克·德·莫莱
Jacques Delors 雅克·德洛尔
Jacques Dupont 雅克·杜邦
Jacques II 雅克二世

枫丹白露宫

Jacques Lemercier 雅克·勒梅西埃
Jacques V Gabriel 雅克·维·加布里埃尔
Jacques Verberckt 雅克·维贝克特
Jaley 雅莱
Jarry 雅里
Jean Androuet du Cerceau 让·安德鲁埃·杜·塞尔索
Jean Cousin 让·古尚
Jean de Matha 让·德马塔
Jean de Montluc 让·德·蒙吕克
Jean Du Bellay 让·杜·贝莱
Jean Feray 让·费雷
Jean François de Troy 让·弗朗索瓦·德·特鲁瓦
Jean Héroard 让·埃罗阿尔
Jean Ⅳ de Brosse 约翰四世·德·布罗斯
Jean Leclerc 让·勒克莱尔
Jean Martin 让·马丁
Jean-Baptiste Alboize 让·巴蒂斯特·阿尔博瓦兹
Jean-Baptiste Colbert 让·巴蒂斯特·科尔贝
Jean-Baptiste Lamarre 让·巴蒂斯特·拉马尔
Jean-Baptiste Lully 让·巴蒂斯特·吕利
Jean-Baptiste Morin 让·巴蒂斯特·莫兰
Jean-Baptiste Oudry 让·巴蒂斯特·乌德里
Jean-Baptiste Pierre 让·巴普蒂斯特·皮埃尔
Jean-Charles Develly 让·查理·德韦利
Jean-Claude Juncker 让·克洛德·容克
Jean-François Millet 让·弗朗索瓦·米勒
Jean-Jacques Rousseau 让·雅克·卢梭
Jean-Louis Demarne 让·路易·德玛尔纳
Jeanne 让娜
Jean-Paul Ⅱ 让·保罗二世
Jean-Paul Ledeur 让·保罗·勒德尔
Jean-Philippe Lecat 让·菲利普·勒卡
Jean-Philippe Rameau 让·菲利普·拉莫
Jean-Pierre Samoyault 让·皮埃尔·萨莫约
Jean-Simon Berthélemy 让·西蒙·贝泰勒米
Jélyotte 叶利奥特
Jenny Dacquin 珍妮·达坎

译名对照表

Jérôme 热罗姆
Jérôme Napoléon 热罗姆·拿破仑
Joachim Du Bellay 若阿基姆·杜·贝莱
Joachim Murat 若阿基姆·缪拉
John Davison Rockefeller Junior 小约翰·戴维森·洛克菲勒
Joinville 茹安维尔
Joseph Ⅱ 约瑟夫二世
Joyeuse 茹瓦耶斯
Jules Grévy 朱尔·格雷维
Jules Hardouin-Mansart 朱尔·阿杜安·芒萨尔
Jules Romain 朱尔·罗曼
Julie Clary 朱莉·克拉里
Justin Ouvrié 贾斯丁·乌夫里耶
Justine Favart 朱斯蒂娜·法瓦尔
Keitel 凯特尔
Keraniou 克拉尼乌
Kiev 基辅
Kuhmann 库哈曼
La Chaise 拉谢兹
La Coudre 拉库德雷
la Couronne 拉库罗讷
La Meilleraye 拉梅耶雷
La Mothe-Houdancourt 拉莫特·乌当古
La Mothe-Houdancourt 亨利·德·拉莫特·乌当古
La Roche-Aymon 拉罗什·艾蒙
La Rochelle 拉罗谢尔
La Trémoille 拉·特雷穆瓦耶
La Valette 拉瓦莱特
La Vallière 拉瓦利埃
La Vauguyon 拉沃吉翁
La Vieuville 拉维厄维尔
La Vrillière 拉弗利埃
Labiche 拉比什
Ladislas 拉迪斯拉斯
Lagorsse 拉戈斯
Lagrenée le Jeune 拉格勒内·勒·热纳
Lamballe 朗巴勒
Lancret 朗克雷
Langlée 郎格莱
Las Cases 拉斯卡斯
Lassonne 拉索纳
Laure de Gasparin 洛尔·德·加斯帕兰
Laurencin 洛朗桑
Lauzun 洛赞
Le Bel 勒贝尔
LE Havre 勒阿弗尔
le Monde illustré《世界画报》
le Moniteur《箴言报》
Lefebvre 勒菲弗

395

Legouvé 勒古维
Lenieps 勒尼耶
Lenoncourt 勒农古
Léon Gozlan 雷昂·戈兹朗
Léopold 列奥波德
Léopold Ier 列奥波德一世
Léopold II 列奥波德二世
Lesage 勒萨热
Levasseur 勒瓦索
Lezay-Marnésia 勒扎伊·马尔内西亚
Ligne 利涅
Ligurie 利古里亚
Limoges 利摩日
Loches 洛什
Loing 鲁应河
Loire 卢瓦尔
Longueville 隆格维尔
Lorraine 洛林
Los Balbases 洛斯·瓦尔瓦塞斯
Louis Boitte 路易·布瓦特
Louis Brault 路易·布罗
Louis Carrière 路易·卡里埃
Louise de Savore 路易丝·德·萨瓦
Louis d'Évreux 路易·德·艾夫勒
Louis Dimier 路易·迪米耶
Louis Le Vau 路易·勒沃
Louis Petit 路易·珀蒂

Louis Poisson 路易·普瓦松
Louis VI 路易六世
Louis VII 路易七世
Louis VIII 路易八世
Louis X 路易十世
Louis XIII 路易十三
Louis XIV 路易十四
Louis XVIII 路易十八
Louis-Dieudonné 路易·迪厄多内
Louise 路易丝
Louis-Philippe 路易·菲利普
Louvois 卢瓦
Lucien 吕西安
Lucien Bonaparte 吕西安·波拿巴
Lucrèce Borgia 卢克雷齐亚·波吉亚
Lude 吕德
Ludovico Santinelli 卢多维科·圣蒂内利
Lully 吕利
Luynes 吕内
Lyman Lemnitzer 莱曼·莱姆尼策
Macdonald 麦克唐纳
Magnan 马格南
Maillé 马耶
Mailly 马伊
Maine 曼恩
Maintenon 曼特农夫人
Malet 马莱

Malherbe 马莱伯
Malmaison 马尔梅松
Mantoue 曼托瓦
Marc Aurèle 马克·奥勒留
Marcelin 马塞兰
Marche 马尔什
Marc-Michel 马克·米歇尔
Marco-Antonio Conti 马克·安东尼奥·孔蒂
Maret 马雷
Margot 玛戈
Marguerite 玛格丽特
Marguerite de Valois 玛格丽特·德·瓦卢瓦
Marie de Gonzague 玛丽·德·贡扎格
Marie de Médicis 玛丽·德·美第奇
Marie de Modène 玛丽·德·莫代纳
Marie Fel 玛丽·费尔
Marie Leszczynska 玛丽·莱什琴斯卡
Marie Mancini 玛丽·曼西尼
Marie Stuart 玛丽·斯图亚特
Marie Walewska 玛丽·瓦莱夫斯卡
Marie-Adélaïde de Savoie 玛丽·阿德莱德·德·萨瓦
Marie-Amélie 玛丽·艾米丽
Marie-Anne-Victoire 玛丽·安娜·维多利亚
Marie-Antoinette 玛丽·安托瓦内特
Marie-Caroline 玛丽·卡罗琳
Marie-Isabelle 玛丽·伊莎贝尔
Marie-Joseph Chénier 玛丽·约瑟夫·谢尼埃
Marie-Joséphine-Louise 玛丽·约瑟芬·路易丝
Marie-Louise 玛丽·路易丝
Marie-Thérèse（1638—1683）玛丽·泰蕾兹
Marie-Thérèse（1717—1780）玛丽娅·特蕾莎
Mariette 马里埃特
Marignan 马里尼昂
Marly 马利宫
Marmont 马尔蒙
Marmontel 马蒙泰尔
Marolle 马罗勒
Mantoue 曼托瓦
Marson 马尔桑
Martin Fréminet 马丁·弗雷米内
massacre de Wassy 瓦西惨案
Mathieu 马修
Mathieu de Morgues 马蒂厄·德·莫尔格
Mathieu Jacquet 马蒂厄·雅凯
Mathieu Marais 马修·马莱

Mathilde 马蒂尔德
Matignon 马提翁
Maupeou 莫普
Maurepas 莫勒帕
Maurice Druon 莫里斯·德鲁
Max André 马克斯·安德烈
Maximilien Hurtault 马克西米利安·赫托特
Mazarin 马萨林
Meaux 莫城
Mecklembourg 梅克伦堡
Mecklembourg-Schwerin 梅克伦堡－什未林
Meissonnier 梅索尼埃
Melchior de Polignac 梅尔基奥尔·德·波利尼亚克
Melchior Tavernier 梅尔基奥尔·塔韦尼耶
Melun 默伦
Mercoeur 梅克尔
Mercy-Argenteau 梅西·阿让托
Métra 梅特拉
Metternich 梅特涅
Metz 梅斯
Meudon 默东
Michel de L'Hôpital 米歇尔·德·洛皮塔尔
Michel Le Peletier 米歇尔·勒佩

勒捷
Michel Le Tellier 米歇尔·勒泰利埃
Milady 米莱狄
Milly 米利
Miromesnil 米罗梅尼
Modène 摩德纳
Molé 莫莱
Molitor 莫利托
Monceaux 蒙索
Moncey 蒙塞
Mongkut 拉玛四世
Monioire 蒙杜瓦
Mont Cenis 塞尼峰
Montalivet 蒙塔利维
Montargis 蒙塔日
Montereau 蒙特罗
Montijo 蒙蒂霍
Montmirail 蒙特米赖
Montmorency 蒙莫朗西
Montmorin 蒙特莫兰
Montpensier 蒙庞西耶
Moreau 莫罗
Moret 莫雷
Morny 莫尔尼
Mortier 莫尔捷
Moskowa 莫斯科瓦
Motteville 莫特维尔
Mousseaux 穆索

Mouton de Lobau 穆顿·德·洛博
Mussard 穆萨德
Nadia Boulanger 纳迪亚·布朗热
Nangis 南吉斯
Nantes 南特
Napoléon Bonaparte 拿破仑·波拿巴
Napoléon Ⅲ 拿破仑三世
Navarre 纳瓦尔
Navarrin 纳瓦林
Nemours 内穆尔
Nesle 内勒
Nesselrode 内斯尔罗德
Nevers 内韦尔
Ney 奈伊
Niccolo dell'Abate 尼科洛·德尔·阿巴特
Nicolas 尼古拉斯
Nicolas Fouquet 尼古拉·富凯
Nicolas Poussin 尼古拉斯·普桑
Nicolas-Marie Potain 尼古拉·玛丽·伯坦
Noailles 诺瓦耶
Noli 诺利
Octave Feuillet 奥科塔夫·佛耶
Offenbach 奥芬巴赫
Oise 瓦兹河
Olivier d'Ormesson 奥利维尔·奥梅松
Oreste Binenbaum 奥雷斯特·比嫩鲍姆
Orléans 奥尔良
Orléantin 奥尔良汀
Otto Abetz 奥托·阿贝茨
Oudinot 乌迪诺
Ovide 奥维德
Pacca 帕卡
palais d'été 夏宫（圆明园）
palais de Chaillot 夏乐宫
palais du Té 得特宫
Palatine 帕拉丁
Palikao 八里桥
Paolo Micceri 保罗·米切里
Parme 帕尔马
Pasquier 帕斯基耶尔
Pastrana 帕斯特拉纳
Paul Ⅲ 保罗三世
Paul Ⅳ 保罗四世
Paul Meurice 保罗·默里斯
Paul Ⅴ 保罗五世
Pauline de Metternich 波林娜·德·梅特涅
Paulus 保卢斯
Pavie 帕维亚
pavillon des Poêles 火炉阁
Pedro de Tolède 佩德罗·德·托莱多
Penthièvre 庞蒂耶夫尔
Pergolèse 佩尔戈莱西

Persée 帕修斯
Pershing 潘兴
Pescheux d'Herbinville 佩舍·德艾尔宾维尔
Petit 佩蒂
Pham Van Dong 范文同
Philibert Delorme 菲利贝尔·德洛姆
Philippe Auguste 腓力·奥古斯都，腓力二世
Philippe Canaye 菲利普·卡纳耶
Philippe de Champaigne 菲利普·德·尚佩涅
Philippe de Salm 菲利普·德·萨尔姆
Philippe Duplessis-Mornay 菲利普·杜普莱西斯·莫尔奈
Philippe Ier 腓力一世
Philippe Ⅳ 腓力四世
Philippe Prosper 腓力·普罗斯珀
Philipsbourg 菲利普斯堡
Piccinni 皮契尼
Piccolomini 皮科洛米尼
Picpus 比克布斯
Pie Ⅵ 庇护六世
Pie Ⅶ 庇护七世
Pierre Biard 皮埃尔·比亚尔
Pierre d'Hozier 皮埃尔·德·奥齐耶
Pierre Dan 皮埃尔·丹
Pierre de L'Étoile 皮埃尔·德·埃图瓦勒
Pierre de Latilly 皮埃尔·德·拉蒂利
Pierre Gobert 皮埃尔·戈贝尔
Pierre Lecomte 皮埃尔·勒孔特
Pierre Lecomte du Nouy 皮埃尔·勒孔特·迪努伊
Pierre Lemoine 皮埃尔·勒穆瓦纳
Pierre Lescot 皮埃尔·莱斯科
Pierre Rousseau 皮埃尔·鲁索
Piranèse 皮拉内塞
Pirro Ligorio 皮洛·利戈里奥
Pithiviers 皮蒂维耶
Plaisance 普莱桑斯
Plaisirs Papillon de la Ferté 帕皮永·德·拉费尔泰
Plessis-Praslin 普莱西·普拉兰
Polignac 波利尼亚克
Pommeraye 波默海耶
Pompadour 蓬巴杜
Pompeo Diabono 庞培·迪亚博诺
Pomponne de Bellièvre 蓬波纳·德·贝利耶夫
Pontchartrain 蓬查特兰
Pontchâteau 蓬沙托
Pont-Courlay 蓬·库莱
Pont-de-Beauvoisin 蓬-德-博瓦森
Portalis 波斯塔利斯
Prie 普利

译名对照表

Primatice 普里马蒂乔
Primoli 普里莫利
prince de Condé 孔代亲王
Prosper Mérimée 普罗斯佩·梅里美
Provins 普罗万
Pujol 皮若尔
Quelen 凯朗
Quirinal 圭里纳尔
Rabelais 拉伯雷
Racine 拉辛
Rambouillet 朗布依埃
Raoul 拉乌尔
Raoul de Presles 拉乌尔·德普雷勒
Rastadt 拉施塔特
Raymond Barre 雷蒙·巴尔
Raymond Poincaré 雷蒙·普安卡雷
Reims 兰斯
Rémusat 雷米萨
Rémy Collin 雷米·柯林
René Coty 勒内·科蒂
Rethondes 雷通代
Retz 雷茨
Reuss 罗伊斯
Richard Mique 里夏尔·米克
Richelieu 黎塞留
Robert 罗贝尔
Robert d'Artois 罗伯特·德阿图瓦
Robert de Clermont 罗伯特·德·克莱蒙
Robert de Cotte 罗伯特·德·科特
Robert le Pieux 罗贝尔二世，虔诚者罗贝尔
Robert Ley 罗伯特·莱伊
Robert Rey 罗伯特·雷伊
Robespierre 罗伯斯庇尔
Rockefeller Junior 洛克菲勒·朱尼尔
Rocquencourt 罗康库
Rocroi 罗克鲁瓦
Rogatien de Cidrac 罗加蒂安·德·西德拉克
Rohan 罗昂
Ronsard 龙萨
Rosanette 罗萨奈特
Rosso 罗索
Rubens 鲁本斯
Ruffo 鲁福
Ruggieri 鲁杰里
Ruggiero de Ruggieri 鲁杰罗·德·鲁杰里
Rupelmonde 鲁佩尔蒙德
Sacchini 萨基尼
Sadi Carnot 萨迪·卡诺
Sainctot 圣克托
Saint Saturnin 圣萨迪南
Saint-André 圣安德烈
Saint-Cloud 圣克卢

枫丹白露宫

Saint-Cyr 圣西尔	Savonnerie 萨伏纳里
Saint-Denis 圣丹尼	Saxe-Cobourg 萨克森-科堡
sainte Geneviève 圣·热纳维耶芙	Scibec de Carpi 希贝克·德卡皮
Sainte-Beuve 圣伯夫	Scribe 斯克里布
Saint-Fargeau 圣·法尔若	Sebastiano Serlio 塞巴斯·塞里奥
Saint-Germain-en-Laye 圣日耳曼昂莱	Sébastien Cramoisy 塞巴斯蒂安·克拉穆瓦西
Saint-Hérem 圣赫勒姆	Sedaine 塞代纳
Saint-Jacques 圣雅克	Séguier 塞吉耶
Saint-Leu 圣勒	Seignelay 塞涅莱
Saint-Louis de Poissy 圣路易–德普瓦西	Seine-et-Marne 塞纳·马恩省
Saint-Mathurin 圣马蒂兰	Sémiramis 塞米勒米斯
Saint-Maur 圣莫尔	Sénac 塞纳克
Saint-Quentin 圣昆丁	Senancour 塞南库尔
Saint-Saëns 圣桑	Sénonais 赛诺内
Saint-Simon 圣西门	Sens 桑斯
Saint-Tropez 圣特罗佩	Serlio 塞里奥
Salerne 萨莱诺	Sèvres 塞夫尔
Salieri 萨列里	Sidi Achmet 西迪·艾哈迈德
Saragosse 萨拉戈萨	sieur d'Andelot 安德洛爵士
Sardaigne 撒丁岛	sieur de Castelnau 卡斯泰尔爵士
Saulgeo 索尔若	sieur du Fresne 弗伦爵士
Saumur 索缪	Silvio Fiorumi 西尔维奥·菲奥鲁米
Savary 萨瓦里	Siméon-Denis Poisson 西梅翁·德尼·泊松
Savoie 萨伏伊	
Savoie Victor-Amédée II 萨瓦·维克多·阿梅代二世	Smyrne 士麦那
	Soissons 苏瓦松
Savone 萨沃纳	Solle 索勒

Soult 苏尔特
Sourches 苏尔什
Sourdis 索迪斯
Staël 斯塔埃尔
Stanislas Leszczynski 斯坦尼斯拉斯·莱什琴斯基
Stéphanie de Beauharnais 斯蒂芬妮·德·博阿尔内
Strasbourg 斯特拉斯堡
Sully 苏利
Sylvia Pressouyre 西尔维娅·普雷苏伊尔
Sylvie Béguin 西尔维·贝甘
Tallard 塔拉尔
Tallemant des Réaux 塔勒芒·戴·雷奥
Talleyrand 塔列朗
Tascher de La Pagerie 塔契·德·拉帕热里
Terray 泰雷
Tessé 泰塞
Theodor van Thulden 特奥多尔·凡·蒂尔登
Théodore Rousseau 泰奥多尔·卢梭
Théophile Gautier 泰奥菲勒·戈蒂埃
Thibaud 蒂博
Thomas Becket 托马斯·贝克特
Tingry 坦格里

Toiras 图瓦拉斯
Tolède 托莱多
Tonnerre 托内尔
Toscane 托斯卡纳
Toulon 土伦
Toulouse 图卢兹
Tournemire 内米尔
Tournon 图尔农
Tourzel 图尔泽尔
Toussaint Dubreuil 杜桑·杜布勒伊
Trianon 特里阿侬宫
Tuileries 杜伊勒利
Turenne 蒂雷纳
Université de Montpellier 蒙彼利埃大学
Urbain VIII 乌尔班八世
Uzerche 于泽尔克
Uzès 于泽
Vaillant 瓦杨
Valençay 瓦朗赛
Valence 瓦朗斯
Vallery 瓦勒里
Vally 瓦利
Valmy 瓦尔密
Valois 瓦卢瓦
Valvins 瓦尔万
Varennes 瓦雷讷
Vasari 瓦萨里

403

枫丹白露宫

Vaux 沃堡
Vendôme 旺多姆
Verdurin 韦迪兰
Verneuil 韦尔纳伊
Victoire 维克图瓦
Victorien Sardou 维克多里安·萨尔杜
Vigée-Lebrun 维热·勒布伦
Villars 维拉尔
Villeroy 维勒鲁瓦
Vincennes 樊尚

Viollet-le-Duc 维奥莱·勒·杜克
Visconti 维斯孔蒂
von Brauchitsch 冯·布劳希奇
von Stülpnagel 冯·施蒂尔普纳格尔
Walewski 瓦莱夫斯基
Walter Damrosch 瓦尔特·达姆罗施
Westphalie 威斯特法利亚
Winterhalter 温特哈尔特
Wurtemberg 符滕堡
Yvan 伊万
Zongo Ondedei 宗戈·翁代德伊

致　谢

这本书是对过去的追忆。它旨在向公众提供分散在众多出版物中难以获取的史料与想法。它凝聚了一大批专业或业余研究人员的心血与工作，最早可以回溯到路易十三时代的皮埃尔·丹神父，他一直对"枫丹白露的王室奇珍"着迷。

本书作者首先要感激枫丹白露宫前首席馆长、国家家具管理处名誉总干事让·皮埃尔·萨莫约先生。他的慷慨相助，以及他对于法国历史知识和法国建筑中最复杂的古迹之一的深刻了解，使我们受益良多。

作为城堡保护团队的一部分工作，本书的撰写得到了馆长克里斯托夫·贝耶勒先生（Christophe Beyeler）和文献负责人索菲·戴恩宁斯（Sophie Daenens）女士的有力支持。贝耶勒先生和首席馆长文森特·德罗盖（Vincent Droguet）欣然重读并修改了手稿的几个章节。负责该机构沟通的亚历克西斯·德·克梅尔（Alexis de Kermel）先生也给了我们宝贵的支持。

作者也参考了尚未发表的作品，特别是马蒂厄·拉艾（Matthieu Lahaye）的博士论文，他在巴黎第八大学就读，专门研究路易十四的儿子即大太子。国防历史局的保护人贝特朗·丰克（Bertrand Fonck）先生发现并分析了关于安托万·拉戈斯（Antoine Lagorsse）的文件，后者是宪兵队军官，曾任枫丹白露宫的狱卒看管教皇庇护七世。

卡纳瓦莱（Carnavalet）博物馆的馆长和几位策展人为该项目提供了帮助和建议，特别是罗斯利娜·于雷尔（Roselyne Hurel）女士，让·马里·布吕松（Jean-Marie Bruson）先生和弗洛里安·默尼耶（Florian Meunier）先生。该手稿还得到了玛丽·克莱尔·于贝尔（Marie-Claire Hubert）女士、亚历山大·马拉尔（Alexandre Maral）先生、玛丽·弗朗斯·莫罗（Marie-France Moreau）女士、伊曼纽尔·佩尼科（Emmanuel Pénicaut）先生、马蒂厄·斯托尔（Mathieu Stoll）先生和韦罗妮克·斯托尔（Véronique Stoll）女士富有见解的指正。

图书在版编目(CIP)数据

枫丹白露宫：千年法国史 / （法）让·弗朗索瓦·埃贝尔，（法）蒂埃里·萨尔芒著；程水英译. — 上海：上海社会科学院出版社，2018
 ISBN 978－7－5520－2488－3

Ⅰ.①枫… Ⅱ.①让…②蒂…③程… Ⅲ.①法国—历史 Ⅳ.①K565

中国版本图书馆CIP数据核字（2018）第237232号

Fontainebleau: Mille ans d'histoire de France by Jean-François Hebert et Thierry Sarmant © Éditions Tallandier, 2013
This edition was published by arrangement with L'Autre agence, Paris, France and Divas International, Paris 巴黎迪法国际版权代理
All rights reserved. No part of this book may be reproduced or transmitted in any form or by any means, electronic or mechanical, including photocopying, recording or by any information storage and retrieval system, without permission in writing from the Proprietor.

本文中文简体翻译版权授权由上海社会科学院出版社独家出版，并限于中国大陆地区销售，未经出版者书面许可，不得以任何方式复制或发行本书的任何部分。

上海市版权局著作权合同登记号　图字：09-2016-847

枫丹白露宫：千年法国史

著　　者：	［法］让·弗朗索瓦·埃贝尔（Jean-François Hebert）
	［法］蒂埃里·萨尔芒（Thierry Sarmant）
译　　者：	程水英
责任编辑：	章斯睿
封面设计：	黄婧昉
出版发行：	上海社会科学院出版社
	上海顺昌路622号　邮编 200025
	电话总机021-63315947　销售热线021-53063735
	http://www.sassp.cn　E-mail: sassp@sassp.cn
排　　版：	南京展望文化发展有限公司
印　　刷：	上海景条印刷有限公司
开　　本：	890毫米×1240毫米　1/32
印　　张：	13.125
字　　数：	250千字
版　　次：	2019年3月第1版　2022年8月第3次印刷

ISBN 978-7-5520-2488-3/K·475　　　　定价：68.00元

版权所有　翻印必究

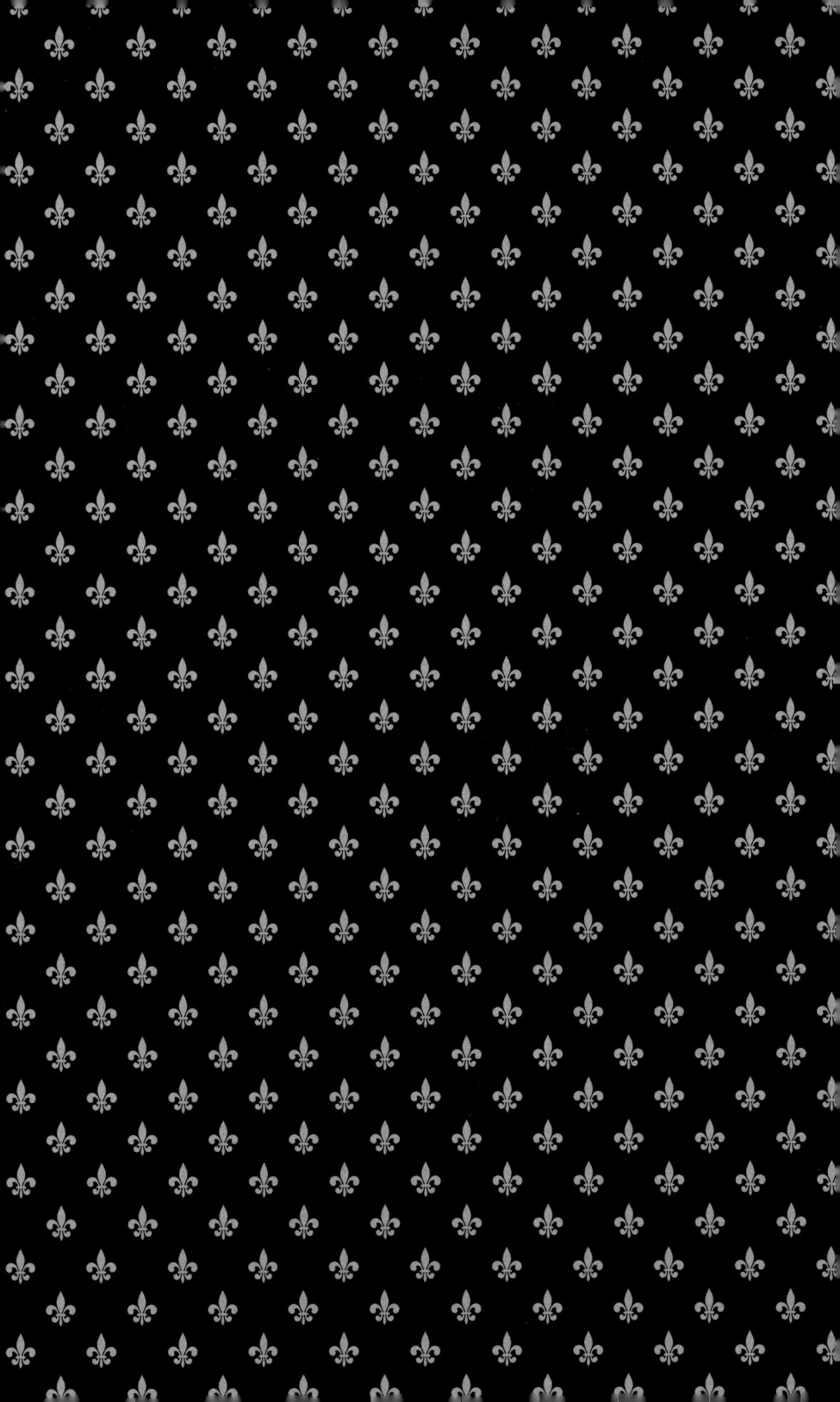

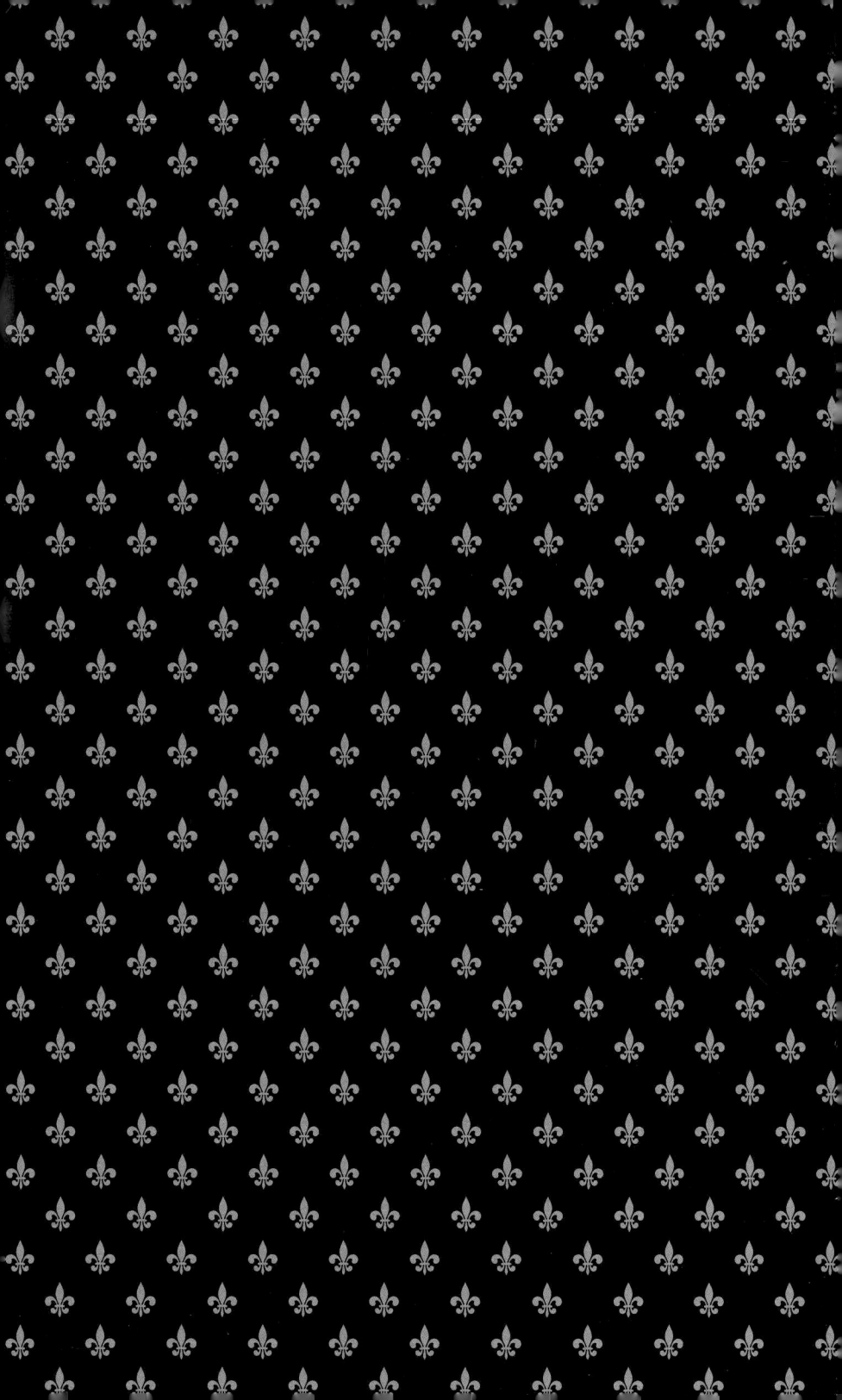